유대교와 헬레니즘

- 신약성서 배경연구 -

김창선

국립중앙도서관 출판시도서목록(CIP)

유대교와 헬레니즘 / 김창선 지음. -- 서울 : 한국성서학, 2011
p. ; cm.

ISBN 978-89-86015-79-9 93230 : ₩ 12000

신약 성서[新約聖書]
유대교[--敎]
헬레니즘[hellenism]

233.5-KDC5
225-DDC21 CIP2011000529

이 도서의 국립중앙도서관 출판시도서목록(CIP)은 e-CIP 홈페이지(http://www.nl.go.kr/ecip)에서 이용하실 수 있습니다.

Publishing House Korea Institute Biblical Studies

Seoul, Korea

유대교와 헬레니즘

- 신약성서 배경연구 -

유대교와 헬레니즘

초판 1쇄 / 2011년 3월 4일
초판 2쇄 / 2015년 3월 6일

발행인 / 장흥길
지은이 / 김창선
펴낸곳 / 도서출판 한국성서학
등록 / 제1-1286호(1991.12.21)
주소 / 서울 종로구 연지동 1-1 여전도회관 1105호
TEL / (02) 766-5220
FAX / (02) 744-7046
총판 / 도서출판 두란노 (02)749-1059 / FAX (02)749-3705

ISBN / 978-89-86015-79-9 93230

값 12,000원

머리말

신약성서는 넓게 보면 헬라·로마시대를, 좁게 보면 고대 유대교를 배경으로 한 초기 그리스도교의 산물이다. 따라서 신약성서를 **역사적**으로 해석하고자 할 경우, 그 배경이 되는 헬라·로마시대와 고대 유대교에 대한 이해가 불가피하다. 이와 같은 이해가 결핍되면 신약성서를 잘못 읽기 쉽다. 또한 신약성서가 증거하는 예수 사건과 초대교회의 선포는 추상적인 개념이 아니라 역사적으로 일어난 구체적인 사건임을 고려하면, 신약성서에 전제되어 있는 시대사적이며 문화적인 배경에 대한 이해가 절실하다.

게다가 초기 그리스도교는 역사적인 차원을 넘어서 **신학적**으로도 그 모태가 되는 유대교와 밀접하게 연결되어 있었다는 사실을 직시할 필요가 있다. 왜냐하면 예수를 메시아로 고백한 초기 그리스도교의 신앙은 이스라엘의 하나님에 대한 신앙에 뿌리를 두었고, 예수 그리스도의 십자가 죽음과 부활 사건을 이스라엘과 함께 하신 하나님의 구속사가 성취된 것으로 믿었기 때문이다. 이러한 시각에서 보면 기독교 신앙은 본질상 하나님이 함께 하신 이스라엘의 역사에 속한다는 사실을 알 수 있다. 또한 신약성서를 탄생시킨 초기 그리스도교는 당시 로마 세계에 공존했던 다양한 종교 현상과 부딪치면서 자신의 신앙 정체성을 세워 나갔다. 그런 의미에서 초기 그리스도교를 올바르게 이해하기 위해서는 고대 유대교에 대한 이해뿐만 아니라 헬레니즘시대에 널리 퍼져 있던 대중신앙과 밀의종교 및 영지주의 운동에 대한 이해도 불가피하다.

신약성서의 배경에 관한 연구사를 돌아보면, 서로 대립되는 두 개의 극단적인 입장이 맞서 왔다고 말할 수 있다. 초기 그리스도교를 헬레니즘시대의 종교혼합주의의 산물로 보는 종교사학파의 시각이 있는가 하면, 초기 그리스도교를 전적으로 유대교의 산물로 보는 시각이 있다. 이러한 극단적인 시각은 수정이 불가피하다. 신약성서가 당시 대중어인 코이네 그리스어로 기록되었다는 사실 하나만으로도 신약성서를 낳은 초기 그리스도교가 헬레니즘의 영향을 입었다는 것이 분명하다. 또한 신약성서를 기록한 저자들은 모두 유대인이거나 유대교에 호감을 보인 이방인 출신의 '하나님 경외자' 였다는 사실을 기억한다면 초기 그리스도교가 유대교와 밀접하게 관련되었다는 것 역시 자명하다. 결국, 진리는 양 극단의 중간에 있다고 보인다.

이러한 입장 위에서 이 책은 신약성서의 배경 이해에 초점을 맞추고자 한다. 여기에는 방대한 주제가 속하나, 시간과 역량 부족으로 몇몇 주제에 제한하고자 한다. 본서가 소개하는 개별적인 주제를 보다 큰 맥락에서 이해할 필요가 있기에, 초기 그리스도교와 신약성서가 처한 헬라·로마시대의 시대사적 배경을 제일 먼저 다룬다. 이어서 예수 당시의 유대교가 속한, 흔히 '신구약 중간기' 유대교라 부르는 시대와 관련된 다양한 주제를 다룬다. 그런 다음 헬레니즘시대의 종교 현상과 관련된 두 주제(밀의종교, 영지주의)를 소개하고, 마지막으로 신약성서 이해를 보충하는 차원에서 신약 외경 복음서와 관련된 주제도 하나 포함시켰다.

본서의 주제와 관련하여 이미 우리말로 여러 권의 번역서가 나와 있다. 가장 대표적인 것으로 H. 쾨스터의 『신약성서 배경연구』, E. 로제의 『신약성서 배경사』, B. 라이케의 『신약성서 시대사』 등을 언급할 수 있다. 그러나 이 저서들은 본래 수십 년 전에 출판된 것들이라 그동안 학계의 괄목할 만한 연구 성과를 반영하지 못하는 아쉬움이 있었다. 본서는 우리 학계의 이러한 공백을 메우는 데 일조하려한다. 본래 하나의 완벽한 체계를 갖춘 단행본으로 기획한 것이 아니고 이미 발표한 글을 수정 보완한 것과 그 밖의 다른 글을 합하여 편찬한 것이라, 완벽한 통일성을 기대하기 어렵다. 그러나 여기서 다루고 있는 각 주제는 저마다 넓은 의미에서 신약성서의 배경 이해에 속한 것이기에 어느 정도 통일성은 갖추고 있다고 말할 수 있다. 이러한 단점은 각 글을 다른 글과 상관없이 읽을 수 있다는 장점으로 다가올 수 있다.

끝으로 이 책의 출판을 맡아 준 한국성서학연구소의 장흥길 소장님(장로회신학대학교 신약학 교수) 그리고 편집을 위해 수고해 주신 장성민 목사님께 진심으로 감사를 드린다.

2011년 2월

김창선

차 례

"당신이 신약성서의 책들을 전적으로 이해하려 한다면, 당신의 자리를 사도들이 최초로 염두에 두었던 독자들의 자리로 바꿔라. 그것들이 최초로 읽히던 그 당시와 그 지역으로 당신을 영 가운데 옮겨 놓아라. 당신이 당시 사람들의 관례, 풍속, 관습, 입장, 전승된 표상, 속담, 비유, 일상적 표현을 또한 그것들이 다른 사람들을 설득시키려 하거나 혹은 입증을 믿도록 하는 양태를 가능한 잘 깨닫도록 힘쓰라. 당신이 한 구절을 다룰 때, 신학적이건 논리적이건 오늘날의 어떠한 체계를 통해서나 혹은 오늘날의 통상적인 생각으로 앞으로 나아갈 수 없을 경우에 그 점을 무엇보다 명심하라."

- Johann Jakob Wettstein(1693-1754년) -

제1장 신약성서의 시대사적 배경

초기 교회와 그 유산인 신양성서를 바르게 이해하려면 당시 시대사에 비추어 이해할 필요가 있다. 초기 교회는 헬라 로마 시대를 활동무대로 한다. 헬라 로마 시대의 팔레스타인 역사를 큰 흐름 속에서 다루려 한다.

제1장

신약성서의 시대사적 배경

신약성서가 신앙인의 삶을 위한 규범과 기준이 된다는 뜻으로 "카논"(Canon), 즉 "정경"으로 선포된 것은 기원후 4세기 말경의 일이나,[1] 신약성서에 수집된 27권의 책들이 최초로 기록된 것은 대략 기원후 50년에서 130년 사이의 일이다. 그 가운데 제일 먼저 바울서신이 50년대에 기록되었고 마지막으로 베드로후서가 130년경에 기록된 것으로 간주된다.[2] 따라서 신약성서가 기록된 시기는 정치적으로는 로마제국이 통치하던 시대였고, 문화적으로는 그리스어를 기반으로 하는 이른바 헬레니즘의 영향 아래에 있었던 시대였다. 이러한 시대적 상황 가운데 당시 대중어인 그리스어로 기록된 신약성서가 탄생했다는 사실을 기억할 필요가 있다. 이 책에서 다루고자 하는 신약성서의 배경과 관련된 다양한 주제를 올바르게 이해하기 위해서 먼저 헬라 · 로마시대의 팔레스타인 역사를 큰

1) 신약정경에 대한 논의는 4세기 말경에 이르러서야 대체로 끝난다. 동방교회에서는 367년에 알렉산드리아의 주교 아타나시우스(Athanasius)의 '39번째 부활절 서신'에서 논란에 종지부를 찍고, 서방교회에서는 이보다 조금 늦게 382년 로마 주교회의(Synode)에서 정경문제를 매듭짓는다.

2) 이와 관련하여 나의 졸저 『한국교회를 위한 21세기 신약성서 해설』(도서출판 시유시, 2007)을 참조하시오.

틀에서 개괄적으로 살펴보는 것이 유용하다.

I. 헬레니즘시대(기원전 334-31년)의 팔레스타인

"헬레니즘"이란 개념은 19세기 독일의 위대한 역사가 요한 구스타프 드로이젠(Johann Gustav Droysen, 1808-1884년)의 저서 『헬레니즘의 역사』에서 유래한 것이다.[3] 여기에서 그는 알렉산더 시대로부터 시작하여 그리스도교가 성립된 시기에 걸쳐 그리스 교육을 통해 서방문화와 근동지방의 문화가 서로 혼합된 것을 가리키는 개념으로 사용했다.[4] 헬레니즘시대는 정치적인 세력균형이 이뤄진 평화의 시대였으며 활발한 무역과 교통을 통해 동양과 서양의 만남이 왕성해진 시대이고, 과거 페르시아 제국이 다스리던 국가들을 마케도니아와 그리스가 정치적으로 지배하면서 그리스 문화가 만연되기 시작한 시대이다. 공용어인 그리스어를 통해 다양한 무리의 사람들이 저마다의 관심과 이상에 따라 신앙공동체를 결성하거나 활발한 교제를 나눌 수 있었던 시대이기도 하다. 이 시대에 유대교는 영향력 있는 종교로 도약한다. 알렉산더 대왕이 근동 지역을 점령함으로써 동방과 지중해 세계에 헬레니즘시대가 열린다. 팔레스타인은 먼저 헬라의 지배를 받고, 이어서 로마의 지배를 받게 된다.

• 일반적으로 헬레니즘시대는 마케도니아의 **알렉산더 대왕**(Alexandros, 336-323년)이 소아시아 북서쪽에 위치한 그라니코스(Granicos) 강가에서 페르시아군과 벌인 전투(334년)를 기점으로 시작되

---

3) J. G. Droysen, *Geschichte des Hellenismus*, 2 vols. (Hamburg, 1836-1843).

4) 헤겔의 역사철학에 영향을 받은 드로이젠은 "그리스 문화를 고대 동방의 대립명제(Antithese)로 여겼고, 거기서 파생된 '헬레니즘'은 기독교에서 완성을 이루는 종합(Synthese)에 도달했다고 보았다"(M. 헹엘, 『신구약 중간사: 유대교의 헬라화 과정 연구』, 임진수 역[살림, 2004], 93-94).

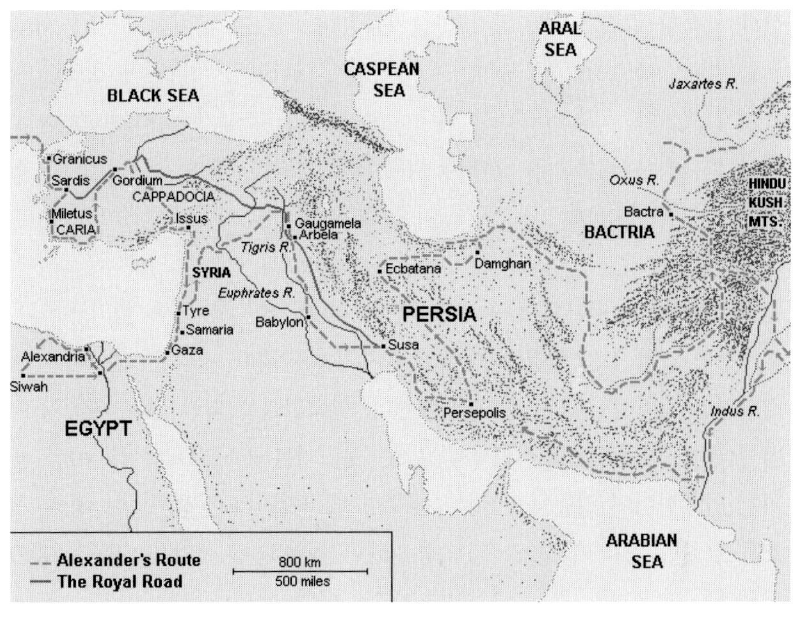

고, 안토니우스와 클레오파트라의 연합함대가 악티움(Actium) 해전에서 옥타비아누스(훗날, 아우구스투스)에게 패한 기원전 31년에 끝나는 것으로 간주한다. 알렉산더는 소아시아에서 시리아로 들어가는 관문인 이소스(Issos)에서 페르시아 왕 다리우스 3세를 격파함으로써(333년 가을) 시리아와 팔레스타인을 거쳐 이집트에 이르는 길을 차지한다. 332년 겨울 시리아 전역과 팔레스타인이 알렉산더의 수중에 들어가고, 이어서 이집트에 진격하여 그곳에 자신의 이름을 따서 신도시 알렉산드리아를 세운다. 마케도니아 군대가 파죽지세로 남쪽으로 밀려들자 팔레스타인 도시들은 저항 없이 항복하는 가운데 새로운 통치자의 세력을 수용한다. 그 덕에 페르시아 지배 가운데 누리던 권리를 계속 향유할 수 있었으나, 팔레스타인 전역에 그리스어와 더불어 그리스 문화가 밀려오면서 유대인의 내부 생활은 엄청난 영향을 받게 된다. 예컨대, 희랍 건축양식에 따른 극

장과 목욕탕 그리고 운동경기장이 세워진다. 이러한 그리스 문화의 유입으로 말미암아 유대인들 사이에 위기의식이 나타나기 시작한다. 331년 여름에 알렉산더는 티그리스 강 너머 니네베 근처 가우가멜라(Gaugamela)에서 또다시 다리우스의 군대와 싸워 승리한 다음, 이어서 바벨론을 점령한다. 이후 인도에까지 진군하여 광대한 제국을 이룬다.

• **323년** 바벨론으로 돌아온 알렉산더 대왕이 서른 세 살의 나이에 후계자를 남겨 놓지 않은 상태에서 갑자기 사망하자, 제국은 신속하게 합병되면서 정치적인 혼란 상태에 빠진다. 알렉산더에 의한 통일 제국의 이념이 점차 쇠퇴하였고, "후계자"를 뜻하는 디아도코스(Diadochos)라 불리는 알렉산더의 장군들 사이에 싸움이 벌어지면서 경쟁하듯이 왕의 칭호를 취한다. 플루타르코스(45년경-125년경)는 당시 상황을 다음과 같이 전한다.

"처음으로 군중들이 안티고노스와 데메트리오스를 왕으로 예우했다. 따라서 안티고노스는 즉각 그의 친구들의 도움으로 왕관을 썼으며, 데메트리오스는 부친으로부터 머리띠와 함께 그를 왕으로 호칭한 서한을 받았다. 그 소식을 듣자 이집트에서는 프톨레마이오스의 추종자들 역시 그들대로 그에게 왕이란 칭호를 주어, 패전으로 인해 의기소침하지 않으려는 듯했다. 그리고 그들이 경쟁적으로 그렇게 행동하자, 그 행태는 다른 후계자들에까지 확산되었다. 뤼시마코스가 머리띠를 두르기 시작했고, 이미 전에 왕의 이름으로 비(非)그리스인을 상대했던 셀레우코스가 그리스인들을 만났을 때도 같은 행동을 취했다"(Plutarchos, 『데메트리오스전』, 18,1-2).[5]

먼저 306년에 안티고노스가 왕의 칭호를 취하고, 이어서 프톨레마이

5) F. W. 월뱅크, 『헬레니즘 세계』, 김정현 역, 대우학술총서 530(아카넷, 2002), 60에서 재인용.

오스와 셀레우코스도 저마다 왕위를 주장한다. 이들이 알렉산더의 제국을 나눠 통치하게 되면서 헬레니즘의 3대 강국이 이루어진다. 안티고노스 왕국(그리스와 마케도니아), 셀레우코스 왕국(시리아), 프톨레마이오스 왕국(이집트). 이와 더불어 헬레니즘의 역사가 본격적으로 시작된다.

• **302년(?)** 이집트를 장악한 **프톨레마이오스 1세 소테르**(Ptolemaios I, Soter 기원전 323-283년)는 예루살렘을 정복하여 많은 유대인들을 포로로 이집트로 끌고 간다. 유대 역사가 요세푸스는, 프톨레마이오스 1세가 성전에 희생제의를 바치러 온 것처럼 꾸민 술수를 써서 예루살렘을 장악했다고 보도한다.[6] 시리아와 팔레스타인은 프톨레마이오스의 수중에 들어간다. **프톨레마이오스 2세**(Philadelphos, 283-246년)는 시리아와 전쟁을 벌여 시리아와 소아시아의 상당 부분을 점령한다. 프톨레마이오스 3세(246-221년) 때에는 세 개 이상의 유대 회당이 이집트에 존재한 것으로 보인다.

유대인들은 온건한 프톨레마이오스 왕국의 지배 하에서 대략 1세기 동안 안정된 삶을 영위할 수 있었다. 프톨레마이오스 왕국은 페르시아와 마찬가지로 대제사장을 중심으로 하는 예루살렘 제의 공동체와 팔레스타인 유대교의 최고 법정인 산헤드린(Sanhedrin)을 그대로 인정했기 때문이다. 이러한 상황 가운데 히브리어 성서, 즉 구약성서를 그리스어로 번역한 이른바 **"칠십인경(Septuaginta)"**이 알렉산드리아에서 만들어진다.[7] 이 그리스어 성서는 그리스어를 말하는 헬레니즘시대 유대인들의 성서가 되고, 훗날 초기 그리스도교의 성서로 사용된다.

• **기원전 3세기에서 2세기로의 전환기**: 셀레우코스 3세의 동생인 **안티오코스 3세**(Antiochos III, 223-187년)가 시리아 남부와 팔레스타인을

6) *Ant.* XII,3-10.
7) "칠십인경"에 관해서는 이 책의 제3장을 참조하시오.

이집트로부터 빼앗으면서, 팔레스타인은 셀레우코스(Seleukos) 왕국의 지배로 바뀐다. 유대인들은 재빨리 시리아 편에 서면서 잠시 특권을 누리는 듯했으나, 프톨레마이오스 왕국과 달리 헬라주의화를 내세우는 셀레우코스 왕국은 예루살렘 성전제의에까지 미치는 헬라화 정책을 추구함으로써 결국 유대인들과 갈등을 빚게 된다. 기원전 3세기경에 기록된 지혜문서인 **전도서(=코헬렛)**에서 이미 헬라화의 전조를 찾아볼 수 있다. 이미 여기에서 유대교와 헬라문화 사이의 알력이 철학적 사변의 경지에서 전개된다.

• **175년에 시리아 왕 안티오코스 4세**(Antiochos IV, 175-164년)가 권좌에 오른다. 당시 예루살렘의 대제사장은 오니아스 3세였는데, 안티오코스 4세의 헬라화 개혁 정책을 반대하자 대제사장직에서 축출된다. 그의 자리에 친헬라화를 표방하는 동생 야손(Jason, 175-172년)이 오른다. 그러나 얼마 후 야손도 대제사장직에서 쫓겨나고 172년에 사독가문 출신이 아닌 메네라오스(Menelaos)가 대제사장직을 매수하여 차지한다(172-162년). 메네라오스는 쫓겨난 대제사장 오니아스 3세를 살해하는데, 이것이 경건한 유대인들이 저항 조직을 결성하는 직접적인 계기가 된다.

안티오커스 4세의 상을 담은 동전의 양면
뒷면의 그리스어(ΑΝΤΙΟΧΟΥ ΘΕΟΥ ΕΠΙΦΑΝΟΥ ΝΙΚΗΦΟΡΟΥ)는
"안티오커스, 현현하신 신, 승리자"를 뜻한다.

• **169-168년:** 예루살렘 성전을 약탈한 안티오코스 4세는 **강력한 헬라화 정책**을 추진하는 가운데, 할례와 안식일 준수와 같은 유대교 관습을 금지시키고 토라를 불태운다. 이에 대해 기원전 100년경 본래 히브리어로 기록된 마카베오상은 다음과 같이 보도한다.

"41 안티오코스왕은 온 왕국에 영을 내려 모든 사람은 자기 관습을 버리고 한 국민이 되어야 한다고 했다. 42 이방인들은 모두 왕의 명령에 순종했고 43 많은 이스라엘 사람들도 왕의 종교를 받아들여 안식일을 더럽히고 우상에게 제물을 바쳤다. 44 왕은 또 사신들을 예루살렘과 유다의 여러 도시에 보내어 다음과 같은 칙령을 내렸다. 유다인들은 이교도들의 관습을 따를 것. 45 성소 안에서 번제를 드리거나 희생제물을 드리거나, 술을 봉헌하는 따위의 예식을 하지 말 것. 안식일과 기타 축제일을 지키지 말 것. 46 성소와 성직자들을 모독할 것. 47 이교의 제단과 성전과 신당을 세울 것. 돼지와 부정한 동물들을 희생제물로 잡아 바칠 것. 48 사내아이들에게 할례를 주지 말 것. 온갖 종류의 음란과 모독의 행위로 스스로를 더럽힐 것. 49 이렇게 하여 율법을 저버리고 모든 규칙을 바꿀 것. 50 이 명령을 따르지 않는 자는 사형에 처한다"(마카베오상 1:41-50).

• **167년 유대인에게 참담한 사건**이 일어난다. 셀레우코스 왕의 비호를 받아 시행된 메네라오스의 친헬라화 정책이 극에 달하게 되면서 예루살렘 성전이 올림푸스의 제우스와 '하늘의 바알'(Baal ha-Shamaim)을 위한 신전으로 바뀐다. 이때의 일을 마카베오서는 다음과 같이 전한다.

"1 그 후 얼마 안 되어 안티오코스왕은 아테네의 원로 한 사람을 유다인에게 보내어 그들에게 조상 때부터 내려오는 율법을 버리고 하느님의 율법을 따르는 생활규범을 버리라고 강요하였다. 2 그리고 예루살렘의 성전을 더럽히고 그 성전을 올림피아의 제우스신에게 봉헌하게 하고 그리심 산의 성소는 그 지방 사람의 소원대로 나그네의 수호신인 제우스에게 봉헌하게 하였다"(마카베오하 6:1-2).

성전에서 매춘이 이루어졌고, 희생제물로 부적합한 짐승들을 봉헌하였으며, 매달 왕의 생일을 경축하는 동안 유대인들은 부정한 희생제물을 강제로 먹어야만 했다. 게다가 그리스 신 디오니소스를 위한 축제에도 참석하도록 강요받았다.

"**54** 백 사십 오년 기슬레우월 십 오일에 안티오코스 왕은 번제 제단 위에 **가증스러운 파멸의 우상**[=제우스 신상]을 세웠다. 그러자 사람들은 유대의 근방 여러 도시에 이교제단을 세우고 집 대문 앞에나 거리에서 향을 피웠다. **55** 율법서는 발견되는 대로 찢어 불살라 버렸다. **56** 율법서를 가지고 있다가 들키거나 율법을 지키거나 하는 사람이면 누구든지 왕명에 의해서 사형을 당하였다"(마카베오상 1:54-57).

당시의 참혹한 사건에 대해 구약성서 중 마지막으로 기록(기원전 165년)된 **다니엘서**는 "멸망하게 하는 가증한 것" 혹은 "멸망케 하는 미운 물건"이라는 말로 집약하여 표현하였다(단 11:31; 12:11).[8] 안티오코스 4세의 이러한 헬라화 정책에 저항하여 "경건한 자들의 모임"(Synagoge Asidaion)인 **"하시딤"**이 결성되고 마침내 마카비(Maccabee) 가문의 봉기를 유발시킨다.[9] 율법에 충실하고자 하는 하시딤은 마카비 가문과 연합하게 된다.

8) 다니엘은 기원전 7세기 말경의 인물로 간주되나, 구약성서에 속한 묵시문학인 다니엘서의 실제 생성연대는 기원전 165년 혹은 164년으로 잡는다. 유대 묵시문학에는 보통 그 책의 저자로 통하는 옛 시대 인물의 이름이 붙는다.

9) M. Hengel은 마카비 봉기를 "헬레니즘의 과도한 영향에 대항하는 민족적인 저항의 시도"로 이해한다(『신구약 중간사』, 135-36).

마카비 가문의 봉기: 제사장 가문의 지도자인 마타티아스(Mattathias)는 고향인 모데인(Modein)에서 봉기를 시작한다. 모데인의 이방 제단에 희생제물을 드리려는 유대인과 이를 강요하던 왕의 신하를 살해한 다음 제단을 헐어 버린다(기원전 168/7년).

"23 마타티아스의 말이 끝났을 때 어떤 유다인 한 사람이 나와서 모든
사람이 보는 앞에서 왕명대로 모데인 제단에다 희생제물을 드리려 했다.
24 이것을 본 마타티아스는 화가 치밀어 올라 치를 떨고, 의분을 참지 못하
여 앞으로 뛰어 올라가 제단 위에서 그 자를 죽여 버렸다. 25 그리고 사람
들에게 이교제사를 강요하기 위하여 온 왕의 사신까지 죽이고 제단을 헐
어 버렸다. 26 이렇게 해서 마타티아스는 전에 비느하스가 살루의 아들 지
므리를 찔러 죽였을 때처럼 율법에 대한 열성을 과시하였다. 27 그리고 마
타티아스는 거리에 나서서, '율법에 대한 열성이 있고 우리 조상들이 맺은
계약을 지키려고 하는 사람은 나를 따라 나서시오' 하고 큰 소리로 외쳤다.
28 그리고 나서 그는 모든 재산을 그 도시에 버려 둔 채 자기 아들들을 데
리고 산으로 피해 갔다"(마카베오상 2:23-28).

그런 다음 마타티아스는 자기의 다섯 아들(Johannes, Simon, Judas, Eleasar, Janathan)과 더불어 반란을 일으키나, 머지않아 죽게 되고(166년) 그의 셋째 아들 유다가 반란의 선봉장이 된다. 그의 역할이 두드러지면서 "망치"를 뜻하는 "마카비"(Maccabee)란 별명을 얻게 된다. 마카비 가문은 하스몬(Hasmon)이라는 조상의 이름을 따라 "하스모니아 가문"이라고도 불린다(Josephus, *Ant.* XI,111). 이들의 투쟁을 통해 팔레스타인은 정치적 독립을 달성하게 된다.

• **164년 유다 마카비**는 예루살렘으로 진격하여 제우스 신전제식을 종식시키고 예루살렘 성전 제의를 다시 회복시킨다. 이를 기념하여 지금까

지 "하누카"(Hanukkah)라 부르는 "제단 봉헌 축제"를 드린다. 유다 마카비는 160년에 죽고, 그의 막내 동생 요나단이 후계자가 된다. 셀레우코스 왕국은 157년에 요나단과 평화협정을 맺는다.

셀레우코스 왕국의 마지막 80년 동안은 왕권쟁탈을 둘러싼 전쟁의 소용돌이에 휩싸여 혼란한 시기였다. 셀레우코스 왕국의 권좌에 있던 **데메트리오스 1세**는 안티오코스 4세의 아들로 자처하던 **알렉산더 발라스**와 대적관계에 있었기에 요나단의 도움을 필요로 하였고, 요나단의 무장을 허락하였다. 그리하여 요나단은 예루살렘을 탈환한다. 데메트리오스에게 지지 않으려는 알렉산더 발라스는 요나단에게 친서를 보내어, 그를 유다 백성의 대제사장으로 임명하고 "왕의 친구"로 부른다. 요나단은 이러한 제의를 받아들여 사독가문이 아니고 평범한 사제가문 출신이면서도 대제사장 자리에 오른다.

• **152년 마카비 가문의 요나단**은 셀레우코스 왕국의 어수선한 틈에 정치술을 사용하여 유대교의 대제사장 자리에 오른다. 이로써 그는 군대 총수권 뿐만 아니라, 최고의 종교직책인 대제사장직을 한 몸에 지님으로써 최고 세도가로 군림한다. 이때 쫓겨난 적법한 대제사장을 가리켜 쿰란문서는 **'의의 교사'(teacher of righteousness)**, 즉 의로운 교사라고 부른다. 의의 교사는 요나단의 살해음모를 피해 예루살렘을 탈출하여 시리아로 정치 망명을 가게 되고 그곳에서 "새 언약 공동체"의 지휘권을 넘겨받게 되는데, 이 공동체가 바로 에센파의 모체를 이룬다. 기원전 **150년경**에 의의 교사는 "경건한 자들의 모임"의 일부 사람과 다른 여러 유대인들을 규합하여 이른바 **에센파(Essenes)** 연합체를 결성한다. 이들은 자신들의 연합체를 이스라엘 전체를 대표하는 종말론적 구원공동체로 이해하였다. 기원후 1947년 이후 사해사본의 발견으로 세간에 알려진 쿰란 공동체는 바로 이 에센파에 속하는 무리임이 밝혀졌다. 기원전 143년에

요나단이 살해된다. 유대 역사가 요세푸스는 그의 작품 『유대 고대사』(*Ant.* XIII,171-173)에서 요나단의 시대(161-143년)에 처음으로 **바리새파**에 대하여 언급한다.

• **하스모니아(Hasmonea) 왕조(142-63년)**: 대제사장 시몬(Simon, 142-134년)의 시대와 함께 이스라엘은 이민족의 지배에서 완전히 벗어나 새로운 연호를 도입한다.

> "백 칠십 년에 이스라엘은 이방인의 모든 속박에서 벗어났다. 그리고 이스라엘 민족은 그들의 공문서와 계약서에 '유다인의 대사제이며 사령관이며 지도자인 시몬 제일 년'이라고 쓰기 시작하였다"(마카베오상 13:41-42).

시몬은 134년에 살해되고, 이어서 요한 휘르카노스(Johannes Hyrkanos I, 134-104년)가 권좌에 오른다. 그는 128년에 사마리아인들이 그리심 산에 세운 성전을 파괴하고, 107년에는 사마리아를 점령하여 파괴시킨다. 이어서 그의 아들 아리스토불로스(Aristobulos I, 104-103년)가 권자에 오른다. "헬라의 친구"로 자처한 아리스토불로스는 하스모니아 왕가 가운데 처음으로 "왕"이라는 칭호를 공식적으로 사용하였다(Josephus, *Ant.* XIII,301). 통치한 지 일 년 만에 아리스토불로스가 죽자, 그의 아내 알렉산드라는 남편의 형제 중 연장자인 알렉산더 얀나이오스(Alexander Jannaios, 103-76년)와 결혼하면서 그를 남편의 후계자로 임명한다. 얀나이오스가 죽은 뒤에도 살로메 알렉산드라(Salome Alexandra, 76-67년)는 여왕으로서 9년을 더 통치한다. 알렉산드라가 67년에 죽자, 휘르카노스 2세가 왕위에 오르나, 곧 그의 동생 아리스토불로스 2세가 형을 몰아내고 권좌에 오른다(66-63년). 형제간에 벌어진 왕위 계승 투쟁은 로마에 의해 종식되면서 팔레스타인은 로마의 지배를 받게 된다.

마카비 왕조의 가계도

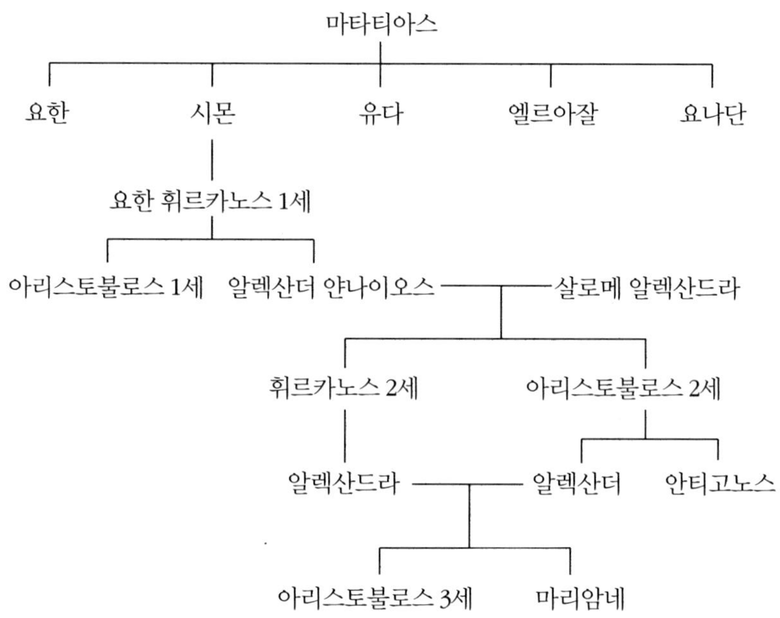

II. 로마시대(기원전 63년 이후)의 팔레스타인

로마가 팔레스타인을 통치하면서 새로운 시대가 전개된다. 로마는 피정복민족들의 다양한 종교 및 행정 제도를 대체로 유지하였으나, 정치 지도자들을 직접 세워서 정복한 영토를 통제했다.

• **기원전 63년 로마의 폼페이우스(Pompeius)**는 시리아와 팔레스타인을 점령하고, 팔레스타인을 로마령 시리아에 종속시킨다. 그 무렵 익명의 유대인이 지은 **"솔로몬의 시편"(PsSal)**은 당시 예루살렘의 점령에 관해 다음과 같이 말한다.

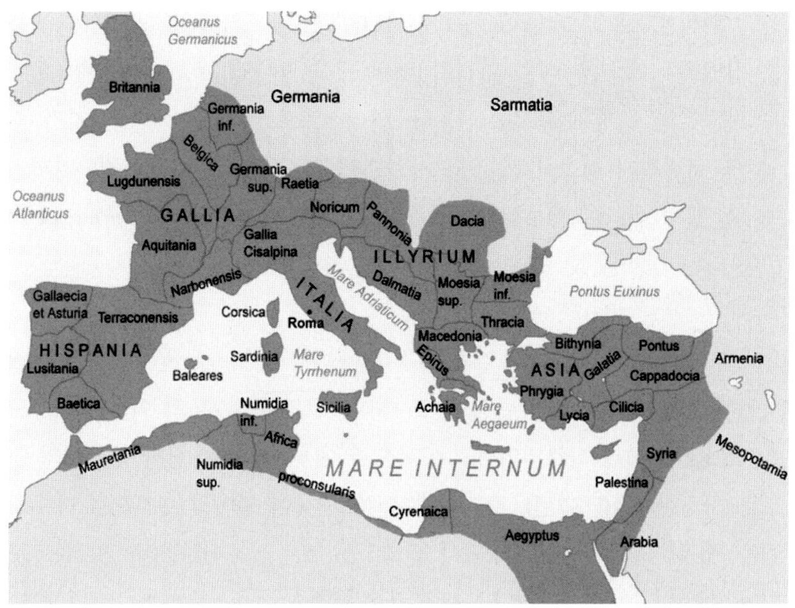

"죄인(=폼페이우스)이 교만하게 망치로 튼튼한 성벽을 무너뜨렸는데 당신은 그것을 막지 않았습니다. 이방인들이 당신의 제단에 올라가 거만하게 신을 신은 채 짓밟았습니다. 하나님의 제물을 불신앙으로 더럽힌 예루살렘의 아들들이 주의 성소를 모독하였기 때문입니다"(PsSal 2:1-3).

"그 무법자(=폼페이우스)가 우리 땅을 백성들로부터 찬탈하고, … 그들을 서쪽으로 보내고 백성의 지도자들을 조롱하였다"(PsSal 17:11f).

폼페이우스는 팔레스타인을 새로 정비하여 당시 하스모니아 왕국에 종속되었던 동부 요르단 지역의 헬라화 된 도시들을 "데가볼리"(Decapolis)라는 10개의 자유도시 동맹으로 통합한다. 사마리아도 독립한다. 그리하여 유대 대제사장의 소유로는 단지 유대와 동부 요르단 지역의 갈릴리와 베레아 내륙지방만이 남게 된다. 당시 "반쪽 유대인"으로 불리는 이두매 사람 **안티파트로스**(Antipatros, 63-43년)가 팔레스타인의 실질적인 권세를 잡았고, 그의 두 아들 파사엘(Phasael)과 헤롯(Herodes)을 예루살렘과 갈릴리의 군대 수장으로 삼는다. 안티파트로스는 로마의 점령기간 중인 63-55년까지 비공식적인 지도자로 있었고, 기원전 43년 살해되기까지 예루살렘과 (나중에는) 나라 전체를 다스리는 '에피트로포스'(epitropos=총독)라는 칭호를 갖고 다스린다.

• 메소포타미아 지역 일대를 정복한 파르터(Parther) 제국이 팔레스타인에 침입한 어수선한 틈을 타고 아리스토불로스 2세의 아들 **안티고노스(Antigonos)**가 파르터인들의 도움으로 예루살렘을 포함한 대부분의 영토를 차지한다**(40-37년)**. 그러나 37년에 헤롯이 로마의 도움으로 예루살렘을 정복하고 왕위에 오르면서 안티고노스는 살해된다. 이로써 하스모니아 가문의 통치가 끝난다.

• **헤롯 대왕(Herodes, 기원전 37년-기원전 4년)의 통치**: 헤롯은 왕의 칭호를 갖고 있으나, 그의 공식 지위는 "동맹의 왕이며 로마 백성의 친구"(rex socius et amicus populi Romani)이다. 분봉왕으로서 그가 다스리는 유대 왕국은 로마의 감독을 받는 분봉국가이다. 헤롯은 이두매 지역 출신이었기에 완전한 유대인으로 인정받지 못하고 "반쪽 유대인"이라고 놀림을 받았다. 또한 로마의 도움으로 권좌에 오른 자라 백성들로부터 신망을 얻지 못했다. 그리하여 불안한 권좌에 있었던 그는 자신의 세력을 지키기 위해 아내 마리암메(=마리암네)와 아들을 포함하여 자기를 비난하던 하스모니아 왕가의 가족들을 살해한다. 헤롯은 건축가로 유명하다. 지중해 연안의 항구도시 가이사라를 건설했으며, 사해의 서쪽 연안 위로 높이 솟아오른 거대한 바위 터에 마사다 궁전 요새를 구축했고, 유대 사막에 헤로디움 요새를 세웠으며, 사해의 동쪽 연안에 위치한 파괴된 옛 성 마케루스를 화려하게 재건했다.

또한 예루살렘 성전을 확장하고 거대한 장벽을 쌓았다. 이 장벽의 일부가 오늘날까지 남아 있는데, 이를 가리켜 "통곡의 벽"이라 부르며 거룩한 장소로 통한다. 성전 북서쪽에 성전 구역을 감시하기 위한 안토니아 도성을 구축하고, 극장 및 원형극장을 건설했다. 헤롯은 세 아들에게 왕국 분할을 유언하고 여리고에서 앓다가 기원전 4년에 죽는다. 그가 죽자 아들들 사이에 헤롯의 유업을 둘러싼 각축전이 벌어지고 아우구스투스로부터 낙점을 받기 위해 애쓴다.

이 무렵 팔레스타인 여러 곳에서 소요와 무장 봉기가 일어난다. 갈릴리 세포리스에서 "갈릴리인 유다"(Judas the Galilean)가 무리를 결성해 유대 전역을 불안하게 하였고,[10] 요단강 동편의 베레아에는 "시몬"(Simon)이란 이름을 가진 헤롯의 옛 노예가 왕이라 자처하였고,[11] 또한 양치기 출신의 "아트롱가이오스"(Athrongaios)라 불리는 자가 네 형제와 함께 유대 지방 전역을 불안에 떨게 했다.[12] 이처럼 팔레스타인이 심각한 사회 불안과 반란에 휩싸이자 시리아 총독 바루스(Varus)가 로마의 세 군단을 이끌고 내려와 유대인들의 무장 반란을 무자비하게 진압한다. 반란의 주동자 2,000명을 십자가형에 처함으로써 반란을 제압한다. 이 반란은 훗날 유대 전쟁(기원후 66-74년)에서 로마와 전면전을 벌이게 되는 긴 불안기의 시작을 뜻한다. 이들 반란 운동들은 한 가지 공통점이 있었다. 반란의 근원지가 도시가 아니라 농촌이고, 반란의 주동자들이 저마다 왕으로 자처했다는 사실이다. 요세푸스가 이들을 가리켜 "강도들"이라 부르나, 그들의 움직임 배후에는 사회 정치적 차원의 극단적인 메시아 운동이 자리 잡고 있다고 말할 수 있다.

"그리하여 유대 지방은 실로 강도들의 소굴이었다. 반란의 무리가 모이

10) *Ant.* XVII,10,5 §271f; *Bell.* II,4,1 §56.

11) *Ant.* XVII,10,6 §273f; *Bell.* II,4,2 §57-59.

12) *Ant.* XVII,10,7 §278-285; *Bell.* II,4,3 §60-65.

는 곳에서는 나라를 망치는 왕들이 언제나 나타났다. 그들이 로마인들에게 사소한 해를 끼쳤을 뿐이나, 자기 백성들에게는 분노를 표출했으며 살인과 살상을 퍼뜨렸다"(*Ant.* XVII,10,8).

이처럼 불안정한 시기인 기원전 4년경에 세례 요한과 나사렛 예수가 태어난다(마 2:1; 눅 1:5). 33년 동안 통치한 헤롯은 그 해 유월절 직전에 사망하는데, 세 명의 아들에게 영토를 분할하는 유언을 남긴다.

1세기 팔레스타인

① **아르켈라오스(Archelaos, 기원전 4년-기원후 6년)**: 헤롯의 다섯 번째 아내인 사마리아 여인 말타케(Malthake)의 아들인 아르켈라오스는 헤롯 왕국의 핵심지역인 유대, 사마리아, 이두매 지역을 물려받는다. 당시 가장 중요한 도시들로 통하는 예루살렘과 사마리아/세바스테, 가이사랴와 욥바가 그의 지역에 속해 있다. 아르켈라오스에게 '에트나르케스'(ἐθνάρχης=한 백성의 통치자)라는 칭호가 수여된다. 헤롯의 아들 중 가장 포악한 자로 통하는 아르켈라오스는 로마에서 귀환한 후 정적들과 반란자들을 처단하는 등, 잔인한 통치로 말미암아 백성의 원성을 산다. 누가복음에 나오는 은 열 므나의 비유(눅 19:12-27)는 그와 관련되었을 가능성이 많다.[13] 어떤 귀인이 왕위를 받아 가지고 오려고 먼 나라로 갔는데, 백성이 그를 미워하여 사자를 뒤로 보내어 그가 왕이 되는 것을 원하지 아니했고, 그가 왕위를 받아 가지고 돌아와서 반대자들에게 피의 복수를 행한다는 이야기는 아르켈라오스의 경우와 잘 맞아떨어지기 때문이다. 결국, 로마는 아르켈라오스를 기원후 6년에 권좌에서 끌어내어 갈리아 지방으로 추방한다. 이 일로 인해 그의 영토는 가이사랴에 거주하는 로마 총독(Procurator)의 직접 통치하에 놓이고, 성전세만을 내던 유대인들에게 낯선 세금제도가 도입되자 소요가 일어난다.

로마 총독 가운데 가장 잘 알려진 이는 **본디오 빌라도(Pontius Pilatus, 26-36년)**이다. 기원후 26년에 로마 총독으로 부임한 빌라도는 유대인의 경건을 고려하지 않는 여러 일처리로 말미암아 그들의 저항을 불러일으킨다. 예컨대, 황제 초상을 담은 로마 군기를 예루살렘으로 들여오고,[14] 예루살렘으로 흐르는 수로 건설비용을 성전금고에서 충당했다.[15] 또한 갈릴리 순례자들이 예루살렘에서 희생제물을 드리려 할 때, 빌라도가 이들을 학살

13) M. Hengel · A. M. Schwemer, *Jesus und das Judentum* (Tübingen, 2007), 72.

14) *Bell.* II,9,2-3 §169-174; *Ant.* XVIII,3,1 §55-59.

15) *Bell.* II,9,4 §175-177; *Ant.* XVIII,3,2 §60-62.

한다(눅 13:1). 그 밖에도 의심스런 혁명가들을 체포하여 죽이고(막 15:7, 27 병행.), 유대의 최고 법정 산헤드린이 그에게 넘겨준 예수를 잠시 심문한 후 주저하지 않고, 당시 가장 수치스러운 형벌로 알려진 십자가형을 내린다.

② 빌립(Pilippus, 기원전 4년-기원후 34년): 요르단과 게네사렛 호수(=갈릴리 호수) 북동편 지역(Gaulanitis, Trachonitis, Auranitis, Batanea, Paneas)은 "테트라르케스"(τετράρχης=4분봉왕)로 불리는 빌립에게 주어진다. 이 지역은 본디 팔레스타인 핵심 지역에 속하지는 않으나, 훗날 유대 영토에 포함된다. 이 지역은 시리아인과 그리스인이 주축을 이루는 가운데 다양한 백성이 함께 살고 있는 지역이다. 빌립은 로마에 전적인 충성을 보이며 헬라 군주로 다스렸으나, 백성의 반감을 사지는 않았다. 예컨대, 자신의 초상뿐만 아니라 아우구스투스나 티베리우스 황제의 초상을 담은 주화를 아무 저항 없이 발행한다. 그의 영토는 유대 전통과 직결된 지역도 아니고, 이방족인 시리아인과 그리스인이 다수를 차지했기 때문으로 보인다.

빌립은 자신의 이름을 따서 가이사랴 빌립(Caesarea Philippi)이라고 명명한 새 수도를 건설한다(참조. 막 8:27). 요세푸스가 그에 대해 일체 부정적인 것을 보도하지 않는 것으로 보아, 그는 헤롯 대왕의 아들 가운데 가장 평화를 추구하는 성격의 소유자였을 것으로 짐작된다. 빌립은 백성들로부터 호감을 얻었고, 그의 신하들은 그를 기리는 입상을 세운다. 그래서 그의 이름을 따서 아이들의 이름을 짓기도 했는데, 예수의 제자인 갈릴리 벳세다 사람 빌립(요 1:44; 12:21)이 바로 그 경우이다. 빌립은 오랜 동안 통치한 후 기원후 34년에 자식이 없이 사망하자, 그의 영토는 로마령 시리아에게 넘어갔다가, 다시 헤롯 대왕의 손자 아그립바에게 돌아간다.

③ 헤롯 안티파스(Herodes Antipas, 기원전 4년-기원후 39년): 갈릴리와 베레아(Peraea) 지역은 아르켈라오스의 친형제인 헤롯 안티파스의 몫으로 돌아간다. 그도 앞서 언급한 빌립처럼 테트라르케스라는 칭호를 수여 받는다. 갈릴리와 베레아 지역은 사마리아와 데가볼리를 사이에 두고 서로 분리되어 있다. 이 두 지역을 43년 동안 장기 집권한 그가 다름 아닌 신약성서가 말하는 헤롯왕이다.[16] 교활하고 야망에 차 있으며 사치를 즐기는 등의 부정적인 성향을 아버지 헤롯 대왕으로부터 고스란히 물려받은 아들로 통한다. 예수는 헤롯 안티파스를 가리켜 "여우"라고 부른다(눅 13:32). 세례 요한과 예수의 활동무대가 바로 그의 영역에 속한다.

헤롯 안티파스는 파괴된 도시 세포리스를 갈릴리 지방의 수도로 화려하게 재건한다. "갈릴리 전체의 보물"인 이 도시는 예수의 고향 나사렛으로부터 불과 수 킬로미터 떨어져 있을 뿐이다. 기원후 19년 혹은 20년에 갈릴리 호수 동편 가에 로마 황제와의 친밀감을 나타내며 갈릴리 지방의 헬라화를 과시할 목적으로 헬라식 도시 티베리아스(=디베랴 Tiberias, 참조. 요 6:1, 23; 21:1)라는 이름의 새로운 수도를 다시 건설한다. 그런데 이 도시는 옛 묘지 터 위에 지었기에 정결하지 못한 장소로 간주되어 경건한 유대인들은 이곳에 살기를 꺼렸으나, 헤롯 안티파스는 새로운 주민들을 강제로 이주시키거나 집과 땅을 선물로 주면서 사람들을 유도했다. 이 도시는 그리스식 법에 따라 600명의 시의원, 한 명의 의장과 10명으로 구성된 의장단을 갖고 있고, 또한 전적으로 헬라 양식으로 건축하여 경기장과 동물 형상을 담은 화려한 왕궁과 시의회를 갖추었다. 그러나 전통적인 유대교와 정면으로 충돌하는 것은 피해 멋진 회당도 건축했으며 주화에 자신의 초상을 새겨 넣지도 않았다.

헤롯 안티파스는 아리스토불로스의 딸이며 자기 이복동생의 아내인

16) H. W. Hoehner, *Herod Antipas* (Cambridge, 1972); M. H. Jensen, *Herod Antipas in Galilee*, WUNT II/215 (Tübingen, 2006).

헤로디아와 결혼함으로써 불운을 자초한다. 헤로디아와 결혼하기 위해 자기 첫 아내와 이혼한다. 그런데 그의 첫 아내는 유대 땅 남동쪽에 경계한 적성국 나바테아 지역의 왕 아레타스의 딸이었다. 이 이혼으로 인해 기원후 36년에 나바테아 왕국과 전쟁이 터져 안티파스가 참패하고 만다. 또한 경건한 자기 백성들 사이에도 그에 대한 반감이 점차 커간다. 묘지터 위에 수도를 건설한 것뿐만 아니라 형제의 아내를 빼앗는 것을 금하는 율법(레 18:16; 20:21)을 어겼기 때문이다.

마가복음 6장 17-29절에 따르면, 헤롯은 **세례 요한**이 자기의 불의를 고발하였기에 옥에 가두나 "요한을 의롭고 거룩한 사람으로 알고 두려워하여" 번민하다가 헤로디아의 간계에 따라 처형한다(참조. 마 14:3-4; 눅 3:19-20). 그러나 요세푸스는 세례 요한의 처형을 약간 달리 설명한다. 요한이 백성에게 끼치는 정치적 영향력을 두려워해서 그를 마케루스 성에 가두었다가 즉시 살해한다(*Ant.* XVIII,5,2 §117-119).

헤롯 안티파스의 통치 기간에 갈릴리에 등장한 **예수**도 체포하고자 했으나, 안전지대로 피한다(눅 13:31-33). 누가복음(23:7-12)에 따르면, 안티파스가 유월절 축제 동안 예루살렘에 머물렀고, 그때 예수가 사로잡혀 심문을 받는다. 예수는 갈릴리 출신이기에 로마 총독 빌라도는 그를 안티파스에게 보낸다. 그러나 안티파스는 예수를 빌라도에게 되돌려 보내고 빌라도가 사형선고를 내린다. 세례 요한과 예수의 등장은 저마다의 독특성에도 불구하고 크게 보아 1세기 초 팔레스타인에 번졌던 사회 정치적 혼란기의 문맥에 속한다.

칼리굴라가 37년에 로마 황제에 등극하자 안티파스의 조카며 칼리굴라의 친구로 로마에서 성장한 아그립바에게 빌립의 영토와 왕의 칭호를 수여한다. 헤로디아가 남편을 부추겨 칼리굴라에게 역시 왕의 칭호를 달라고 청하였으나, 칼리굴라는 안티파스를 갈리아 지방으로 추방하고(39년), 그의 영토를 아그립바에게 넘긴다.

• **아그립바 1세(Agrippa I, 37-44년)**: 빌립의 영토였던 요르단과 갈릴리 호수의 북동편 지역을 물려받은 헤롯 대왕의 손자며 헤로디아의 오빠인 아그립바 1세는 기원후 39년에 안티파스의 영토인 갈릴리와 베레아를 수중에 넣고, 또한 칼리굴라 황제가 41년에 살해되자 아르켈라오스의 영토였던 유대와 사마리아와 이두매도 지배함으로써 자기의 할아버지 헤롯 대왕이 다스렸던 영토를 다시 통합한다(*Ant.* XIX,274f; *Bell.* II,215f). 클라우디우스 시대에 아그립바는 동전과 비문에 로마 의회가 수여한 "위대한 자"라는 칭호를 사용하여 자신을 불렀고, 아들 아그립바 2세의 비문에는 "황제의 친구"요 "로마인의 친구"로 나타난다. 유대 율법을 지키고자 했던 아그립바는 바리새파 사람들로부터 존경을 받았으나, 예루살렘 원시 그리스도교 공동체를 박해한다. 세배대의 아들 야고보를 처형하였으며 베드로를 체포한다(행 12:1-3). 그가 죽은 뒤 팔레스타인 전역은 로마 총독의 직접적인 통치를 받는다.

로마의 통치방식에 따라 예속된 지역 주민에게 전통적인 관습과 자치는 허락하여 회당 예배와 율법 연구를 방해하지 않았다. 그러나 국방과 세금 감독 및 재판권은 로마인이 관할하였다. 따라서 당시 팔레스타인의 유대인들은 로마의 통치를 받으면서도 유대인 대제사장과 산헤드린을 중심으로 하는 정치체제를 유지할 수 있었다. 그러나 사형선고를 확정짓는 일과 산헤드린의 결정을 무효로 돌릴 수 있는 권리는 로마가 갖고 있었다.

• **로마 총독(Procurator)의 시대(44-66년)**: 총독 파두스(Cuspius Fadus, 44-46년)는 베레아 지역의 유대인들과 빌라델피아 도시 사이에 불거진 경계선 논란으로 야기된 갈등을 잠재우고, 이두메 지역을 불안하게 한 "강도의 우두머리"를 사형에 처한다. 그의 재위 기간에 "거짓 선지자" 드다(Theudas, 행 5:36)가 나타나 강물이 갈라지고 여호수아 진격의 기적이 역순으로 다시 일어나리라고 약속하면서 수많은 사람들을 요

단강으로 이끌었다. 파두스는 드다의 추종자들을 섬멸하고 드다의 머리를 잘라 경고용 전리품으로 예루살렘으로 가져갔다. 요세푸스는 드다를 "사기꾼"이라 부르나(*Ant.* XX,97ff), 오히려 종말론적 예언 운동을 일으킨 사람으로 간주하는 것이 타당하다.

총독 쿠마누스(Cumanus 48-52년)의 뒤를 이은 총독 벨릭스(Antonius Felix, 52-59년)의 재위기간에 팔레스타인에 소요가 지속적으로 일어난다. 요세푸스는 다음과 같이 보도한다.

> 벨릭스 치하에 "유대에는 상황이 점점 더 나빠지면서 그 땅이 백성을 호도하는 온통 강도들과 사기꾼들로 다시 넘치게 된다"(*Ant.* XX,160).

"강도들과 사기꾼들"이란 종교적이고 정치적으로 소요를 일으키는 사람들을 뜻한다. 당시 젤롯당(=열심당)이 기세를 떨치게 되는데, 벨릭스는 젤롯당 지도자 가운데 한 사람인 "강도의 수장" 엘레아잘 벤 디나이(Eleazar ben Dinai)를 꾀어 사로잡아 로마로 이송한다. 당시 실상을 목격한 요세푸스는, 로마에 저항하는 해방운동을 지지하는 젤롯당 추종세력이 유대 지방 백성 사이에 점점 늘어 가고 있다고 말한다. 또한 "단검 소지자" 혹은 "자객"이란 뜻을 가진 이른바 "시카리오이"(Sicarii)라고 불리는 무리가 활동하는데(참조. 행 21:38), 이들은 로마인들과의 싸움에 살인도 불사하는 과격한 젤롯당원에 속하는 것으로 보인다(*Bell.* II,254-257; *Ant.* XX,186). 이들은 극단적인 토라 추종자들로서 주로 로마에 협력한 유대인 변절자들을 처단했다.

사도행전(23-24장)에 따르면 벨릭스는 사도 바울의 변론을 들었으며 그를 구류시킨 사람으로 나온다. 벨릭스의 뒤를 이어 새 총독으로 베스도(Porcius Festus)가 부임하여 62년까지 다스린다. 그 뒤로 두 명의 총독 알비누스(Albinus, 62-64년)와 플로루스(Florus 64-66년)가 부임하게 되는데, 요세푸스는 마지막 총독 플로루스를 성읍들을 약탈하고 강도짓을 일삼는 사악한 인물로 묘사한다(*Ant.* XX,252-58).

• **첫 번째 유대 전쟁(66-70/74년)**: 로마지배에 항거하는 유대인들의 봉기가 본격적으로 일어난다. 총독 플로루스의 재위 마지막 해인 66년에 사회가 극도로 불안정한 상태에 이르면서 로마의 지배에 반기를 든 유대인의 첫 번째 독립항쟁이 발발한다. 68년에 로마의 공격으로 인한 쿰란 거주지가 파괴된다. 69년에 베스파시아누스(Vespasianus)은 전쟁 중 군인들에 의해 황제로 추앙된 후, 전쟁 종식을 아들 티투스(Titus)에게 맡기고 자신은 로마로 돌아간다. 70년에 예루살렘 성전이 로마군에 의해 점령되는 참담한 일이 벌어진다. 유대인들은 자신들의 죄 때문에 하나님이 이방인의 통치를 통해 자신들을 징벌하는 것으로 받아들였다. 그래서 예루살렘 멸망의 충격 아래에 기록된 제4에스라서는 다음과 같이 전하고 있다.

> "그 도성[=예루살렘]의 주민들이 죄악을 범하였으며, … 그래서 당신의 원수들의 손에 당신의 도성을 넘겨주었나이다. 그 때 내가 심중에 이렇게 말하였나이다. 그들의 행위가 바벨론에 사는 자들의 행위보다 무엇이 더 낫나이까? 바벨론이 이 버림받은 시온보다 낫나이까? … 바벨론의 행위가 시온의 행위보다 더 좋았나이까? 이스라엘 이외에 당신을 안 다른 민족이 어디 있었나이까? 그렇지 않으면 야곱의 족속들처럼 당신의 언약을 그토록 믿은 족속이 어디 있었나이까? … 그러므로 이제 당신은 우리의 죄악을 저울에 달아보시고 저 세상 백성들의 죄악을 저울에 달아보소서. 그러면 저울의 방향이 어느 쪽으로 기울어지는 것을 알 수 있을 것이옵니다"(4Esr 3:25 이하).

예루살렘 성전이 무너진 후에도 유대 전쟁이 완전히 종식되지 않았다. 갈릴리 출신의 엘레아살(Eleasar)이 젤롯당의 한 무리를 통솔하는 가운데 완강히 저항하나, 74년 4월에 모두가 자살함으로써 유대인의 봉기가 끝난다(Josephus, *Bell.* VII,8-9).[17)]

유대인들의 봉기가 수포로 돌아가자 팔레스타인은 '유대아'(Judaea)라는 공식명을 가진 로마의 독자적인 지방으로 바뀌게 되고, 유대 땅에는 로마 제10군단(legio X Fretensis)이 상주하게 된다. 이로써 온 나라는 황폐해지고 수많은 백성들이 뿔뿔이 흩어진다. 예루살렘 성전 멸망과 함께 유대교의 신앙생활에 파국이 초래된다. 성전 중심의 유대교는 완전히 방향을 상실한 가운데, 나라와 성전이 모두 사라진 처참한 상황에 처한다. 이로써 대제사장직뿐만 아니라 산헤드린(Sanhedrin)의 지도자를 구성했던 사두개파도 사라지게 된다. 향후 유대교 회복운동은 바리새파 랍비들이 중심이 되어 일어난다.

• **트라야누스 시대의 봉기(115-117년)**: 첫 번째 유대 전쟁이 끝난 뒤 팔레스타인 본토와 유대인의 디아스포라는 한동안 비교적 조용한 시기를 보내면서 유대인들의 메시아 운동도 완전히 자취를 감춘다. 그러나 트라야누스 황제 시대(Traianus, 98-117년)에 디아스포라 유대인들은 다시 로마에 항거하는 대규모 저항 운동을 일으킨다. 이 운동은 트라얀이 로마제국 동쪽에서 파르터인들을 공략하는 중에 발발한다. 트라야누스가 메소포타미아를 비운 틈을 이용해(기원후 115년) 이집트와 퀴레나이카에 있던 디아스포라 유대인들이 봉기한다. 그러자 사이프러스와 메소포타미아에 살던 유대인들도 봉기에 합세한다. 로마 역사가 디오 카시우스(Dio Cassius, 163-229년)는 유대인들이 주변 이방 백성을 무자비하게 살해한 참상에 대해 보도한다(HR LXVIII,32,1-3). 트라야누스는 휘하 장군 마르키우스 투르보(Marcius Turbo)를 퀴레나이카로 보내 유대인들의 봉기를 완전히 짓밟는다. 메소포타미아 유대인들의 봉기는 루시우스 퀴에투스(Lusius Quietus) 장군에 의해 멸절된다. 그는 그 공로로 유대 지방의 로

17) 유대 전쟁에 관한 보다 상세한 내용은 이 책 제8장에 나온다.

마 총독으로 부임한다.

• **바르 코크바 봉기(Bar Kochba Revolt, 132-135년)**: 시몬 바르 코시바(Simon Bar Kosiba)의 주도 하에 유대인들이 또다시 로마에 항거하는 대규모 저항운동을 일으킨다. 로마 황제 하드리아누스(Hadrianus, 117-138년)의 재위기간에 일어난 이 저항운동의 중요성은 첫 번째 유대전쟁(66-74년)에 버금가고 그 파장도 컸다. 봉기의 원인은, 하드리아누스 황제에 의해 예루살렘이 "콜로니아 엘리아 카피톨리나"(Colonia Aelia Capitolina)란 이름의 유대 식민지로 바뀌고, 옛 성전 터에는 "쥬피터 카피톨리누스"(Jupiter Capitolinus) 신전이 세워진 데 있었다.[18] 유대인이 예루살렘에 출입하는 것을 금지시키면서 예루살렘은 완전히 이방 도시로 바뀐다.

당시 저명한 랍비 아키바(Rabbi Akiba)는 "한 별이 야곱에게서 나온다"는 민수기 24장 17절의 약속에 따라 시몬 바르 코시바를 "별의 아들"이란 뜻을 가진 메시아적 칭호 "바르 코크바"(Bar Kochba)라고 부름으로써 메시아로 선언한다. 예루살렘 탈무드는 다음과 같은 이야기를 전한다.

> "랍비 시므온 벤 요카이가 가르쳤다: 나의 스승이신 아키바가 '한 별이 야곱에게서 나올 것이다(민 24:17)'를 다음과 같이 해석했다: 코지바가 야곱에게서 나온 것이다! 즉, 랍비 아키바는, 그가 바르 코크바를 보았을 때 이 사람이 왕 되신 메시아이다!라고 말했다.
>
> 그때 랍비 요하난 벤 토르타가 그에게 말했다: 아키바, 풀이 너의 턱뼈에서 자라 나온다. 그런데 다윗의 아들은 아직도 여전히 나타나지 않네!" (jTaan 4,8, fol. 68d)

---

18) Dio Cassius, HR LXIX,12. 그러나 교회사가 유세비우스(Eusebius)는 그것을 전쟁의 원인이 아니라 전쟁의 결과로 전한다(HE VI,4).

하드리아누스의 휘하 장군 세베루스(Julius Severus)에 의해 이 저항 운동이 짓밟히면서 135년에 주동자의 죽음과 함께 수많은 인명이 살상되면서 끝난다. 저항운동이 실패로 끝나자 사람들은 그를 더 이상 "바르 코크바"(=별의 아들)라고 부르지 않고, "바르 코지바"(Bar Koziba=어둠의 자식)라 불렀다. 디오 카시우스의 보도에 따르면(HR LXIX,14,3), 58만 명의 유대인이 목숨을 잃고 50개의 성채와 985개의 마을이 파괴되어 유대 지방 전체가 황폐해졌다.

제2장 예수시대의 유대 종파

나사렛 예수가 속했던 고대 유대교는 다양한 종파가 공존한 시기였다. 에센파와 바리새파와 사두개파와 젤롯당이 당시 대표적인 종파이다. 이들 유대 종파들의 입장과 시각을 배움으로써 예수님의 사역과 하나님나라 선포에 놓여 있는 독특성을 보다 잘 이해할 수 있다.

제2장

예수시대의 유대 종파

I. 들어가면서

기원후 70년에 로마군에 의해 예루살렘 성전이 멸망함으로써 유대인은 분봉 국가 체계와 더불어 성전 체계가 완전히 붕괴된 처참한 상태에 빠진다. 전쟁의 소용돌이에서 살아남은 바리새파 랍비들이 주축이 되어 향후 유대교 회복 운동을 일으키면서,[1] 이른바 "바리새파 랍비 유대교"(pharisaic-rabbinic Judaism)가 자연스럽게 "정통 유대교"로 자리 잡게 되고 그 전통이 오늘날까지 지속된다. 그렇다고 해서 70년 이후의 유대교가 전적으로 바리새파 유산에 근거했다고 말할 수 없고, 오히려 보

---

1) 70년 이후 요하난 벤 차카이(Yohanan ben Zakkai)와 그의 제자들이 얍네라는 지역에서 가르침의 전당을 중심으로 유대교 부흥 운동을 벌였고, 나중에는 예후다 하 나씨(Jehuda ha-Nasi, 대략 175-217년)가 중심 역할을 했다고 전해진다. Schäfer는 "얍네(=얍니아)" 회합이 실제로 있었는지에 대한 역사적 근거가 희박하다고 여기고("Die Flucht Johanan b. Zakkais aus Jerusalem und die Gründung des Lehrhauses Jabne", in: ANRW II 19/2, 43-101), 또한 히브리어 성서의 정경 범위가 얍네 회합에서 확정된 것으로 보기 어렵고 "오랜 과정"을 거쳤을 것으로 추측한다(P. Schäfer, "Jabne und der Kanon", in: *Jahrbuch für Biblische Theologie. Bd. 3: Zum Problem des biblischen Kanons* [Neukircher-Vluyn, 1988], 163-74).

다 광범위한 토대 위에 서 있었다고 보아야 할 것이다.[2] 그러나 성전 멸망 전 시대, 이른바 "고대 유대교"(Ancient Judaism)[3] 시대는 아직 그러한 정통 유대교라 부를 만한 종파가 형성되기 전 단계로서 여러 종파와 그룹이 공존하던 시대였다. 바로 이와 같은 고대 유대교가 예수 및 초기 그리스도교가 탄생하게 된 모태이다.

팔레스타인 유대교의 여러 종파는 구속력이 약한 단순한 종교운동으로 간주할 수 없다. 이들 집단은 신참자 가입절차를 포함한 확고한 조직을 갖추었고 저마다 특정한 종교 사상을 가진 종파로 이해하는 시각이 타당하다.[4] 유대학 전문가인 권터 쉬템베르거(Gnter Stemberger)는 자료가 부족하다는 이유로 이러한 주장에 회의적이나,[5] 쿰란문서를 통해 에센파가 확고한 입회규정과 조직을 갖춘 종파로 드러난 이상 다른 종파도 그와 유사할 것이라는 시각이 보다 설득력이 있다.

에센파와 달리 그 밖의 종파들은 자신들의 종파 특유의 작품을 유

---

2) P. Schäfer, "Der vorrabbinische Pharisäismus", in: M. Hengel · U. Heckel(Hrsg.), *Paulus und das antike Judentum* (Tübingen, 1991), 125-75. H. Stegemann은, 제사장적 에센파의 유산도 랍비 운동에 흘러 들어간 것으로 간주한다(*Die Essener, Qumran, Johannes der Täufer und Jesus* [Freiburg/Basel/Wien : Herder, [10]2007], 361ff).

3) 예전에는 이와 유사한 개념으로 "후기 유대교"(Spätjudentum)란 개념을 폭넓게 사용했으나, 유대교를 축소시킨 것으로 간주하여 "초기 유대교"(early Judaism)란 개념으로 대체했다. 근자에는 다음과 같은 다양한 개념들을 사용한다. "신구약중간기 유대교"(intertestamental Judaism), "성서와 미쉬나 사이"(between Bible and Mishna), "제2성전기 유대교"(Second Temple Judaism), "중간기 유대교"(Middle Judaism). J. Neusner는 "형성기 유대교"(formative Judaism)라는 용어를 선호하나("The Formation of Rabbinic Judaism", in: ANRW II. 10.2, 3-42), 최근에는 "제2성전기 유대교들"(Second Temple Judaisms)이란 표현도 사용한다(J. Neusner, *Judaism*, 2006).

4) 이미 J. Jeremias는 바리새파, 에센파, 사두개파를 "확실한 입회조건과 규정을 갖춘 완벽한 조직체"로 이해하였다(*Jerusalem zur Zeit Jesu* [Göttingen, [3]1969], 262). 마찬가지로 H. Stegemann, *Die Essener, Qumran, Johannes der Täufer und Jesus,* 194. 그러나 A. J. Saldarini는 사두개파의 경우에도 이와 같이 보아야 할지 조심스러운 입장이다(*Pharisees, Scribes and Sadducees. A Sociological Approach* [Edinburgh, 1989], 122). R. Deines는 바리새파 운동을 입회규정을 갖춘 확고한 공동체로 여기지는 않으나, 그 운동 내에 보다 긴밀한 연합체(이른바 "카베림")가 존재했을 가능성을 열어 놓고 있다("Pharisäer", in: LThK 8 [1999], 205-206).

5) G. Stemberger, *Pharisäer, Sadduzäer, Essener,* SBS 144 (Stuttgart, 1991), 9.

감스럽게도 우리에게 남겨 주지 않았다. 단지 신약성서에 나오는 약간의 단신들과 더불어 1세기 후반에 활동했던 유대 역사가 요세푸스의 작품을 통해 간접적으로 이들 종파에 관한 정보를 얻을 수 있을 뿐이다. 신약성서(바울서신, 복음서, 사도행전)에 나오는 단신들에서는 이들 종파의 역사와 관련한 어떠한 신빙성 있는 정보를 얻기가 거의 불가능한 상태이고, 단지 그들의 신앙세계와 관련된 몇 가지 단편적인 보도만을 얻을 수 있을 뿐이다. 또한 훨씬 후대에 집필된 미쉬나(Mishna)와 탈무드(Talmud) 같은 랍비문서들을 참조할 수 있으나, 정보의 신뢰성이 떨어진다. 결국, 에센파 외의 다른 종파 연구를 위한 신빙성 있는 자료로 이용할 수 있는 문서란 대체로 요세푸스의 작품에 국한되는 셈이다. 요세푸스가 그리스어로 기록한 이 자료란 다름 아닌 『유대 전쟁기』(*Bellum Judaicum=Bell.*)와 이보다 뒤늦게 완성된 『유대 고대사』(*Antiquitates Judaicarum=Ant.*)를 말한다.[6] 또한 요세푸스가 유대교와 율법을 변호할 목적에서 훗날 기록한 작품으로 『아피온 반박문』(*Contra Apionem*)이 있다. 이는 아피온이라는 이름을 가진 알렉산드리아 유대인 적대자를 반박하기 위한 것이다. 이 작품은 유대인과 반유대주의에 관한 그리스 헬라 시대의 증거 자료로서 값진 정보를 담고 있다.

여기에서 우리는 고대 유대교에서 중요한 역할을 했던 중요 종파에 대해 다루고자 한다. 이들 종파에 대한 이해를 통해 고대 유대교 역사 자체뿐만 아니라 신약성서에 담긴 여러 유대적 배경을 이해하는 데 도움을 주려 한다.

6) 『유대 전쟁기』는 대략 기원후 75-79년 사이에, 그리고 『유대 고대사』는 93/94년에 완성된다. 이 두 작품의 그리스어 본문을 보려면 : Josephus Flavius, *Opera*, ed. B. Niese, Vol. I-V, Berlin, [2]1955. 혹은 O. Michel · O. Bauernfeind가 편집하고 독일어로 번역한 *De Bello Judaico*, Vol. I-II, Darmstadt, 1959/1963.

II. 유대 종파의 기원

20세기 전반에 독일 유대 사회를 대표했던 랍비 레오 벡(Leo Baeck, 1873-1956년)은 1905년에 『유대교의 본질』(*Das Wesen des Judentums*)이라는 책을 출판했다. 유대교에 관한 고전이 된 이 책은 당시 유럽 사회에 커다란 반향을 불러일으켰던 교회사가 하르낙(Adolf von Harnack)의 저서 『기독교의 본질』(*Das Wesen des Christentums*, 1900)에 대한 일종의 유대교적 대안이었다. 여기에서 벡은 엄격한 의미에서 "유대교는 도그마를 갖고 있지 않고, 따라서 정통 가르침이란 것 또한 본디 없다"고 주장한다. 유대교에는 어떤 도그마를 만들 수 있는 주체적인 신앙공동체가 불필요하다는 이유에서이다. 이에 걸맞게 유대교는 하나로 통일된 단일체로 존재한 적이 없다고 한다.[7)]

그러나 기원전 2세기 초엽에 이르기까지 팔레스타인 유대교는 예루살렘 성전을 중심으로 하며 사독 가문 출신의 대제사장을 정점으로 하는 단일체로 존재해 왔다고 말할 수 있다. 상황이 바뀌게 된 것은, 시리아 왕 안티오코스 4세가 권좌에 오르는 해인 기원전 175년부터 강력한 헬라화 정책이 팔레스타인에 거세게 밀려오면서 유대교가 일찍이 겪어 보지 못했던 참상에 처한 것과 관련이 있다. 율법서가 불태워지고, 예루살렘 성전이 제우스 신전으로 바뀌는(기원전 167년) 등 유대인의 전통 신앙을 무참히 훼손하는 사태가 전개된다. 더 이상 토라에 합당한 삶을 살 수 없는 이런 상황에서 많은 유대인들은 팔레스타인을 등지고 요단강 동편의 길르앗, 베레아나 나바테아 지역으로 피신한다. 이들이 중심이 되어 "하시딤"(chasidim)이라 부르는 조직을 결성한다.[8)] 이들은 아직 종파라

---

7) A. H. Baumann(ed.), *Was jeder vom Judentum wissen muss* (Güthersloh 1991), 54.

8) 당시 팔레스타인 주변에 새로 생긴 유대인들의 조직이 얼마나 많이 있었는지 밝히기 어려우나, H. 슈테게만은 쿰란문서에 근거하여(4Q pPs[a] 1-10,IV,23-24, 또한 III,1-2; CD IV,2-3; XX,22-25) 최소한 7개의 모임이 존재했다고 말한다(H. Stegemann, *Die Essener, Qumran, Johannes der Täufer und Jesus*, 203).

말할 수 없으나 '율법에 대한 열성이 있고 조상들이 맺은 언약을 지키려는 사람들'(마카베오상 2:27)로 이루어진 비교적 규모가 큰 저항 운동 조직이었다.[9)]

다른 한편 팔레스타인에 남은 사람들과 함께 제사장 마타티아스와 그의 다섯 아들이 주축이 되어 셀레우코스 왕국의 팔레스타인 지배에 항거하는 이른바 마카비(Macabee) 가문의 무장 봉기가 일어난다. 그 무렵 하시딤이 마카비 가문과 연대하여 시리아 군대를 격파한다. 시리아 왕 안티오커스 4세는 기원전 165년에 파르티인들을 섬멸하러 동방으로 떠난 터라, 리시아스(Lysias) 장군이 유대 지방을 공격하나 격퇴당하고 만다. 승승장구하는 마카비 유다는 예루살렘을 탈환하고 164년 12월 14일에 성전제의를 회복시킨다. 그런데 164년에 안티오커스 4세가 페르시아 전쟁터에서 사망하면서 셀레우코스 왕국 내부에 권력 투쟁이 일어난다. 이 기회를 이용하여 마카비 가문의 요나단이 셀레우코스 왕국의 승인 하에 유대 백성의 수장에 오르고 기원전 152년에 대제사장직을 불법으로 차지한다. 이때 쫓겨난 적법한 대제사장 "의의 교사"(teacher of righteousness)는 기원전 150년경 에센파 연합체를 결성한다. **에센파**는 정치권에서 멀어진 반면, 당시 정권을 장악한 하스모니아 왕가(=마카비 가문)가 공적인 유대교를 대표하면서 하스모니아 왕가로부터 헤롯 대왕의 통치 때까지 반체제 조직이라는 비난을 받는다.[10)]

에센파 말고도 당시 유대교 내에는 세 개의 또 다른 그룹이 있었다. 첫째는 유대 지역으로 돌아가기를 거부한 시리아의 다마스커스에 남아 있던 일부 **"새 언약" 공동체원**들이었고(참조. 1QpHab I,16-II,10), 둘째는

---

9) M. Hengel은 하씨딤의 생성을 기원전 175-170년 사이로 간주한다(*Judentum und Hellenismus* [Tübingen ²1973], 320). E. Stegemann · W. Stegemann은 하씨딤을 "헬레니즘의 강제 정책에 반대하여 반란을 일으킨 사람들에 대한 단순한 집합명사"로 간주한다(손성현 · 김판임 역, 『초기 그리스도교의 사회사』[도서출판 동연, 2009], 246).

10) 에센파의 유래에 대한 보다 자세한 내용을 보려면, 김창선, 『쿰란문서와 유대교』(한국성서학연구소, 2007 개정증보판), 99-106을 참조하시오.

의의 교사에게 동조하기를 거부한 하씨딤의 일부분이다(참조. 마카비상 2:42). 당시 사람들은 이들을 **"바리새파"**라고 불렀는데, 이는 원래 "분리주의자"라는 뜻으로 비난에 찬 이름이다. 즉, 의의 교사가 설립한 에센파 연합체에 동참하기를 거부한 분리주의자라는 뜻이다. 셋째는 요나단에게 동조하는 예루살렘의 성전 제사장 계급들이다. 이 성전 제사장들은 훗날 독립된 조직을 갖추게 되는데 이를 **"사두개파"**라 불렀다.

이렇게 볼 때, 유대교가 여러 종파로 나뉘게 된 시대는 신약시대의 배경을 이루는 "고대 유대교"(Ancient Judaism) 시대임을 알 수 있다. 신약성서(복음서와 사도행전)는 바리새파와 서기관들을 포함하여 사두개파며, 젤롯당 등 여러 그룹에 대해 언급한다. 특히 예수가 유대 지도자들과 논쟁을 벌이는 장면이 복음서 여러 곳에 나오는데, 이들 유대 지도자들은 당시 유대 사회에 커다란 영향력을 발휘하는 유대 종파의 지도자들이었다. 복음서 저자들은 대체로 이들을 예수와 대적관계에 있는 것으로 묘사하나 우호적인 관계로 묘사하는 경우도 있다(눅 13:31; 막 12:28-34). 눈에 띄는 점은, 신약성서는 에센파에 관해 전혀 언급하지 않고 있다는 사실이다. 이들 유대 종파 및 그룹에 대한 이해를 통해 예수 및 신약성서의 진술을 당시 문맥에 비춰 파악하는 데 도움을 얻을 수 있다.

쿰란문서가 발견되기 전 이미 유대 역사가 요세푸스(37/8-100년?)를 통해 고대 유대교를 대표하는 종파로 바리새파와 사두개파 또한 에센파가 있다는 사실이 알려져 있었다. 요세푸스는 자신의 작품 『유대 고대사』에서 마카비 가문의 요나단(Jonathan Makkabaios, 기원전 161-143년)에 대한 역사를 서술하는 가운데 다음과 같이 기록하고 있다.

> "당시 유대인 가운데 세 철학파(αἵρεσις)가 있었다. 그들은 인간의 삶과 관련하여 서로 상이한 견해를 지니고 있었다. 그 중 하나는 바리새파요, 다른 하나는 사두개파, 그리고 세 번째는 에센파다"(*Ant.* XIII §171).

여기에서 요세푸스가 이들 세 종파를 특정한 학파를 뜻하는 "하이레시스"(hairesis)라는 개념을 사용하여 부르고 있는 것이 흥미롭다. 당시 헬라 세계에 유행하던 철학파들을 염두에 두고 헬라 독자를 고려하여 의도적으로 그와 같이 표현한 것이다. 이는 그가 다른 곳에서 바리새파를 스토아 학파에 비교하고 있으며(*Vita* 12),[11] 또한 에센파를 피타고라스 학파에 비교하고 있는(*Ant.* XV §371) 사실을 통해서도 드러난다.

이들 종파의 기원 및 특징에 대해 그동안 확실히 말하기 어려웠으나, 지난 1947-1956년에 걸쳐 사해의 북서쪽에 있는 쿰란(Qumran) 인근 지역에서 모두 11개의 동굴에 숨겨져 있던 상당량의 고문서 사본이 발견됨으로써 유대 종파 이해에 새로운 전기가 마련되었다.

유대 종파의 기원에 대해서는 간략하나마 위에서 다루었기에, 이들 종파의 특징에 초점을 맞추고자 한다. 이에 관해 유대 역사가 요세푸스의 작품과 에센파가 남긴 쿰란문서를 통해 믿을 만한 정보를 얻을 수 있다. 성서학계의 중심 연구 분야로 부상한 쿰란문서를 남긴 에센파로부터 시작하고자 한다. 다른 종파가 남긴 1차 자료가 거의 전무한 것과 달리, 에센파의 산물인 쿰란문서를 통해 에센파에 관한 신뢰할 만한 연구가 가능해졌기 때문이다.

Ⅲ. 고대 유대교의 다양한 종파

1. 에센파란 무엇인가?

쿰란문서가 발견되기 전까지 에센파는 바리새파의 빛에 가리어 보잘 것없는 한 작은 종파로 간주되었다. 그리하여 예루살렘으로부터 물러나

11) Vita(자서전)는 "유대 고대사"에 대한 일종의 부록이라 할 수 있는 요세푸스의 작품이다. 여기에서 요세푸스는 로마와의 전쟁에서 취한 자신의 역할을 정당화시키고 있다.

황량한 광야로 들어가 전적으로 폐쇄된 삶을 영위했던 공동체로서 수도원에 비교할 수 있는 유별난 종파로 여겼다.[12] 이러한 시각에서 사해 북서쪽 황량한 곳에 자리 잡은 쿰란 거주지가 바로 에센파의 전부라고 생각하는 경향이 있어 왔다. 이처럼 에센파를 팔레스타인 유대교 주류에서 이탈하여 광야로 도주한 한 작은 분파로 바라보는 시각이 아직도 존재하나,[13] 이러한 시각은 잘못이다.

팔레스타인의 여러 도시와 마을에는 에센파에 속한 지역 모임들이 잘 조직되어 산재해 있었다.[14] 또한 의의 교사를 최고 지도자로 하는 에센파 연합체에 가입한 회원들은 모두 합쳐 수천 명에 달한 것으로 보인다.[15] 에센파 연합체의 설립 장소가 어디인지는 확실하지 않으나, 발굴된 쿰란 거주지는 에센파 연합체 설립이 있은 후 50년 정도 후에 생겼기에 설립 장소가 될 수 없다. 고작 150-200명 정도의 인원만을 수용할 수 있는 쿰란 거주지는 에센파의 한 중심 거주지에 불과하다.[16] 쿰란 거주지

12) 예컨대, *Realencyclopädie für protestantische Theologie und Kirche*, Vol. 5 (Leipzig, ³1898), 525 이하("… Vom Tempel in Jerusalem ausgeschlossen, bildeten die Essener eine festgeschlossene Gemeinschaft, die man eher einem Mönchsorden als einer Kultusgemeinde vergleichen kann.").

13) 에센파에 대한 이러한 왜곡된 이해는 여전히 확산되어 있다. 예를 들면, E. Schürer, *The history of the Jewish people in the age of Jesus Christ*, Vol. 2 (Edinburgh, 1979), 558. 또한 E. 슈테게만/W. 슈테게만은 종교사회학적 "일탈이론"(deviance theory)을 사용하여 에세네파를 여전히 "다수 사회에서 물러나와 … 사해 근방에 정착하여 독자적인 구조와 종교적 문헌, 가입 및 퇴출을 비롯한 확고한 공동체 생활 규칙을 갖춘 일탈집단"으로 이해하려 한다(『초기 그리스도교의 사회사: 고대 지중해 세계의 유대교와 그리스도교』[2009], 250).

14) 요세푸스는 예루살렘 남서쪽 성벽에 있는 에센파 대문에 대해 말한다(*Bell.* V,145). 이에 관해 참조. R. Riesner, *Essener und Urgemeinde in Jerusalem* (Gießen, 1998), 2-30.

15) 요세푸스는 1세기 중엽 팔레스타인 유대교에 속한 종파의 회원수에 대해 자신의 작품 가운데 언급한다. 그에 따르면 가장 큰 규모를 자랑하는 바리새파가 6,000명 정도의 회원을 갖고 있다고 말하고(*Ant.* XVII 2,4 §42), 에센파는 4,000명 정도 된다고 추산한다(*Ant.* XVII 1,5 §20). 또한 이스라엘의 모든 성읍에서 그들을 발견할 수 있다고 말한다(*Bell.* II §124).

16) 김창선, 『쿰란문서와 유대교』, 제2장("고대 유대교의 문맥에서 본 쿰란공동체 이해") 특히 88-99를 참조하시오. 또한 J. C. 판데어캄, 박요한 영식 역, 『초기 유다이즘 입문』(성서와함께, 2004), 296("우리가 가지고 있는 제한된 증거 자료에 비추어, 쿰란의 사람들이 더 큰 에세네파 운동의 작은 한 가지였을 가능성이 매우 크다."). 또한 J. 던, 차정식 역, 『예수와 기독교의 기원』, 상권(새물결플러스, 2010), 378.

와 인근 11개의 동굴에서 여러 사본들뿐만 아니라 도자기 항아리와 항아리 뚜껑 및 수많은 도자기 조각들과 기름 램프 등이 발견되었는데, 이 모든 발견물들이 동일한 생산시설에서 나온 것임이 고고학적 연구를 통해 드러났다.[17]

에센파는 정치적으로는 영향력이 크지 않았으나 종교적으로는 가장 영향력이 큰 그룹이었을 것으로 추정된다. 예를 들면, 바리새파에 속한 유대 역사가 요세푸스가 자신의 작품 『유대 전쟁기』에서 바리새파나 사두개파 묘사에 할당한 분량(§162-166)보다 더 넓은 부분을 할애하여 에센파를 묘사하면서(§119-161) 에센파 사람들을 모든 유대인 가운데 가장 모범적인 사람들이라고 칭찬하고 있다. 또한 유대 종교 철학자 알렉산드리아의 필로 역시 자신의 작품 안에서 에센파를 최고의 유대인으로 치켜세우고 참된 경건의 전형으로 독자들에게 추천하는 데서 그와 같은 사실을 알 수 있다.[18] 게다가 당시 팔레스타인 유대 백성이 에센파 사람들을 가리켜 "참으로 경건한 자들"이라는 뜻으로 "에쎄노이"('Εσσηνοί) 혹은 "에싸이오이"('Εσσαῖοι)라고 불렀다는 데서 그들이 얼마나 좋은 평판을 받았는가를 짐작할 수 있다.[19]

고대 유대교는 이른바 "정통"으로 불리는 어느 특정한 종교 세력에 의해 독점된 것이 아니고, 바리새파와 사두개파를 포함하여 에센파와 그 밖의 다른 종교적 그룹들이 공존하던 시기였다는 사실을 기억할 필요가 있다. 초창기 학계의 의심을 넘어 이제는 에센파 역시 고대 유대교의 주류에 속하는 중요한 종파라는 사실을 점차 폭넓게 수용하고 있다.[20] 쿰

17) 쿰란 연구의 대가라 말할 수 있는 H. 슈테게만의 유고에서 이를 확인할 수 있다. G. Jeremias는 H. Stegemann의 저서를 다시 출간하면서(제10판) 후기에서 슈테게만의 유고에 관해 언급한다(*Die Essener, Qumran, Johannes der Täufer und Jesus*. 383).

18) 참조. H. Stegemann, *Die Essener, Qumran, Johannes der Täufer und Jesus*. 195f.

19) 에센파의 어원에 관하여 참조. E. Schürer, *The History of Jewish People in the Age of Jesus Christ (175 B.C.-A.D. 135)*. Vol. 2 (Edinburgh : T.&T. Clark, 1979), 559f.

20) H. Stegemann, *Die Essener, Qumran, Johannes der Täufer und Jesus*, 364 : "예수시대뿐만 아니라, 훨씬 넘어 랍비 시대에 이르기까지 그들은 팔레스타인 유대교의 대표자였다." 또한

란문서에 대한 소개는 이미 다른 저서에서 다루었기에,[21] 여기서는 에센파가 지녔던 신앙세계 및 정신세계에 중점을 두려한다.

1) 에센파의 자기이해: 에센파는 당시 유대교에서 찾아볼 수 없는 독특한 자기이해를 갖고 있었다. 이 독특한 이해는 에센파의 설립자인 의의 교사가 이 새로운 조직체에 붙인 이름인 '하-야하드'(היחד=the community)와 밀접히 관련되어 있다. 이 공동체의 특성에 대하여 쿰란 연구의 대가라고 말할 수 있는, 독일 괴팅엔 대학 교수 하르트뭇 슈테게만(Hartmut Stegemann, 1933-2005년)은 다음과 같은 네 가지로 잘 요약했다.[22]

첫째, 이 야하드란 현존하는 모든 유대교 그룹들의 총연합체를 의미한다. 이는 과거에는 찾아볼 수 없던 완전히 새로운 종교 조직체로서 디아스포라에 머물던 한 부류의 이스라엘 사람이 만든 일종의 특수집단을 대표하는 것이 아니라 전체 이스라엘을 대표하고 있다. 따라서 이 야하드에 가입하기를 거부하는 사람은 하나님의 선민인 이스라엘을 거부하는 것이며, 동시에 이는 하나님과 맺은 시내산 언약을 파기하는 것이며 토라 자체를 무시하는 것과 다름이 없음을 뜻한다.

둘째, 이 야하드는 이스라엘의 성스러운 전통에 따른 계급구조를 갖춘 종교 조직체를 의미한다. 각 지역 공동체마다 전체 연합체를 대표하는 제사장들이 최고 책임을 맡고 있다. 그들은 이러한 엄격한 계급구조

H.-J. Farby, "Qumran", in: LThK 8(1999), 784.

21) 김창선, 『쿰란문서와 유대교』(한국성서학연구소, 2007); H. Stegemann, *Die Essener, Qumran, Johannes der Täufer und Jesus,* [10]2007(=*The Library of Qumran: On the Essenes, Qumran, John the Baptist, and Jesus* [Grand Rapids, 1998]); J.C. VanderKam, *The Dead Sea Scrolls Today* (Michigan, 1994). 쿰란 텍스트의 우리말 번역: F. G. 마르티네즈 · E. J. C. 티그셸라아르(eds.), 강성열 역, 『사해 문서』, 1-3권(나남, 2008).

22) H. Stegemann, "The Qumran Essenes-Local Members of the Main Jewish Union in Late Second Temple Times", *The Madrid Qumran Congress* Vol. 1, ed. by J. T. Barrera · L. V. Montaner (Leiden-New York-Köln, 1992), 115ff.

가 바로 토라에 합당하다고 믿고 있다.

셋째, 이 야하드는 잘못된 제의 행위를 용납할 수 없었다. 이 말은 예루살렘 성전과 그 성전 계급층에도 해당된다. 성전 제의는 토라에 있는 규정대로 엄격히 지켜야 하며 전통적으로 제사장들이 지켜 왔던 (음력이 아닌) 양력에 따라야 하며 정결하지 못한 제의 행위에 참여함으로써 더럽혀서도 안 된다.

넷째, 연합된 여러 상이한 종교단체 회원들이 자동적으로 모두 이 야하드에 가입되는 것은 아니다. 사람마다 자신의 개인 상황에 따라 (사제, 레위족, 평범한 이스라엘 사람, 프로셀뤼트[23], 남녀노소의 구별에 따라) 혹은 공동체 내의 지위에 따라서 또는 개인의 지식능력에 따라서 토라를 공부하고 이를 실천해야 한다. 이와 같은 훈련을 받은 뒤 정식시험을 거쳐 이 야하드의 정회원이 될 수 있다. 아직 가입하지 못한 채 여러 단체 가운데 남아 있는 사람들은 마찬가지 방식으로 이 야하드에 동참해야 한다.

한마디로, 에센파는 자신들의 공동체인 이 야하드를 전체 이스라엘을 대표하는 지상에 하나밖에 없는 유일한 하나님의 언약 공동체로 이해했음을 알 수 있다. 따라서 그들은 자신들의 공동체를 "하나님의 백성"(1QM 1:5; 3:13) 혹은 "이스라엘 공동체"(1QSa 1:1; 1:20; 2:12) 등으로 불렀다. 이러한 에센파의 자기이해는 종말의 차원과 밀접히 연관되었음이 드러난다. 에센파의 설립자 "의의 교사"는 이 야하드를 하나님이 종말에 있을 구원에 앞서 예비하신 참된 이스라엘 전통의 수호자며, 이스라엘의 12지파를 대표하는 "하나님의 백성 이스라엘"로 이해했다.

2) 에센파의 설립 정신: 에센파 정신세계의 중심에는 마지막 날이 다가왔다는 종말론과, 율법 규정에 합당한 삶을 살아야 한다는 정신이 자

23) Proselyte는 그리스어 "프로셀뤼토스"(προσήλυτος)에서 나온 말로서, 이방인이었다가 유대인으로 개종한 사람을 뜻한다.

리 잡고 있다. 후자와 관련하여, 에센파 설립 정신은 그들이 남긴 이른바 “공동체 규율서”(1QS) 첫머리에 잘 나타나 있다.

> “1 … 공동체 규[율서]. 2 [온 마음과 온 생명을 다하여] 하나님을 찾고 그
> 분이 보시기에 선한 것과 바른 행실을 행한다. 3 그 분이 모세와 그의 모든
> 종, 예언자들에게 명하셨듯이. 또한 4 그 분이 선택하신 모든 것을 사랑할
> 것이며 그 분이 버리신 모든 것을 미워할 것이고, 모든 사악한 것을 멀리하
> 나 5 모든 선한 사업에는 매달릴 것이며, 신실함과 정의와 공의를 그 땅에
> 서 행한다. 6 그러나 더 이상 죄진 마음의 완악함과 불법의 눈 가운데에서
> 방황하지 말고, 7 온갖 종류의 악을 행하지 않는다. 또한 하나님의 율법을
> 지키고자 애쓰는 모든 사람을 8 자비의 언약공동체 안으로 인도하여 하나
> 님의 공동체 내에서 하나가 되어 그 앞에서 온전히 9 그들을 위해 예비한
> 시간에 계시된 모든 것에 따라서 거닌다. 그리고 모든 빛의 자녀들을 10 하
> 나님의 이 공동체 내에서 자신의 운명에 따라서 사랑하며, 또한 모든 빛의
> 자녀들을 하나님의 보복 내의 죄 짐에 따라서 증오한다. 11 그리고 그 분의
> 진리를 원하는 모든 사람들은 그들의 모든 지식과 힘과 12 소유물을 하나
> 님의 공동체 안으로 가져와서 그들의 지식을 하나님의 율법의 진리를 통
> 하여 정결하게 하며 그들의 힘을 13 그 분의 길의 온전함을 따라서 또한 그
> 들의 모든 소유물을 그 분의 공의의 모임에 따라서 사용한다. 14 모든 하나
> 님의 말씀 중 어느 하나도 그들의 시간 동안에 어기지 않는다. 그들의 모든
> 기념일과 관련하여 그들의 시간을 앞으로도 뒤로도 밀지 않는다. 15 그리
> 하여 그 분의 진리의 율법으로부터 벗어나 좌우로 멀어지지 않도록 한다”
> (1QS I,1-15).

공동체 규율서의 도입부를 이루고 있는 이 단락은 공동체의 설립 목적과 추구하는 이상에 대해 진술한다. 공동체에 들어와 모세와 선지자들을 통해 주신 하나님의 계명을 온전히 지킬 것을 요청한다. 여기서 말하

는 "공동체", "하나님의 공동체", "자비의 언약 공동체"는 다름 아닌 에센파를 가리킨다.

3) 에센파 신앙 세계의 특징: 에센파 신앙세계의 특징을 다음과 같이 정리할 수 있다.

① **예정론**: 에센파는 전능하신 하나님이 만물을 창조하기에 앞서 모든 것을 사전에 규정해 놓았고 모든 것이 하나님의 뜻에 따라 일어난다고 믿었으며, 또한 하나님은 우주를 자신의 뜻에 따라 창조했을 뿐만 아니라 피조물과 동행하시길 원하신다고 믿었다. 이와 같은 에센파의 신중심적 예정론은 동시대인들에게 독특한 것으로 비쳤다. 그래서 요세푸스는 이를 바리새파 및 사두개파와 차이가 나는 에센파의 한 특징으로 언급한다(*Ant.* XVIII §172).

에센파는 사전에 규정된 하나님의 계획에 따르면 두 가지 길, 즉 두 가지 존재 방식이 있다고 믿었다. 그것은 빛의 길과 어둠의 길이다. 다른 말로 하자면, 선한 사람의 길과 악인의 길이다. 온 세상은 이 두 가지 길로 나뉘어져 있고, 제 삼의 길이란 존재하지 않는다. 그리하여 수많은 천사들과 인간들이 두 진영으로 나뉘어져 서로 끝없는 전쟁을 하게 된다. 이 전쟁은 하나님의 종말 심판을 통해 빛의 자녀들이 어둠의 자녀들을 누르고 결국 승리함으로 종식된다(1QS IV,15-20). 에센파가 갖고 있던 예정론 및 이원론적인 사고는 흔히 '이중영설'(=두 가지 영에 관한 가르침)이라 부르는 본문(1QS III,13-IV,26)의 전면에 잘 나타난다.

"빛의 모든 자녀가 온 인류의 기원과 관련하여, 그들의 온갖 영들에 대하여, 그들의 세대 가운데서 이루어지는 행위에 맞는 그들의 특징에 대하여, 또한 평화의 시기에 그들이 행하는 불평의 도래에 관하여 가르침과 교훈을 받게 될 교사를 위하여. 인식의 하나님으로부터 온갖 존재와 사건이 유래한다. 그것들이 존재하기에 앞서 그 분께서 그들의 모든 계획을 수립하셨다. 그리하여 그들이 규정된 대로 존재하게 될 때, 그 분의 영광스런 계획에 맞추어 자신들의 사업을 수행하게 되지 어떠한 변경도 일어나지 않는다. 그 분의 손아귀에 모든 규정이 들어 있으며, 그 분은 그들이 무슨 일을 하던 그들을 걱정하신다. 그 분께서 인간으로 하여금 이 땅을 지배하게 창조하셨고, 두 영을 규정하여 그에게 나누어 주셨으니, 그 분께서 예정된 날에 심판하러 오실 때까지 그 안에서 거닐게 된다. 이것은 바로 진리의 영과 악마의 영을 두고 하는 말이다. 빛의 샘에는 진리의 근원이 있으나 어둠의 샘으로부터는 악마의 근원이 유래한다"(1QS 3:13-19).

대립적인 두 영의 세력 사이에 벌어지는 우주적인 전쟁은 개인의 삶에도 일어난다. 각 사람은 빛과 어둠의 일정 부분을 갖고 있다. 빛의 부분이 많을 경우 의인이라 불리고, 어둠의 부분이 많을 경우 악인이라 불린다(4Q Horoscope=4Q186).

② **인간론과 구원론**: 에센파는 인간을 하나님의 영광과 대비시키는 가운데 철두철미 죄에 빠진 보잘것없는 피조물로 이해한다. 따라서 인간은 하나님의 인도와 자비를 필요로 하는 존재이다. 인간의 근원적인 죄성에 대해 "공동체 규율서"의 한 본문(1QS XI,9f)은 다음과 같이 말한다:

> "9 그런데 나는 악한 인간에,
> 사악한 육신의 무리에 속하네.
> 나의 악행, 나의 불법, 나의 죄 또한 나의 못된 마음이
> 10 벌레와 어둠 속에서 거니는 자들의 공동체에 속하네.
> 왜냐하면 나의 길은 인간에게 속해 있기 때문이네."

이와 같은 인간은 하나님의 계시를 받아 책임 있게 관리할 과제를

안고 있으며, 제식적 정결함과 토라에 순종하는 삶을 살아야 할 과제를 안고 있는 존재이다.

에센파 사람들은 기본적으로 자신들의 종파에 속한 사람들만이 무시무시한 종말의 심판으로부터 살아남을 수 있다고 믿었고, 이방인뿐만 아니라 에센파와 적대관계에 있던 바리새파 사람들 또한 그릇된 길로 빠져든 비에센파 사람들을 포함한 나머지 사람들은 모두 종말심판으로 인해 멸망하게 될 것이라고 믿었다. 죄인 된 인간이 구원에 이르는 길은, 종말의 언약 공동체인 에센파에 가입하여 하나님의 뜻에 합당한 온전한 삶을 살며 천사들과 함께 하는 하늘 예배에 참여함에 있다고 믿었다.

③ 종말론과 성서해석: 에센파가 존재하기에 앞서 팔레스타인 유대교에는 임박한 종말 의식이 널리 퍼져 있었다. 기원전 164년에 기록된 묵시록인 다니엘서 혹은 다니엘서와 거의 동시대 산물인 쿰란 사람들의 전승물로 간주되는 "전쟁문서"(1QM)를 통해 그와 같은 사실을 확인할 수 있다.[24] 쿰란 문서를 통해 새롭게 드러난 사실은, 에센파의 설립자 "의의 교사"가 자신이 처한 현 시대를 역사의 마지막 단계로 보는 가운데 처음으로 성서 예언자들의 진술을 현재적 사건에 적용시켰다는 데 있다.[25] 그는 하나님의 종말 심판과 이스라엘을 향한 구원의 시작을 자기 시대에 체험하리라 믿었으나, 기원전 110년경에 죽는다. 훗날 에센파는 종말 사건의 도래가 지연되고 있다고 생각하여 종말 도래의 날을 후대로 연기시킨다.

에센파는 종말 심판에 대한 구체적인 표상을 갖고 있었다. 온 세상이 혹은 개개인이 불구덩이 안으로 녹아 없어지는 우주적 대환란(1QH III,19-36; 1QpHab X,5)의 시기는 7년 동안 걸린다고 보는 시각이 있는

24) H. Stegemann, *Die Essener*, 284f.

25) 에센파가 남긴 하박국주석서는 의의 교사와 관련하여 다음과 같이 말한다. "하나님이 그 [=의의 교사]의 마음에 지식을 수여하셔서, 당신의 종 예언자들의 모든 말을 해석하도록 했으며, 그들을 통해 하나님은 당신의 백성과 당신의 땅에 일어날 모든 일을 선포하였다" (1QpHab II,8-10).

반면(11Q Melch II,4-14), 40년 동안 지속되는 보다 긴 과정으로 여기는 표상도 있다(1QM II,6; II,9). 종말의 드라마가 전개되는 동안 악의 세력은 점차 감소하고, 그에 비례하여 선의 세력은 증가하게 된다. 이러한 종말 드라마 과정을 통해 이스라엘은 악한 세력을 멸절시키고, 그리하여 영원한 구원의 시대가 도래하리라고 믿었다.

의의 교사를 통한 종말론적 성서해석의 유산을 물려받은 에센파는 자신들이 처한 시대를 성서 예언자들이 예언한 종말의 시대로 믿는 가운데, 자신들의 나아갈 길이 성서에 기록되었다고 여겨 성서연구에 매진하면서 여러 주석서를 남겼다. 이사야서, 호세아서, 미가서, 나훔서, 하박국서, 스바냐서, 말라기서에 관한 주석과, 또한 다윗의 예언서로 이해한 시편에 관한 주석을 남겼다.

④ **예배**: 에센파는 악의 세력이 절정에 달한 시대에 살고 있다고 믿었기에 하나님을 찬양하는 예배의 중요성을 강조한다. 그들의 예배 가운데 하늘의 제식에 참여하는 천사들이 함께 하고 있다고 믿었다. 그들은 예루살렘 성전이 불법적인 대제사장으로 인해 더렵혀졌다고 여겨 예루살렘 성전의 희생제사에 참여하기를 거부했다. 에센파는 자신들의 공동체를 일종의 "성전"으로 이해하였으나,[26] 공동체 안에서 동물을 바치는 희생제사를 드리지 않았던 것으로 보인다. 그 대신 "입술의 제물"인 기도와 찬양을 통해 하나님을 경배하였다.

> "범죄의 죄와 불순종의 죄를 속죄하기 위해, 번제의 살코기나 희생제의 기름보다 나은 이 땅을 위한 열망을 위해. 규정에 따라 입술로 드리는 헌제는 정의의 향내와 같으며, 온전한 삶은 흡족하고 자유로운 선물과 같다"

26) 쿰란공동체를 성전으로 보는 것과 관련하여, G. Jeremias, *Der Lehrer der Gerechtigkeit* (Göttingen, 1963), 245-249; G. Klinzing, *Die Umdeutung des Kultes in der Qumrangemeinde und im Neuen Testament* (Göttingen, 1971), 50-93.

(1QS IX,4-5).

⑤ **메시아 대망**: 자신들이 종말의 시대에 살고 있다고 확신한 에센파는 그에 걸맞게 강한 메시아 대망을 갖고 있었다. 흥미로운 사실은, 하나의 메시아 표상이 아니라, 복수형의 메시아 표상이 나타난다는 점이다. 하나님은 마지막 시대에 "빛의 자녀들"(=에센파)이 최후의 승리를 쟁취하도록 위대한 영도자의 역할을 할 종말론적 메시아적 인물들, 즉 한 예언자와 아론의 메시아(=제사장적 메시아)와 이스라엘의 메시아(=다윗 가문 출신의 왕적 메시아)를 파송하리라고 믿었다.

"그들은 자신들 마음의 완악함 가운데 거닐기 위하여 율법의 어떠한 계획으로부터 벗어나서는 아니 되며, 오히려 이전의 규정들에 따라 심판을 받아야 하는데, 이를 통하여 공동체 사람들이 훈육을 받았으니, 예언자며 또한 아론과 이스라엘의 메시아들이 올 때까지"(1QS IX,9b-11).

그런데 에센파는 제사장 중심의 공동체였기에 이스라엘의 메시아, 즉 왕적 메시아보다는 제사장적 메시아를 더 높이 평가하였다. 쿰란문서에 나타나는 이와 같은 복수형의 메시아 표상은 훗날 하나의 전형적인 메시아 표상으로 통일된다. 유대인들이 대망하는 전형적인 메시아 표상은 기원전 1세기 후반에 기록된 것으로 보이는 "솔로몬의 시편"(Psalms of Solomon) 제17편에 명확히 드러난다.

"21 주여 보소서. 당신의 종 이스라엘을 다스리기 위해, 오 하나님, 당신께서 선택한 시기에 그들의 왕 다윗의 아들을 세워 주소서. 22 그를 강직함으로 무장시켜 불의한 영주들을 쳐부수고, 예루살렘을 짓밟는 이방민족들로부터 이를 정화시키소서. 23 지혜와 공의 가운데 죄인들이 상속받지 못하게 하고, 죄인의 오만을 도공의 질그릇처럼 깨뜨리고, 24 쇠방망이로 그

들의 모든 근거를 쳐부수고, 당신 입에서 나오는 말씀으로 포악한 이방족
들을 섬멸시키고, 25 그가 위협함으로써 적을 그의 면전으로부터 내쫓고,
죄인들을 그의 마음속 말로 훈육시키소서. 26 그리하여 그는 공의로 인도
할 거룩한 백성을 모을 것이고, 그의 하나님 주님에 의하여 거룩해진 백성
의 지파들을 심판하리라. 27 또한 그는 불의가 그들 가운데 거하는 것을 허
락하지 않을 것이며, 사악하다고 알려져 있는 어느 누구도 그들과 함께 거
하지 못하리라. 28 또한 그는 (가나안) 땅위의 지파 사이로 그들을 분배할
것이며, 어떠한 이방인이나 외국인도 그들 가운데 거하지 못하리라. 29 그
는 이방민족과 이방족속들을 그의 정의의 지혜로써 심판하리라. 30 또한
이방민족이 그의 굴레 아래에서 그를 위해 부역하도록 하리라. 그는 온 세
상이 보는 가운데 주님을 영화롭게 할 것이며, 예루살렘을 처음과 마찬가
지로 성화롭게 정화하리라. 31 그리하여 그의 영광을 보러 이방인들이 땅
끝으로부터 올 것이며, 그의 피곤에 지친 아들들을 선물로서 수반하리라.
32 또한 그는 하나님으로부터 가르침을 받은 공의로운 그들의 왕이다. 그
가 다스리는 동안 그들 가운데에 불의가 없네. 그들 모두가 성스럽고, 그들
의 왕은 주님의 메시아이기 때문이네"(PsSal 17:21-32).

이 본문을 통해 메시아는 두 가지 역할을 수행하는 인물임을 알 수 있다. 하나는 이스라엘의 모든 적대세력을 물리치는 군사 지도자 역할이고, 다른 하나는 불의한 자들을 하나님의 공의로 다스리는 심판자 역할이다. 예수 당시에는 이와 같은 단일한 형태의 메시아 대망이 지배적이었다. 이러한 유대인의 메시아 대망은 그리스도인의 메시아 대망과 일치하는 면이 있으나, 그리스도인들이 예수 그리스도를 하나님의 아들로 믿는 신적인 존재와는 거리가 먼 다윗 가문의 한 인간일 뿐이다.

4) 신약성서는 에센파에 대해 언급하지 않는가?

신약성서는 바리새파와 사두개파 및 젤롯당원이었던 예수의 제자에

대해 언급하나, 에센파에 관해서는 전혀 언급하지 않고 있다는 사실이 쿰란연구의 초창기 시대부터 지금까지 풀리지 않고 있는 문제이다. 에센파가 고대 유대교에서 중요한 역할은 한 종파라는 사실을 생각하면, 더욱 의문스럽다. 두 가지 가설을 소개하고자 한다. 먼저, 슈테게만 교수의 흥미로운 주장을 소개하고자 한다.[27]

복음서는 서기관의 무리를 종종 바리새파 사람들과 구별되는 독자적인 그룹으로 부르고 있는데(막 7:1, 5; 마 5:20; 12:38; 15:1; 23:2; 눅 5:21; 6:7; 11:53; 15:2; 요 8:3), 이 서기관이란 명칭이 에센파와 연관이 있을 것이라고 본다. 또한 헤롯의 무리란 명칭이 복음서에 나오는 것과 관련하여(막 3:6; 12:13; 참조. 8:15; 막 22:16), 에센파가 헤롯대왕을 메시아로 인정했을 것이라는 교부들(Epiphanius; Hippolytus)의 추측을 지적한다. 요세푸스의 보도에 따르면(*Ant.* XV,368-379), 에센파 사람인 메나헴(Menahem)이 어린 헤롯을 가리켜 '유대인의 왕'으로 부름으로써 헤롯은 자신의 통치기간에 에센파를 다른 종파보다 편애하였고, 그리하여 헤롯대왕의 총애를 받았다는 의미에서 헤롯의 무리(Herodianer)란 명칭으로 불리게 되었다고 슈테게만은 말한다.

그러나 타이센과 메르츠는 자신들의 공저 『역사적 예수』(*Der historische Jesus*)[28]에서 다른 주장을 한다. 에센파는 자신들의 가르침을 비밀스럽게 간직하고자 했던 종파이기에 바리새파와 달리 대중 속으로 들어가려고 하지 않았고, 그런 까닭에 예수 전승에서 바리새파와 벌이는 논쟁은 나타나나 에센파와의 논쟁은 찾아볼 수 없게 되었다고 말한다.

2. 바리새파란 무엇인가?

신약성서가 가장 빈번히 언급하는(99번) 유대 종파는 "바리새파"다.[29]

---

27) H. Stegemann, *Die Essener*, 363f.

28) 손성현 역, 『역사적 예수』(다산글방, 2002), 217.

그리스어로는 "파리사이오스"(Φαρισαῖος), 히브리어로는 "페루쉼"이라 부르는 이 명칭은 '분리시키다'는 뜻을 가진 동사 "파라쉬"에서 유래한 말이다.[30] 본디 "분리된 자" 혹은 "분리주의자"라는 부정적인 의미를 담고 있는 이 명칭은 외부인들이 바리새파 사람들을 경멸하여 부른 것이었다.[31] 이미 앞에서 언급했듯이, 기원전 2세기 중엽 "의의 교사"가 주도한 에센파 연합 모임에 동참하기를 거부한 "하씨딤"의 한 무리를 지칭하여 에센파의 시각에서 비난조로 부른 명칭으로 보인다. 쿰란문서(4QpNah 1:2, 7; 3:6f)에는 "매끄러운 것들을 구하는 이들"이라는 부정적인 표현으로 나타난다. 여기서 "매끄러운 것"이란 토라의 규정들을 위선적으로, 가벼운 방식으로 해석하는 것을 뜻한다. 바리새파와 관련된 부정적인 의미가 훗날 긍정적인 의미로 바뀌어, 속된 백성들과 "구분된 자"란 개념으로 사용된다. 이들은 하나님 이름에 대한 성화와 온갖 불결과의 구분을 가장 중요하게 여겼던 것으로 보인다.

바리새파 사람이 스스로 이 명칭을 사용한 최초의 증거는 다름 아닌 사도 바울이다(빌 3:5).[32] 바리새파는 예수시대에 가장 규모가 큰 종파였으며, 당시 유대 백성에게 커다란 영향력을 끼친 민간 경건운동이었다. 랍비문서는 "카베림"(Chaverim)이라 부르는 무리에 대해 언급하는데,[33] 이들이 바리새파의 핵심 그룹을 형성한다는 시각도 있으나,[34] 양자 사이의 관계를 확실히 밝히기는 어렵다.

---

29) 빌립보서 3장 5절 외에도 복음서에 모두 89번 또한 사도행전에 9번 나타난다(H. Balz · G. Schneider[eds.], EWNT 3 [Stuttgart/Berlin/Köln/Mainz, 1983], 993).

30) E. Schürer, *The History of the Jewish People in the Age of Jesus Christ*, II (1979), 396-397.

31) R. Meyer, "Φαρισαῖος", in: ThWNT 9, 11-36; A. I. Baumgarten, "The Name of the Pharisees", in: *JBL* 102(1983), 411-428.

32) 빌립보서 3장 5절 "나는 팔일 만에 할례를 받고 이스라엘 족속이요 베냐민 지파요 히브리인 중의 히브리인이요 율법으로는 바리새인이요"(참조. 행 23:6).

33) mDemai 2:3; 6:6, 9. 12; mToharot 7:4; mHagiga 2:7; bBekhorot 30b.

34) 이와 같이, R. Deines, " Pharisäer", in: LThK 8(1999), 205f.

1) 바리새파의 기원과 역사

요세푸스는 하스모니아 가문의 통치자 요나단의 시대(기원전 161-143년)를 다루는 가운데 바리새파란 이름을 처음으로 언급한다(*Ant.* XIII 171-173). 또한 『유대 고대사』(*Ant.* XIII 288-292)에 나오는 보도를 통해 바리새파는 요한네스 휘르카노스(Johannes Hyrkanos I, 134-104년)가 정권을 잡은 시기에 이미 영향력이 큰 종파로서 존재하였다는 사실을 알 수 있다. 이에 근거하여 요나단의 시대를 바리새파의 생성시기로 잡을 수 있다.[35]

당시 팔레스타인에는 경건한 사람들이라는 뜻을 가진 "하씨딤"(Asidaion, 마카베오상 2:42; 7:13; 마카베오하 14:6)[36]이라고 불리는 하나의 큰 조직이 있었다. 이 무리는 기원전 167/166년에 악명 높은 안티오커스 4세(Antiochus IV. Epiphanes)가 유대교를 혹독히 박해하는 시기와 관련하여 등장하고 있다. 바리새파는 기원전 2세기 중엽 이 하씨딤에서 분리되어 독자적인 종파를 형성하였을 것이라고 추측할 수 있다. 당시 그들은 요나단에 반대하여 일어났다. 그는 전통적으로 지키던 정결법을 어겨 가면서 여러 전쟁을 수행하였는데, 이러한 점을 바리새파 사람들은 용납할 수 없었다. 뿐만 아니라 대제사장직을 불법으로 겸직한 것을 도저히 받아들일 수 없었다. 그들은 또한 알렉산더 야나이(Alexander Jannai, 103-76년)와도 대립되어 있었다. 심지어 외인부대를 동원하여 백성들을 억눌렀기 때문이다.

바리새파는 시간이 갈수록 점차 그 세력이 커갔다. 우리는 이를 정치 수행 시 바리새파 사람들의 조언과 동의를 얻을 것을 알렉산더 야나이가 임종에 앞서 살로메 알렉산드라에게 권고한 유언을 통해서 알 수

35) 이와 달리 요세푸스는 *Bell.* I,110-112에서 살로메 알렉산드라 여왕의 시대에 처음으로 바리새파를 언급하고 있다.

36) 췌리코버(V. Tcherikover, *Hellenistic Civilization and the Jews* [Philadelphia, 1959], 125)와 헹엘(M. Hengel, *Judentum und Hellenismus* [Tübingen, ²1973], 319)에 따르면 하씨딤은 기원전 2세기 초에 이미 확고한 모임의 형태를 띠었다고 한다. 이와는 달리 쉬템베르거는 마카베오상 2장 42절에 나오는 synagoge Asidaion이라는 희랍어 표현에 관사가 빠졌다는 이유로 위의 견해를 회의적으로 보고 있다(*Pharisäer, Sadduzäer, Essener,* 93).

있다(*Ant.* XIII,400 이하). 살로메 알렉산드라는 대제사장직을 겸직할 수 없던 여성이라 바리새파의 입장에서 볼 때 가장 큰 걸림돌이 제거된 셈이었다. 따라서 이 여왕과 처음부터 좋은 관계에 있을 수 있었다. 이를 기회로 바리새파의 세력이 상당한 정도에 이르렀음을 『유대 고대사』에 나오고 있는 보도를 통하여 알 수 있다: "그 여왕은 단지 명목상으로 정치를 할 뿐이지 실제로는 바리새파 사람들이 권력을 장악하고 있었다"(*Ant.* XIII,409)[37]. 그러나 헤롯대왕이 정권을 잡으면서부터(*Bell.* I,208-211) 바리새파는 더 이상 정치에 관여를 못하게 되고 민간 경건운동에 커다란 영향력을 미치는 순수한 종파로 바뀌게 된다.

2) 바리새파의 가르침

바리새파는 "동지들"이라는 뜻을 가진 "카부로트"(Chaburoth)라 부르는 폐쇄된 소그룹들로 구성된 것으로 보이며 서기관들이 이들 그룹의 지도자 역할을 했다. 다음과 같은 사항이 바리새파가 가르치는 특징에 속한다.

① 토라 준수의 엄격성 혹은 정확성: 요세푸스와 신약성서 양자가 강조하는 바리새파의 특징은, 그들이 토라를 다룰 때 "엄격성/정확성"(ἀκρίβεια)을 강조한다는 사실이다(*Bell.* I,110.648; II,162; *Ant.* XVII,41; XX,43; *Vita* 191; 참조. 행 22:3 "우리 조상들의 율법의 엄한 교훈을 받았고"; 행 26:5 "우리 종교의 가장 엄한 파를 따라 바리새인의 생활을 하였다"). 이는 모든 백성이 토라를 엄격하고 정확하게 준수하도록 하기 위한 바리새파의 의도에 따른 것이다. 이러한 바리새파의 의도는 제의를 수행할 시 제사장들에게 부과된 성서에 있는 정결법을 제사장이 아닌 일반 백성 모두가 지켜야 할 보편적인 규범으로 만든 것에 특히 잘 드러난다. 토라를 엄격하게 지킴으로써 모든 백성이 성화되는 것이 바리새파의

37) *Bell.* I,110-112와 비교하시오.

중심 프로그램이라고 말할 수 있다.[38)]

② 구전전승 강조: 바리새파는 글로 기록된 토라 외에도 구전으로 전해 내려온 법체계를 갖고 있었고, 이를 통해 일상적인 삶을 규정지었다.[39)] 『유대 고대사』에서 요세푸스는 다음과 같이 기록하고 있다.

> "이제 나(=요세푸스)는 밝히고 싶은 점이 있다. 바리새파 사람들이 모세의 율법 가운데 기록되지 아니한 조상들의 전승에서 유래한 몇몇 규정들을 백성들에게 전하였다는 것이다. 따라서 그들은 오로지 기록된 규정들만 지킬 것이지 조상들의 전승에서 나온 것은 지킬 필요가 없다고 말하는 사두개파 사람들을 비난하였던 것이다. 이런 이유로 그들 사이에 여러 논쟁과 커다란 차이점이 생기게 되었다. 그런데 사두개파 사람들은 단지 부유한 사람들로부터 호응을 받았지 평범한 사람 중에서는 추종자를 얻지 못했다. 이와 달리 바리새파 사람들은 대중의 후원을 받았다"(*Ant.* XIII,297).

이러한 요세푸스의 보도에서 바리새파가 조상들로부터 내려온 구전전승을 특히 강조하고 있다는 사실을 알 수 있다. 이와 같은 보도를 바리새파 출신인 바울의 말을 통해서도 접할 수 있다. 갈라디아서 1장 14절에서 회심하기 전의 자신을 두고 "내 조상들의 전통을 지키는 일에도 훨씬 더 열성"이었던 자로 언급하고 있다.[40)] 요세푸스와 신약성서가 한목소리로 조상들의 전통과 전승(paradosis)을 바리새파의 중요한 특징으

---

38) H.-F. Weiβ, "Pharisäer I", in: *TRE* 26(1996), 475f.

39) 이것이 훗날 기원후 200년경에 탈무드의 토대를 이루는 "미쉬나"(Mishna)로 집대성되면서 절대적인 영향력을 발휘하게 된다. 구전전승과 관련하여 Abot 1:1에 "토라에 울타리를 쳐라"는 진술이 있다. 이는 기록된 토라를 아름다운 정원에 비유하여 망가뜨리지 않도록 **울타리**(=구전 전승)를 쳐서 보호해야 한다는 뜻이다.

40) 마가복음 7장 1-13절(특히 3절과 5절)에서도 조상들의 전승이 강조되고 있다.

로 설명하고 있다는 사실을 통해 이 요소를 바리새파의 중요한 특징 가운데 하나로 간주할 수 있다.

그러나 조상들의 전통이란 개념을 오직 바리새파에게만 적용되는 절대적인 개념으로 파악할 것이 아니라 오히려 상대적인 개념으로 이해할 필요가 있다. 당시 어느 유대 종파도 조상들의 전통을 무시한 채로는 존재할 수 없었기 때문이다. 이런 의미에서 앞서 언급한 요세푸스의 인용문 가운데 요세푸스가 사두개파와 관련하여 "조상들의 전승에서 나온 것은 지킬 필요가 없다"라고 표현하여 일종의 금지령처럼 전하고 있는 것을 액면 그대로 받아들일 것이 아니라 바리새파 출신인 요세푸스가 이 두 파를 의도적으로 서로 대치시키고 있다는 점을 고려해야 한다.

③ **영혼불멸과 부활신앙**: 요세푸스는 바리새파와 사두개파를 비교하면서 서로 반대되는 입장을 다음과 같이 지적하고 있다. 바리새파 사람들의 믿음에 따르면 "모든 영혼은 비록 불멸하나, 오직 의인들의 영혼만이 다른 육신으로 넘어갈 수 있을 뿐이다. 이와 달리 악인들의 영혼은 영원한 벌을 받게 된다"(*Bell.* II,163). 그러나 사두개파 사람들은 "영혼의 지속과 지옥에 있을 벌과 상을 거부하고 있다"(*Bell.* II,165).

여기에서 요세푸스는 영혼불멸과 부활문제를 두고 바리새파와 사두개파를 대조시키고 있는데, 당시 유대교의 여러 종파 가운데 논쟁점은 영혼불멸이 아니라 부활에 놓여 있었다. 이러한 강조점의 변화는 아마도 헬라 독자를 고려한 요세푸스의 의도와 관련되었다고 볼 수 있다. 어쨌든 여기에 나오는 요세푸스의 진술을 따르면, 바리새파 사람들은 영혼불멸을 믿었지만 사두개파 사람들은 이를 거부하였다고 한다.[41] 이와 같은 보

41) 에센파 사람들도 의인들의 영혼불멸을 믿었다고 요세푸스는 전하고 있다(*Bell.* II,154-158; *Ant.* XVIII,18). 육신은 불멸하는 영혼의 감옥이며 죽음과 더불어 이 사슬에서 풀려나게 된다. 의인들의 영혼은 대양의 저편에서 영원한 상을 만끽하나, 반면에 악인들의 영혼은 영원히 형벌을 받으리라고 보도하고 있다.

도는 사도행전 23장에 기록되어 있는, 바울이 유대의회를 분열시키고 있는 장면에 부합한다.[42)]

> "그런데 바울이 그들의 일부분은 사두개파 사람이요, 일부분은 바리새파 사람인 것을 알고서, 의회에서 큰소리로 말하였다. '형제 여러분, 나는 바리새파 사람이요, 바리새파 사람의 아들입니다. 나는 지금, 죽은 사람들이 부활할 것이라는 소망 때문에 재판을 받고 있습니다.' 바울이 이렇게 말하니, 바리새파 사람과 사두개파 사람 사이에 다툼이 생겨서, 회중이 나뉘었다. 사두개파 사람은 부활도 천사도 영도 없다고 하는데, 바리새파 사람은 그것을 다 인정하기 때문이다"(행 23:6-8).

위에서 언급한 두 인용문에만 국한하여서 당시 유대교의 제 종파 가운데 유독 바리새파만 부활을 믿었다고 속단하기는 어렵다. 왜냐하면 그 당시 부활에 대한 사고는 하나로 통일된 모습을 갖추지 않았고,[43)] 또한 고대 유대교의 뒤를 이은 기독교와 랍비 유대교가 둘 다 이를 받아들인 것으로 미루어 보아 부활을 오직 바리새파의 유산으로만 간주하기에는 문제가 없지 않기 때문이다. 이와 관련하여, 슈템베르거는 사두개파 사람들이 내세나 부활을 전적으로 부인하였다는 것을 랍비 문서 속에서 찾을 수 없다는 이유로 이를 글자 그대로 신뢰하기 어렵다고 보고 있다. 아마도 성서에 나오는 전통적인 표상인 스올(=지옥)만을 믿었을 것으로 추정한다.[44)]

④ 운명과 자유의지: 요세푸스는 바리새파와 사두개파의 '운명과 자유의지'와 관련한 입장에 대하여 마찬가지로 서로 대조하며 『유대 전쟁

42) 마가복음 12장 18절에도 "부활이 없다고 주장하는 사두개파 사람들이"라는 표현이 나오고 있다.

43) 이와 관련하여 G. Stemberger, *Der Leib der Auferstehung* (Rom, 1972)를 참조하시오.

44) G. Stemberger, *Pharisäer, Sadduzer, Essener*, 69.

기』에서 다음과 같이 보도한다.

"(바리새파 사람들은) 모든 것을 운명과 하나님께 돌리고 있다. 공의를 행하고 행치 않음은 비록 부분적으로는 사람들에게 달려 있지만, 모든 일에 역시 운명이 도와주고 있다. … 두 번째 모임인 사두개파 사람들은 운명이란 것을 전적으로 부인하고 있으며, 악한 것을 행한다거나 혹은 이를 단지 방관하는 일은 하나님과는 거리가 멀다는 입장을 고수하고 있다. 선과 악은 인간의 선택에 놓여 있으며, 각 개인의 결단에 따라서 둘 중에 하나를 따라가게 된다고 그들은 말하고 있다"(*Bell.* II,162-165).

그런데 요세푸스는 이러한 바리새파 사람들의 입장을 그의 책『유대 고대사』에서는 에센파 사람들과 비교하는 가운데 좀 더 세분하여 서술하고 있다.

"바리새파 사람들의 말에 의하면, 전부는 아니더라도 어떤 것들은 운명의 작용이며, 다른 어떤 것들은 다시금 그것이 일어나고 안 일어나는 것은 본인 스스로에 달려 있다고 한다. 반면에 에센파 사람들은 운명은 모든 것의 주인이며 이 주인이 결정 내리지 아니한 어떠한 것도 사람들에게 아무런 영향을 끼치지 못한다고 주장하고 있다"(*Ant.* XIII,172).

또한『유대 고대사』제18권에서는 다음과 같이 기록하고 있다.

"바리새파 사람들은 비록 모든 것이 운명에 의하여 이루어진다고 믿고 있지만, 그렇다고 그들의 인간적 욕구로 말미암아 원하여 이루어진 것을 부인하지는 않는다. 왜냐하면 하나님의 결정과 이를 선이나 악으로 연결시키려는 인간들의 결단 사이에 공동작업이 놓여 있음이 하나님 보시기에 흡족하시기 때문이다"(*Ant.* XVIII,13).[45]

이렇게 볼 때, 요세푸스는 바리새파의 입장을 다른 두 파, 곧 운명을 전적으로 부인하는 사두개파의 입장과 모든 것을 하나님께 돌리는 에센파의 입장 중간에 위치하는 것으로 보고 있는 셈이다. 이러한 의미에서 바리새파는 신인협력설을 주장했다고 말할 수 있다.[46] 이러한 중도적인 입장은 미쉬나(Avot III,15)에 나오는 "모든 것이 사전에 규정되었지만, 선택의 자유는 허락되었다"라는 랍비 아키바의 말에서도 찾아볼 수 있다. 흔히들 이 말이 바리새파의 입장을 전하고 있다고 본다.

3) 예수와 바리새파

여러 유대 종파 중 예수는 상대적으로 바리새파와 가장 가까웠다고 말할 수 있다. 신약성서에 따르면 바리새파는 예수를 가장 격렬하게 대적했던 종파로 나타나는데, 이것은 이들이 예수를 특별한 관심의 대상으로 여겼다는 사실을 반증한다. 예수는 "자기네 바리새파의 입장에 가까운 어떤 교사였다."[47] 총체적으로 볼 때, 예수와 바리새파의 관계는 양면적이었다고 말할 수 있다. 한편으론, 공유점이 있다(예컨대, 부활신앙, 영의 존재를 믿음). 반면 양자 사이에는 심각한 갈등도 있다. 예수는 바리새파가 중시했던 구전의 토라인 "조상들의 전통"을 신성불가침한 것으로 여기지 않고 비판했다. 예를 들면, 식사 전후에 손을 씻는 일과 같은 정결법을 정확히 지키는 일(막 7:2-4; 눅 11:38)을 신랄하게 비판했으며(막 7:18-23), 또는 바리새파의 금식 관행(막 2:18)을 무시하고, 안식일 계명에 대해서도 주권적으로 해석했다(막 2:24; 3:1-6; 눅 13:10-17; 14:1-6). 또한 십일조의 의무보다 정의, 자비, 신의를 더욱 중시했다(마 23:23).

---

45) 이어지는 문맥에서 요세푸스는 에센파 사람들에 대하여도 한마디를 언급하고 있다. "에센파 사람들의 가르침은 모든 것을 하나님께 맡기기를 선호하고 있다"(*Ant.* XVIII,18).

46) G. 타이쎈, 박찬웅 · 민경식 역, 『기독교의 탄생. 예수 운동에서 종교로』(대한기독교서회, 2009), 29.

47) 타이센 · 메르츠, 『역사적 예수』, 217.

바리새파는 자신들만이 의인이라 믿었고 다른 사람들은 저주 받은 "땅의 백성"(am ha-arez)이라고 부르며 멸시했다(요 7:49). 이러한 시각에서 바리새파 사람들은, 예수가 사회적 경멸의 대상인 죄인들과 어울리고(눅 7:34 "세리와 죄인"; 마 21:31 "세리와 창녀") 심지어 세리를 그의 제자로 삼는 일을 지극히 못마땅하게 여겼다. 이러한 예수의 행태는 의인은 죄인과 어울려서는 안 된다는 바리새파의 기본 강령에 정면으로 도전하는 것이었고, 결국 이들은 예수를 백성을 미혹하는 자로 간주하여 살해하고자 한다(막 3:6). 예수가 바리새파를 신랄하게 비판한 근본적인 이유는, 이들이 조상들의 전통을 지킨다는 미명 하에 성서에 담긴 하나님의 본래적인 뜻을 무시한 데 있었다(막 7:8).

4) 복음서가 묘사하는 바리새파

바리새파에 대한 복음서의 묘사는 대략 기원후 70년 이후의 상황을 반영한다. **마가복음**에는 바리새파가 12번 나타난다. 율법에서 자유로운 마가 공동체의 행위를 유대인의 공격으로부터 방어하는 '논쟁사화' 가운데 주로 나타나며 바리새파에 대한 특정한 신학적인 입장을 강조하지는 않는다. 또한 바리새파를 헤롯당과 함께 언급하는 특징이 있다(막 3:6; 8:15; 12:13).

복음서 가운데 바리새파란 용어를 가장 많이 언급하는 것은 **마태복음**이다(29번). 마태는 "바리새파와 사두개파"(마 3:7; 16:1, 6, 11, 12)를, 또한 "바리새파와 대제사장"(마 21:45; 27:62)을 밀접하게 연결시킴으로써 예수 살해에 바리새파가 적극 개입했다는 사실을 부각시키고자 한다. 그에 걸맞게 마가복음의 "서기관"을 "바리새인"으로 대체하기도 한다(막 12:28, 35; 마 22:34, 41). 또한 바리새파 사람들을 여러 비난어를 사용하여 극히 부정적으로 부른다("외식하는 자"[마 6:2, 5, 16; 7:5 등]; "말만하고 행하지 않는"[마 23:3]; "탐욕과 방탕이 가득한"[마 23:25]; "외식과 불법이 가득"[마 23:28]). 한마디로, 마태는 바리새파를 가리켜 거짓 예언자의 전형이며 예수의 전형적인 적대자로 묘사한다. 예수는 바리새파와 달리 토라를 성취하는 분이며 그를 따르는 교회 공동체는 바리새파와 서기관들의 의보다 더 나은 의를 행하여야 한다는 점을 마태는 강조한다(마 5:20).

이와 같은 바리새파에 대한 부정적 시각은 **요한복음**에서 절정에 이른다. 요한복음은 "대제사장들과 바리새인들"이 연합한 가운데 예루살렘에 거주하는 유대 지도층의 대표자로 바리새인들을 거론한다(요 7:32, 45; 11:46f; 18:3). 이미 세례 요한의 적대자로 등장하며(요 1:19, 24), 안식일 규정과 관련해 예수를 비난한다(요 5:1ff; 9:1ff). 천대받는 "땅의 백성"에게 다가가는 예수의 행위를 비난한다(요 7:49). 그리하여 처음부터 예수를 제거하려는 유대인들을 대표한다(요 7:32; 11:46ff). 따라서 바리새파를 살인자 마귀의 자손이라고 혹평한다(요 8:44). 한마디로, 요한복음은 바리새파적인 유대교를 총체적으로 비난하며, 바리새인들을 불신앙인의 전형으로 묘사한다.

그런데 **누가복음**은 바리새인에 대해 구분하여 언급한다. 마가복음 자료를 사용한 누가는 바리새파와 서기관들에 반대하는 논쟁사화를 보도하나, 바리새파를 예수의 적대자로서 그다지 부각시키지는 않는다(눅 5:17, 21; 7:30). 예수의 죽음에 관여한 것으로 보지 않고, 오히려 예수를 초대한 사람으로 묘사하며(눅 7:36ff; 11:37-38; 14:1ff), 헤롯이 예수를 죽이고자 하니 피하라는 선한 충고를 하기도 한다(눅 13:31). 사도행전에서는 바리새파의 공회원들이 그리스도인들에게 우호적인 태도를 취하며(행 5:34; 23:6ff), "바리새파 중에 어떤 믿는 사람들"있다는 사실을 보도하기도 한다(행 15:5). 그런데 누가는 바리새파를 가리켜 특히 "돈을 좋아하는 자"며 회개하지 않고 자기의 의를 자랑하는 자로서 강조한다(눅 16:14f; 18:9). 한마디로 바리새파는 회개하지 않는 세상적인 인간의 전형으로서 나타나며, 가난한 예수의 대립형으로서 소유를 포기할 것을 요청 받는다(눅 12:33).

3. 사두개파란 무엇인가?

에센파 및 바리새파와 더불어 사두개파는 중요한 유대 종파에 속한다. 신약성서에 14번[48] 나타나는 "사두개파"란 명칭은 그리스어로 "사두카이오스"(Σαδδουκαῖος)라고 부르는데, 마가복음 12:18에 처음으로 나타난다. 이 표현은 다윗 시대에 영향력이 컸던 제사장 "사독"(삼하 15:24 이하; 17:15; 19:12; 왕상 1:32 참조)이란 사람의 이름에서 유래한다. 기원전 172년 사독 가문 출신이 아닌 평범한 가문의 제사장 메네라오스(Menelaos, 172-163년)가 대제사장 야손(Jason, 175-172년)을 내몰고 그 자리를 차지할 때까지 사독의 자손이 대제사장직을 물려받았다. 쿰란문서(4QpNah) 가운데 사두개파는 "마나세"(Manasse)란 별명으로 나타난다.[49] 랍비문서는 이들을 "차두킴"(Zaddukim)이라 부른다. 요세푸스와 신약성서는 다 같이 사두개파를 귀족적 성향의 엘리트 그룹으로 묘사한다.[50] 대제사장 친족들이 이 무리에 속한다. 사두개파는 하스모니아 왕조 이래 바리새파와 대적 관계에 있었다.

1) 사두개파의 기원과 역사

요세푸스의 『유대 고대사』 제13권(*Ant.* XIII,288ff)에 보면 요한네스 휘르카노스(Johannes Hyrkanos I, 기원전 134-104년)은 본시 바리새파에 속했는데, 이 파와 논쟁이 있은 뒤 사두개파로 넘어갔다는 보도가 나온다. 이것이 사두개파와 관련된 최초의 보도이다. 이러한 소속변동의 이

48) 공관복음에 9번(마태복음에만 7번: 마 3:7; 16:1, 6, 11, 12; 22:23, 34; 막 12:18; 눅 20:27), 사도행전에 5번(행 4:1; 5:17; 23:6, 7, 8) 나타난다.

49) 반면에 바리새파는 "에브라임"이라는 별명으로 불린다. 에브라임과 마나세는 유다 북쪽에 있었던 변절한 지파로서 쿰란문서에 에센파의 대적자들로 나타난다(4QpNah Frag. 3-4 II,8, III,3).

50) 요세푸스는 "그들의 가르침은 단지 극소수의 사람들에게만 알려져 있는데, 이들은 최고위층에 속하는 사람들이다"(*Ant.* XVIII,17; 참조. XIII,298)라고 말하고, 누가는 사도행전에서 사두개파를 제사장들과 한 무리로 언급한다(행 4:1; 5:17).

유는 휘르카노스가 왕이면서 대제사장직을 겸하고 있음을 바리새파 사람들이 비판하였다는 사실과 관련이 있다. 즉, 바리새파가 휘르카노스의 정통성을 문제로 삼았기 때문이었다. 이 사실에서 휘르카노스 왕을 용납한 사두개파 사람들이 국수적인 성향을 띠었다고 말할 수 있으며, 동시에 휘르카노스 왕을 도운 로마에는 반대하는 성향을 띠었음을 보여 준다(*Bell.* I,142 이하; *Ant.* XIV,57ff). 사두개파의 이와 같은 정치와의 연계는 바리새파와 관계 개선을 도모한 살로메 알렉산드라(기원전 76-67년) 여왕이 정권을 넘겨받으면서 약해지기 시작했다.

사두개파가 반로마 성향을 띠었기 때문에 로마의 세력을 등에 업은 헤롯대왕이 정권을 잡는 것을 별로 달가워하지 않았다. 그런고로 헤롯의 예루살렘 진입을 바리새파가 허용하여 권면한 것과 달리 사두개파 사람들은 헤롯에 대적하는 입장에 섰다(*Ant.* XIV,168-176). 사두개파는 기원후 1세기에 대제사장 가문과 더불어 산헤드린[51]을 지배하게 되는데, 안티고노스를 압제한 헤롯은 주로 사두개파 성원들인 산헤드린의 구성원들을 살해하게 된다.[52] 이와 같은 사실은 *Ant.* XX,247에 나오는 "헤롯은 하스모니아 가문 출신의 어떠한 사람도 대제사장으로 임명하지 않았고 아리스토불로스만 제외하고는 오히려 이 직분을 단순 제사장 출신의 평범한 사람들에게 넘겨주었다"라는 기록과도 잘 어울린다. 결국 헤롯은 사두개파의 영향이 압도적이었던 산헤드린을 없애 버렸을 뿐만 아니라 또한 사두개파의 지지를 받았던 하스모니아 가문 출신의 대제사장들의 세력도 제거하였다. 그러나 헤롯 대왕과 아르켈라오스(Archelaos)가 죽자 다시금 대제사장의 권한이 커지게 되었고, 따라서 그를 주축으로 한 산헤드린의 영향력이 로마시대가 되면서 급증하게 되었다(*Ant.* XX,251 참조). 그러나 대제사장이 당시 점령국인 로마의 감시 하에 있게 되어 결

51) 산헤드린은 그리스 로마시대에 팔레스타인 유대교의 최고 법정으로서 71명의 성원으로 구성되었으며 예루살렘에 있다.

52) *Ant.* XV,6에 보면 45명의 안티오커스 추종자들이 살해된다는 보도가 나온다.

국 독자성을 많이 상실하고 만다. 예루살렘 성전 파괴(기원후 70년)와 더불어 사두개파는 자신들의 기반을 잃고 소멸된다.

『유대 고대사』에서 요세푸스는 헬라의 에피큐로스 학파에 대하여 언급하면서 다음과 같이 기록하고 있다.

> "인간의 삶에서 섭리를 제외시켰으며, 또한 하나님께서 사건들을 지배하신다는 사실과 축복 받으시며 영원한 존재께서 우주의 향방을 설정하시고 … 하신다는 사실을 믿기 거부하고 있다. 그런즉 이 세상은 인도함이나 혹은 다른 이의 돌보심을 알지 못하면서 자기 스스로 움직이고 있을 뿐이라고 그들은 말하고 있다"(*Ant.* X,278).

여기에서 에피큐로스 학파에 대한 이와 같은 묘사가 요세푸스가 보도하고 있는 사두개파의 입장과 상당히 유사한 점을 엿볼 수 있다. 요세푸스는 아마도 헬라 독자들을 고려하여 사두개파를 서술할 때 에피큐로스 학파를 염두에 두었을 것으로 짐작된다. 이와 같은 짐작의 타당성은 앞서 언급하였듯이 요세푸스가 다른 두 종파 곧, 바리새파를 스토아 학파에(*Vita* 12) 에센파를 피타고라스 학파에 비교하는 것에서 드러난다(*Ant.* XV,371). 슈템베르거는 사두개파가 하나님의 실재를 거부했다고는 보기 어렵고 오히려 하나님의 초월성을 믿는 가운데, 사회 속에 있는 인간의 책임을 특히 강조했을 것이라고 추정한다.[53] 결론적으로, 사두개파는 신중심적 예정론을 강조하는 에센파와 달리, 이 세상 삶에서의 구원은 전적으로 인간의 행위에 달렸다는 인간중심적 구원론을 표방했다고 말할 수 있다.

2) 신약성서와 사두개파

신약성서에 나오는 사두개파는 주로 부활을 부인하는 자로 묘사된다

53) G. Stemberger, *Pharisäer, Sadduzäer, Essener*, 67.

(막 12:18, 병행. 마 22:23f/눅 20:27; 행 4:1f; 23:6-8). 또한 이미 앞에서 언급했듯이, 사두개파는 천사 및 영의 존재를 부인한다(행 23:8). 마태복음만이 사두개파를 바리새파와 한 무리로 간주한다. 법적 통제권을 갖고 있던 사두개파는 예수의 재판과 죽음에 결정적인 역할을 한다. 사두개파의 특징은 인간의 책임을 강조하고, 인간의 행위에 합당하게 상과 벌이 현세에 주어진다는 보상론을 중요하게 여기는 데 있다(*Bell.* II,164f; *Ant.* XIII,173). 오직 문서화된 토라만을 인정하였기에 다른 유대인들보다 "심판에 있어서 더욱 엄하다"(*Ant.* XX,199). 이러한 시각에서 이들은 바리새파의 가르침(예정론, 초월적 심판과 부활신앙, 구전의 토라)을 거부했다. 예루살렘의 제사장 귀족들로 구성된 이들은 하스모니아 왕가의 민족주의적 성전국가 이념을 수용하였다. 예수의 성전정화사건 및 성전 비판적인 진술(막 11:15ff; 참조. 요 2:14-22)은 성전의 기득권 세력인 사두개파의 분노를 자아냈을 것이다. 그에 걸맞게 수난 이야기에는 예수의 전형적인 적대자였던 바리새파가 물러나고, 사두개파가 예수의 적대자로 전면에 나선다.

4. 젤롯당이란 무엇인가?

그리스어로 "젤로타이"(ζηλωτάι="열심당")[54]라고 부르는 무리는 유대 전쟁 시(66-73년) 지배 세력인 로마에 격렬하게 항거한 극단적인 저항 운동의 선봉에 섰던 사람들이다. 그 명칭은 로마 당국에 대항하는 저항 세력의 역할을 부각시키는 영예의 칭호로서 스스로 지은 명칭으로 보인다. 젤롯당은 이미 그 이름이 암시하듯이 무력행위도 불사하는 과격한 행동집단이었다. 요세푸스는 이 종파를 바리새파, 사두개파, 에센파에 이어서 제4의 철학파로 언급하고, 이들의 무력적인 성향을 제외하고서는 그

54) 명사형 ζηλωτής는 신약성서에 모두 8번 나타난다(눅 6:15; 행 1:13; 21:20; 22:3; 고전 14:12; 갈 1:14; 딛 2:14; 벧전 3:13).

가르침이 바리새파의 가르침과 일치한다고 보도한다(*Ant.* XVIII,23). 이를 통하여 젤롯당이 바리새파와 깊이 관련되어 있음을 알 수 있다.[55] 아마도 당시 바리새파가 급격한 헬라화의 위험한 분위기에도 불구하고 과격한 행동주의를 반대한 채 단지 전통고수에만 급급하였다고 이들을 비판하는 가운데, 불만을 품은 사람들이 바리새파를 이탈하여 새로운 과격당을 형성한 것으로 보인다. 그러나 권터 바움바하(Gnter Baumbach)는, 요세푸스가 기원후 70년 이후의 유대교의 주류가 된 바리새파를 극찬하려드는 경향성을 이유로 바리새파와 젤롯당 사이의 긴밀한 관계를 부인하고 싶어한다고 말한다.[56] 그럼에도 불구하고 요세푸스의 보도를 더욱 신뢰할 수 있다고 생각한다. 예를 들면, 요세푸스는 바리새파보다도 에센파를 더욱 칭송하고 있는데,[57] 이는 바움바하가 말하는 친바리새적 경향에 모순되기 때문이다.

젤롯당에 대한 요세푸스의 시각은 둘로 나뉘었다. 먼저 저술한 『유대 전쟁기』와 그 후 대략 20년 후에 완성된 『유대 고대사』에 보면 젤롯당에 대한 평가가 각기 다르게 나오고 있기 때문이다. 요세푸스는 로마의 편으로 넘어간 지 얼마 되지 않아서 기록한 『유대 전쟁사』에서 로마의 천적인 젤롯당 사람들을 부정적으로 묘사한 반면,[58] 친로마적 경향을 띠지 않고 유대의 장구한 역사를 그리스 · 로마 독자들에게 소개한다는 차원에서 저술한 『유대 고대사』에서는 젤롯당을 비교적 긍정적으로 서술하고 있다.[59]

---

55) 요세푸스는 제4철학파의 설립자로 갈릴리사람 유다 외에도 "사독"이란 이름을 가진 한 바리새인을 거론한다(*Ant.* XVIII,1,1 §4.9.).

56) G. Baumbach, *Jesus von Nazareth im Lichte der jdischen Gruppenbildung* (Berlin, 1971), 15.

57) 요세푸스는 『유대 전쟁기』 제2권에서 넓은 지면을 할애하여 다른 종파보다도 우선적으로 에센파에 대하여 상세히 언급하면서, 모든 유대인들 가운데 에센파 사람들을 가장 모범적이라고 칭찬하고 있다. 뒤이어서 좁은 지면에 바리새파와 사두개파를 함께 다루고 있다. 에센파에 대하여 *Bell.* II,119-161 또한 *Ant.* XIII,171-173.298, 바리새파와 사두개파에 대해서는 *Bell.* II,162-166을 참조하시오.

58) *Bell.* II,205.445.449.525.651.

요세푸스는 젤롯당의 설립자로 가울라니티스 지방의 가말라 출신 "갈릴리사람 유다"(Judas the Galilean)를 기원후 1세기 초에 있었던 세무조사와 관련하여 언급한다.[60] 그의 활동 중심지가 갈릴리 지역이었기에 갈릴리사람으로 불린 것 같다. 그는 헤롯이 대적했던 "강도의 수령"으로 불리던 히스기야(Hiskia/Ezekias)의 아들이었다. 갈릴리사람 유다는 헤롯왕이 죽은 뒤 갈릴리 지역의 저항운동 조직가로 등장하여 갈릴리 전역을 불안에 떨게 만든다.[61] 이렇게 보면 젤롯 운동의 뿌리는 유대 전쟁 시기보다 훨씬 앞 시기로 거슬러 올라간다. 요세푸스는 젤롯당에 속하는 무리를 통칭하여 "강도들"이라는 뜻의 "레스타이"(λησταί=bandits, 참조. 막 15:27 병행.)라고 부른다. 이 개념은 단순 범죄자뿐만 아니라, 특히 정치적 동기에서 로마 당국에 항거하는 유대 무장 저항 세력 전체를 로마의 시각에서 부르는 개념이다. 요세푸스가 유대 저항 세력을 가리켜 "강도들"이란 개념을 사용한다는 것은, 상대방을 폄하하는 로마식 어휘를 차용한 것으로 당시 저항 운동의 사회 종교적 차원을 무시한 태도이다.[62] 또한 단검을 사용하여 살인을 저지르는 "자객"이란 뜻의 "시카리오이"(σικάριοι=terrorists, 참조. 행 21:38)란 개념 역시 저항 세력을 비하하는 로마의 시각에서 유래한 말로 보인다. 요세푸스는 이 개념을 마사다로 도주한, 갈릴리사람 유다의 아들 메나헴(Menachem) 추종자들을 가리키는 말로 사용한다.

헤롯 대왕의 아들로 유대 지역과 사마리아와 이두매 지역을 다스리던 아르켈라오스(기원전 4년-기원후 6년)가 로마에 의하여 강제로 물러난 뒤에, 유대아 지방은 로마의 행정관할구역에 속하게 되고 로마가 직접 세금징수자로 나선다. 아마도 이러한 변화를 보면서 바리새파 가운데 한 무리가 분노에 찬 나머지 바리새파를 박차고 나와 갈릴리사람 유다를 중심으로 과격한 행동당을 결성하게 된 것으로 보인다. 이와 같은 분노

59) *Ant.* XII,302.304.312.315.443ff; XVIII,4ff.

60) *Ant.* XVIII,1,1, §4.

61) *Ant.* XVII,10,5 §271f; *Bell.* II,4,1 §56.

62) P. Schäfer, *Geschichte der Juden in der Antike* (Stuttgart, 1983), 124.

의 이유는 성지 이스라엘은 오직 하나님께만 속한 것으로 어느 누구도 이 상속권을 빼앗을 수 없다는 기본정신과 관련이 있다고 할 수 있다. 즉, 로마의 세금징수를 용납하는 것은 하나님에 대한 순종을 배반하는 것과 동일한 것으로 보았다. 젤롯당은 세금징수를 위한 조사를 다름 아닌 노예상태를 초래하여 온 백성의 자유를 저버린 것으로 파악하였다(*Ant.* XIII,4). 갈릴리사람 유다는 바리새파처럼 다가올 메시아 시대만을 그저 미온적으로 기다리지 않고 이를 능동적으로 스스로 이룩해 나가겠다는 취지에서 많은 사람들을 수중으로 불러 모을 수 있었다.[63] 이렇게 볼 때 이 움직임이 사회혁명적 성향을 띠었음을 알 수 있다. 젤롯당 사람들은 이 세상을 하나님의 성전으로 이해하였고 오직 하나님만을 이 세상의 주인으로 선포하는 가운데(*Bell.* V,458ff),[64] 이를 성취하기 위해 무력까지 불사했던 과격한 행동주의 종파였다. 젤롯당이 내세웠던 정치적 종교적 이상에 대해 요세푸스는 다음과 같이 전한다.

> "유대 철학의 4번째 종파의 창시자는 갈릴리사람 유다(Judas the Galilean)였다. 이 종파는 다른 모든 면에서는 바리새파와 같았으나 자유에 대한 신념과 불가분의 관계를 맺고 있었다는 점만이 달랐다. 이들은 하나님만이 그들의 지배자요 주인이라고 주장했다. 그들은 어떠한 죽음에도 개의치 않았을 뿐 아니라 친지들과 친구들의 죽음 앞에서도 눈 하나 까딱하지 않았다. 그들은 어떤 위협 앞에서도 하나님 외에는 그 누구에게도 주(主)라고 하지 않았다. 그들의 이런 부동의 결심은 잘 알려진 사실이므로 더 이상 언급할 필요가 없을 것이다. 나는 이들에 대한 나의 이야기를 독자들이 믿어 주지 않을까 걱정하지 않는다. 오히려 이들의 부동의 결심을 내

63) 사도행전 5장 37절에 "그 뒤에 인구조사를 할 때에, 갈릴리사람 유다가 일어나 백성을 꾀어서, 자기를 뒤따라 반란을 일으키게 한 일이 있소. 그가 죽으니, 그를 따르던 사람들도 다 흩어지고 말았소"라는 진술이 나온다.

64) 또한 *Ant.* XVIII,23-25를 참조하시오.

가 얼마나 잘 전달했을까가 걱정이 된다. 이들이 모진 고문을 당하면서도 하나님 외에는 그 누구도 주라고 부르지 않았던 그들의 부동의 결심에 오히려 누를 끼치지 않았을까 걱정이 된다"(*Ant.* XVIII,1,6 §23f).[65]

***Excursus: 사마리아인이란 누구인가?**

사마리아인에 대한 이해는 기원전 2세기 때의 유대교 발전을 이해하는 데 도움이 되기에 여기에 소개하고자 한다.[66] 사마리아인의 기원은 밝히기가 어렵다. 랍비문학은 사마리아인의 유래를 열왕기하 17장 24-41절과 관련시킨다. 이에 따르면, 사마리아인은 기원전 722년 북 이스라엘 왕국이 멸망한 후 사마리아로 이주한, 반쪽만 회개한 쿠타(Kutha) 출신의 이방 식민자들의 후손이다. 따라서 랍비문서는 이들을 가리켜 "쿠타인들"이라 부른다. 열왕기하 17장에 대한 이러한 해석은 최초로 요세푸스에게 나타나는데(*Ant.* IX,288), 이는 마카비 시대에서 유래하는 반사마리아 논쟁의 결과로 간주된다.

예루살렘과 사마리아 사이의 대립은 느헤미야가 페르시아 왕의 명령에 따라 기원전 445년경 예루살렘에 도착한 이후에 첨예화된다. 유대 지방의 페르시아 총독인 느헤미야는 사마리아 지방의 페르시아 총독 산발랏(Sanballat) 1세와 정치적 갈등관계에 처하고, 또한 유대 지방의 종교적 회복을 기하고자 비유대계 여인들, 특히 사마리아의 여인들과 결혼하는 것을 금지한 느헤미야의 혼인법령은 예루살렘과 사마리아 사이의 대립을 부추겼다. 마침내 사마리아 사람들이 예루살렘 제의에서 배제됨으로써, 결국 그리심 산에 야훼 성전이 세워진다.[67] 그러나 아직 종교분열

65) F. 요세푸스, 김지찬 역, 『요세푸스 2』(생명의 말씀사, 1987), 499.

66) 참조. F. Dexinger · R. Pummer(eds.), *Die Samaritaner* (Darmstadt, 1992); F. Dexinger, "Samaritaner", in: *EKL* [=Evangelisches Kirchenlexikon] 4(1996), 47f; F. Dexinger, "Samaritaner", in: *TRE* 29(1998), 750-756; R. Achenbach, "Samaria", in: *RGG* 7(2004), 814-818; K. Erlemann u.a.(eds.), *Neues Testament und Antike Kultur 3* (Neukirchen-Vluyn, 2005), 47-50.

67) 근자에 그리심 산에 대한 고고학적 발굴을 통해 느헤미야 시대에 건축된, 야훼 전통에 따

이 일어났다고 말하기 어렵다. 1세기에 만연된 반사마리아 정책을 따르는 요세푸스는 그리심 산의 성전 건축과 제사장들 사이의 알력을 100여 년 뒤로 잡아 다리우스 3세 시대(기원전 338-331년)에 일어난 일로 전하고, 그 일을 유대 제사장 내의 종교분열과 연결시켜 보도한다(*Ant.* XI,298-347).

마카비 시대에 들어와 진정한 의미에서 유대교와 구분되는 사마리아 종교에 대해 말할 수 있다. 이 시대에 비로소 세겜 주변 유대인 출신의 사마리아 사람들이 예루살렘 성전 제의와 구분하여 그리심 산을 중심으로 독자적인 종교 그룹을 이루었기 때문이다. 마카비 전쟁이 일어났을 때 사마리아인은 마카비 가문을 지원하지 않고 오히려 그들과 대적하다가 요한 휘르카노스(기원전 134-104년)의 공격을 받는다(참조. 마카베오상 3:10). 기원전 111년경에 휘르카노스가 사마리아를 정복하고 그리심 산의 제단을 파괴한 이후, 더 이상 그들의 희생제의가 존재하지 않는다. 로마의 폼페이우스가 시리아와 팔레스타인을 점령하고 이 지역을 재편할 무렵(기원전 63년) 사마리아는 유대 행정관할 지역에서 떨어져 나와 새로 설립된 시리아 지방에 귀속된다. 헤롯 대왕은 이방 도시 세바스테를 화려하게 꾸며 거기서 사마리아 여인인 말타케(Malthake)와 결혼한다.

첫 번째 유대 전쟁(66-70년)이 발발했을 때 사마리아인들도 봉기에 가담했다가 요세푸스에 따르면 11,600명이 살해된다(*Bell.* III,7,32). 이로 미루어 당시 사마리아인의 전체 숫자를 20만 정도로 추산할 수 있다.[68] 전쟁이 끝난 후 베스파시안은 플라비아 네아폴리스(Flavia Neapolis) 시를 세운다. 이 도시가 오늘날의 나블루스(Nablus)에 해당한다. 이곳을 중심으로 사마리아인들은 팔레스타인 내에 자신들의 디아스포라를 발전시켰고, 정체성을 상실하지 않은 채 오늘날까지 제사장 중심의 소수 공동

른 성전 잔해가 발견되었다. 이에 관해 참조. E. Stern · Y. Magen, "Archaeological Evidence for the First Stage of the Samaritan Temple on Mount Gerizim", in: *IEJ* 52(2002), 49-57.

68) F. Dexinger, "Samaritaner", in: *TRE* 29(1998), 753.

체로 존재한다. 이들은 미쉬나와 탈무드의 권위를 인정하지 않고, 오직 모세오경에 근거한 종교법을 따른다.

사마리아 종교를 종교혼합주의로 평가하는 것은 종교사적으로 볼 때 적절하지 못하다. 이스라엘의 하나님을 경외하고 모세오경만을 자신들의 경전으로 인정하고 자신들이야말로 언약의 수호자이며 참 이스라엘이라고 이해하기 때문이다. 오히려 유대인들이 예루살렘 우호적인 첨가를 함으로 모세를 통한 하나님의 계시를 왜곡했다고 주장한다. 사마리아 종교의 특징으로서 다음의 세 가지가 중요하다. 이스라엘 하나님은 오직 한 분이시고(신 6:4-5), 모세는 유일한 예언자이고(신 34:11-12), 그리심 산은 오직 하나님이 선택하신 합법적인 제의 장소라는 점이다. 사마리아 모세 오경의 본문형태가 사마리아 종교사의 가장 이른 시기의 증거이다. 이 본문형태는 기원전 2세기에 나온 오리지널한 본문형태를 보여 준다.

로마시대에 유대인과 사마리아인 사이의 적대 관계가 노골적으로 드러난다. 1세기 후반의 유대 역사가 요세푸스의 작품뿐만 아니라(*Ant.* XVIII,29f.85-89; XX,118-136) 복음서들은 그와 같은 사실을 잘 보여 준다. 유대인들에게 "사마리아인"이란 말은 욕설로 통하고 "귀신 들린 자"와 동일시되기도 한다(요 8:48). 예수가 사마리아 여인에게 마실 것을 청하자 그녀가 놀라고(요 4:9), 예수가 사마리아 여인과 이야기를 나누는 것을 보자 제자들이 놀란다(요 4:27). 한 유대인 서기관은 "사마리아인"이란 말을 입에 담는 것을 피해 "자비를 베푼 자"라고 돌려 말한다(눅 10:37). 예수는 사마리아인의 고을에서 사역하는 것을 이방인 가운데에서 사역하는 것처럼 금한다(마 10:5-6). 예수의 일행이 사마리아인의 마을에 들어가서 거처를 구하나 거부당하자, 세베대의 두 아들 야고보와 요한이 하늘로부터 불을 내려 저들을 멸하라고 말한다(눅 9:52-54).

글을 마감하기에 앞서 지금까지 언급한 여러 유대 종파를 다음과 같은 도표로 정리할 수 있다.

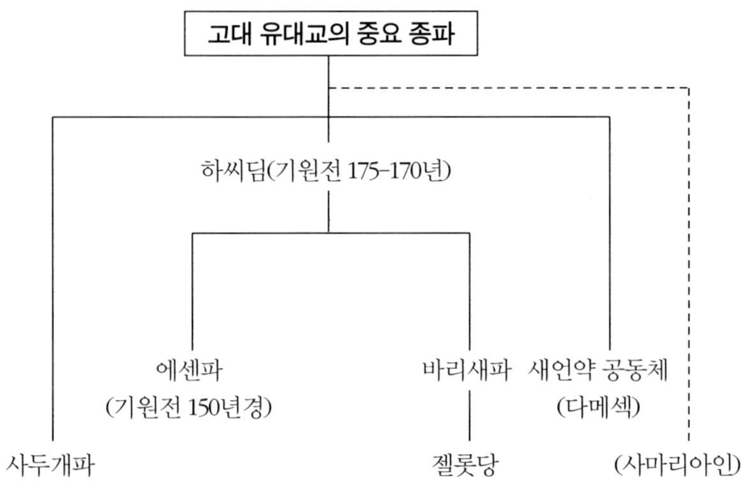

IV. 나가면서

우리는 위에서 신약성서의 배경에 속하는 고대 유대교 시대에 존재했던 중요한 유대 종파에 대해 살폈다. 유대 종파가 생겨난 배경은 당시 팔레스타인에 밀려왔던 헬라화의 도전에 대한 응전으로 이해할 수 있다. 다시 말하면, 셀류키드 왕조의 안티오커스 4세의 팔레스타인 통치 시대에 들어와 절정에 달한 유대교 박해 상황에 직면하여, 전통적으로 내려오던 유대교를 지켜 내기 위한 강구책으로 그와 같은 다양한 유대 종파가 형성된 것으로 이해할 수 있다. 여러 유대 종파 가운데 (대)제사장 중심의 에센파가 전통 수호에 앞장섰던 가장 보수적 성향의 종파인 반면, 에센파 연합운동에 동참하기를 거부한 바리새파는 하나님 이름의 성화와 온갖 불결과의 구분을 가장 중요하게 여기는 민간 경건운동으로 자리를 잡으면서 그 영향력을 대중으로 확산시킨다. 바리새파의 미온적인 태도에 불만을 가진 사람들이 바리새파에서 뛰어나와 만든 젤롯당은 무력을 사용하면까지 외세를 몰아내기에 힘썼던 과격한 종파였다. 바리새파와 대적 관계에 있었던 사두개파는 정치 기득권층에 동조하며 산헤드린을 중심으로 정치적 영향력을 꾀했던 성전 제사장 계급이었다. 고대 유대교는 이러한 여러 종파가 자신의 영향력 확대를 위해 각축전을 벌인 시대였지, 한 종파가 유대교 전체를 지배하던 단계는 아직 아니었다. 이들 제 종파는 당시 유대 사회에서 나름대로의 역할을 감당했으며, 어느 종파도 이단으로 낙인이 찍힌 적이 없었다. 이들 제 종파의 삶과 신앙에 대한 이해는 나사렛 예수 및 초기 그리스도교의 정신과 신앙의 유산인 신약성서를 당시 문맥에 비추어 파악하는 데 도움을 준다.

유대교와 헬레니즘

제3장 헬라 유대 디아스포라와 칠십인경

팔레스타인 유대 공동체가 히브리어나 아람어로 성서를 읽었던 것과 달리, 디아스포라 유대 공동체는 히브리어 구약성서의 그리스어 번역본인 이른바 "칠십인경"을 탄생시킨다. 사도 바울을 포함하여 초기 교회는 칠십인경을 자신들의 유일한 성서로 사용한다. 그리스어 칠십인경은 라틴어 성서인 불가타와 함께 고대교회로부터 오늘에 이르기까지 서구 기독교와 문화에 커다란 영향을 끼친다.

제3장

헬라 유대 디아스포라와 칠십인경

Ⅰ. 들어가면서

신약성서의 배경이 되는 헬레니즘(Hellenismus) 시대에 유대인은 크게 두 부류로 나눌 수 있다. 즉, 본토 팔레스타인에 살고 있는 유대인과 지중해 여러 지방에 흩어져 살고 있던 디아스포라[1] 유대인으로 구분할 수 있다. 이에 따라 유대교를 아람어 혹은 히브리어에 친숙한 **팔레스타인 유대교**와 오히려 그리스어에 친숙한 **헬라 디아스포라 유대교**로 양분한다. 팔레스타인 자체가 헬라화 되었다는 이유에서 이러한 구분을 부정적으로 보는 시각도 있으나,[2] 팔레스타인 유대교와 헬라 디아스포라 유대교를 구분 짓는 일은 여전히 가능하다고 생각한다. 전자가 이스라엘 신앙의 토대인 히브리어 성서에 근거하여 신앙을 증거하고 생각을 표현한 반면, 후

1) 참고로, 디아스포라(διασπορά)는 "흩어짐"을 뜻하는 그리스어 명사다.

2) S. Lieberman, *Hellenism in Jewish Palestine* (New York: Jewish Theological Seminary of America, 1950); M. Hengel, *Judentum und Hellenismus* (Tübingen, ²1973), 567; M. Hengel · Ch. Markschies, "Das Problem der Hellenisierung Judäas im 1. Jahrhundert nach Christus", in: ders., *Judaica et Hellenistica*, KS 1 (Tübingen, 1996), 1-90. 헹엘에 대한 다음의 비판을 참조하시오: Lester L. Grabbe, *Judaism from Cyrus to Hadrian Vol. 1* (Minneapolis, 1992), 150-53.

자는 히브리어 성경을 그리스어로 번역한 이른바 칠십인경(=셉투아긴타 Septuaginta)에 근거하여 그와 같은 것을 드러냈기 때문이다.[3)]

유대인의 디아스포라는 유대 종교철학가 필로(Philo)를 통해 잘 알려진 알렉산드리아 디아스포라뿐만 아니라, 시리아와 소아시아 또한 그리스와 로마에도 퍼져 있었다. 유대 디아스포라는 초기 그리스도교의 확장에 적지 않은 기여를 한다.[4)] 예컨대, 바울이 이방 지역에서 선교할 때 우선적으로 유대 회당에 들어가 복음을 전하면서, 유대교로 개종한 이방인 '프로셀뤼토이'(προσήλυτοι)뿐만 아니라 회당에는 출석하나 유대교로 개종하지 않은 이방인인 '하나님 경외자들'(σεβόυμενοι 혹은 φοβούμενοι τὸν θεόν= Gottesfürchtige)이 복음을 수용하였기 때문이다. 또한 헬라 유대 디아스포라가 초기 그리스도교에 끼친 영향은 그들이 남긴 그리스어 성경 번역을 통해서도 드러난다. 그들은 디아스포라 회당 예배에서 사용할 목적으로 히브리어 성경을 그리스어로 번역한 이른바 "칠십인경"을 만들었다. 사도 바울을 포함해서 그리스어로 기록한 신약성서 저자들은 바로 칠십인경을 그들의 경전으로 사용하였다. 이렇듯 헬라 유대 디아스포라의 유산은 그리스어를 말하는 유대 그리스도교 전통으로 이어지고, 바울을 필두로 하는 신약성서의 여러 저자들은 헬라 유대 그리스도교 전통과 긴밀하게 연결되어 있다.[5)] 이런 의미에서 그리스어를 말하는 유대 디아스포라의 사회적 조직과 정신적 유산이 없이는 당시 세계의 그리스

3) 신구약 중간기 연구의 대가 R. Hanhart는 헬라 유대교를 정의할 때 칠십인경의 중요성을 강조한다("Die Bedeutung der Septuaginta für die Definition des 'hellenistisches Judentum'", in: Supliments to Vestus testamentum, Vol. 40[1988], 67-80). 저명한 신약학자 F. Hahn은 그의 역저 *Theologie des Neuen Testaments. Band 2: Die Einheit des Neuen Testaments* (Tübingen: Mohr, 2002), 46-47에서 여전히 "팔레스타인 유대교"와 "헬라 유대교"를 구분한다.

4) A. von Harnack은, 그리스도교의 확장에 앞선 유대교의 확장이 그리스도교를 위한 길을 열어 주었다고 말한다(*Die Mission und Ausbreitung des Christentums in den ersten drei Jahrhunderten* [Leipzig, 1924], 23).

5) F. Hahn은 바울을 가리켜 "헬라 유대 그리스도교 전통의 한 대표자"라고 말하며, 야고보서와 베드로전서 및 히브리서와 요한계시록의 저자 역시 헬라 유대 그리스도교 전통의 영향 안에 있는 것으로 본다(*Theologie des Neuen Testaments I* [Tübingen, 2002], 386f).

도교화는 불가능하다고 본 볼프강 슈파이어(Wolfgang Speyer)의 진술은 시사하는 바가 많다.[6)]

II. 헬라 유대 디아스포라

헬라 유대 디아스포라는 헬라 로마시대 도처에 산재해 있었다.[7)] 유대 문헌(Sib III 271; 마카베오상 15:15-23; Philo, *leg.* 281f)뿐만 아니라 사도행전(행 2:5, 9-11; 15:21)과 같은 그리스도교 문헌, 또한 요세푸스의 작품(*Ant.* XIV 7,2)에 인용된 이방 역사가 스트라보(Strabon, 기원전 64/63년에 탄생) 등이 이를 증언하고 있다. 당시 유대인의 숫자에 대해서 정확히 말하기 어려우나, 유대 사상가 필로는 이집트에 있는 디아스포라 유대인의 수가 백 만 명이 넘는 것으로 전한다(Philo, *Flacc.* 43). 또한 수많은 유대인들이 바벨론과 시리아와 소아시아에도 살았다. 그리하여 외국에 살고 있는 유대인이 모두 4-6백만 명에 달할 것으로 추산한다.[8)] 당시 로마제국의 전체 인구를 6천만 정도로 추산할 때, 대략 10분의 1에 해당하는 사람들이 유대인인 셈이다. 이처럼 유대인 수가 많은 이유를 H. 헤거만은 다음의 세 가지와 관련시킨다: 1. 유대인은 아이를 많이 낳았으며, 2. 유대인은 상대적으로 유리한 '사회보장제도'를 갖고 있었고, 3. 유대교로 개종한 사람들이 적지 않았다는 것이다.[9)] 또한 유대교의 확장은 전쟁 포로로 붙잡혀 간 유대인들이 많았을 뿐만 아니라, 경

---

6) W. Speyer, *Frühes Christentum im antiken Strahlungsfeld. Kleine Schriften III* (Tübingen, 2007), 257.

7) 참조. K. Erlemann u.a.(eds.), *Neues Testament und Antike Kultur 1* (Neukirchen-Vluyn, ²2004), 198-214.

8) 반면에 팔레스타인 본토에 살고 있는 유대인은 150-200만 명으로 추정한다(H. Hegermann, "Das hellenistische Judentum", in: J. Leipoldt · W. Grundmann(eds.), *Umwelt des Urchristentums I*[Berlin 61982], 292-325, 특히 294).

9) 같은 곳, 295.

제적 목적에서 통일된 헬라 세계의 곳곳으로 이주했다는 사실과도 관련이 있다. 요세푸스의 보도에 따르면, 예수시대에 수많은 유대인들이 시리아, 특히 안디옥에 살았다(*Bell.* VII 3,3). 또한 다메섹에서 유대 전쟁 기간 중 10,500 내지는 18,000명의 유대인이 살해되었다고 말한다. 그 밖에도 북아프리카와 퀴레나이카(Kyrenaika)로 많은 유대인들이 이주하였고, 제국의 수도 로마에도 예수 당시 수만 명의 유대인이 살았다. 바벨론에도 많은 유대인들이 살았을 것으로 추정되나, 이에 관한 어떤 정보도 없다. 단지 요세푸스는 유프라테스 강 저편에 "셀 수 없을 정도로 많은 수"의 유대인들이 살고 있다고 전할 뿐이다(*Ant.* XI 5,2).

헬레니즘시대는 다양한 문화와 종교가 혼합되는 시기였다. 즉, 그리스 종교와 로마 종교 및 동방 종교들이 조우하며 혼합되는 시기였다. 이 시기에 도시를 관통하는 화려한 대로, 극장, 경기장, 목욕탕, 박물관 또한 화려한 대건축물 등으로 대표할 수 있는 헬라 도시문화가 커다란 영향력을 발휘한다. 이와 함께 현대적인 계몽화된 형태로 사고하며 살아가는 것이 유행을 이루면서, 많은 유대인들도 이에 이끌리게 된다. 한 예를 마카베오상에서 읽을 수 있다.

> "**10** 그들 중에서 죄악의 뿌리가 돋아났는데 그는 안티오쿠스왕의 아들로서 로마에 인질로 갔던 안티오쿠스 에피파네스였다. 그는 그리스 왕국 백삼십칠 년에 왕이 되었다. **11** 그 무렵, 이스라엘에서는 반역자들이 생겨 많은 사람들을 선동하면서 '주위의 이방인들과 맹약을 맺읍시다. 그들을 멀리하고 지내는 동안 얼마나 많은 재난을 당하였읍니까' 하고 꾀었다. **12** 이 말이 그럴듯하여 **13** 백성들 중에서 여럿이 왕에게 달려가, 이방인들의 생활풍습을 받아들이자고 청하여 허가를 받았다. **14** 그들은 곧 이방인들의 풍속을 따라 예루살렘에 운동장을 세우고 **15** 할례받은 흔적을 없애고 거룩한 계약을 폐기하고 이방인들과 어울렸다. 이렇게 그들은 자기 민족을 팔고 악에 가담하였다"(마카베오상 1:10-15).

디아스포라 유대인들은 민족적 종교적 통일성을 보존했으며 민족과 종교의 중심인 예루살렘과 밀접한 관계를 맺고 있었다. 이들은 성전세를 내며 경우에 따라서는 큰 명절이 되면 예루살렘 순례를 하기도 했다. 그러나 헬라 유대교는 대체로 **회당 예배**를 통해 유지되었다. 유대인이 어느 정도 모여 살게 되는 장소에는 어김없이 유대 회당(시나고그)이 생긴다. 기원전 3-2세기경에 이집트의 여러 곳에 회당이 존재하였음을 알 수 있다.[10] 알렉산드리아와 로마와 안디옥에 회당이 있었다(당시에는 Proseuche [προσευχή="기도", "기도처", "시나고그"]라고 불렀다). 알렉산드리아의 중심 회당은 71개의 금으로 입힌 의자가 있었다고 탈무드는 전한다(bSukka 51a). 이 회당은 규모와 장식이 대단하여 외부 사람들이 보기에는 타종교의 성전에 비교될 수 있을 정도였다. 시나고그 예배의 주요 내용은 토라를 헬라어로 낭송하는 것이다.

디아스포라 유대인들도 팔레스타인의 경건한 자들처럼 그렇게 엄격하지는 않더라도 제식주의 형태의 삶을 살았다. 그래서 디아스포라 유대인들은 할례와 안식일 엄수 또한 당시 사회가 이상하게 보았을 돼지고기 먹는 것을 금하는 규정과 같은 정결규정을 통해 주변 사람들과 구분되었다. 이들은 당시 헬라세계의 공용어인 그리스어를 사용하였고, 그로 말미암아 자신들의 언어에 대한 이해가 점차 쇠퇴하게 되어 성경도 히브리어나 아람어로는 더 이상 이해할 수 없게 되었다. 그리하여 그리스어 번역 성경이 나타나게 되었으며, 이와 더불어 그리스적인 유대 문학이 자라나게 되었다. 그에 따라 그리스적인 문학양식과 역사서술기법 등을 수용하였으며 그리스 사상도 받아들이게 된다.

10) E. Schürer, *Geschichte des jüdischen Volkes im Zeitalter Jesu Christi III* (Leipzig, [4]1909), 41-45.

II. 칠십인경(Septuaginta)

팔레스타인 본토에 살던 유대인 공동체는 히브리어로 또한 부분적으로 아람어로 기록된 성서를 읽었다. 그러나 많은 유대인들이 본토를 떠나 이방세계에 이른바 "디아스포라"에 정착하여 살면서 그들의 조상 언어인 히브리어나 아람어에 대한 지식을 점차 잃게 되면서 정착해 사는 지방의 이방 언어를 자기들의 통상 언어로 사용하는 경향이 늘어났다. 이러한 현상과 더불어 성서를 그리스어로 번역해야 할 필요성이 제기 되었다. 이들에게 율법을 가르치기 위해서는 그리스어로 설명할 수밖에 없었기 때문이다. 처음에는 유대 회당에서 히브리어 성서 본문을 구전으로 번역하였으리라 추정되나, 점차 번역문서가 생겨났을 것이다. 그리스어를 말하는 유대인들은 칠십인경을 히브리어로 기록된 성서에 상응하는 권위를 가진 문서로 이해하였다. 헬라 유대교뿐만 아니라 초창기 그리스도교 역시 칠십인경을 성령의 영감으로 기록된 "성서"로 즉, 정경으로 인정한 하나님의 말씀으로 받아들였다.

칠십인경의 문화사적인 의미에 대해 하르낙(A. von Harnack)은 다음과 같이 말했다: "이 책과 온 세상은 서로 연합되었으며 동일한 판단에 놓여 있다는 사실은 구약성서를 접했던 그리스인들 사이에 가장 만연된 견해였다. 그들이 이 책에 대해 마치 이 세상과 병행하는 세상이 있는 듯 다양하게 생각할지라도, 이 두 세계는 한 구원자에게 귀속된다는 사실은 자명한 것으로 보였다. 사고하는 인간사 가운데 어느 다른 책에 대해 이와 유사한 판단을 내렸던 적이 있던가!"[11] 칠십인경으로 인해 헬라 세계는 구약의 계시에 접할 수 있게 되었다. 헬라 유대교에서 비롯된 모든 문서들은 바로 칠십인경에 근거를 두었다고 말할 수 있다. 그리스도교의 처음 2세기 동안 칠십인경은 그리스도인의 성경 그 자체였다. 칠십인경은, 기원후 200년경 정경으로 간주되기 시작한 신약성서의 저자들

11) A. von Harnack, *Sitzungsberichte der Berliner Akademie* (1902), 509.

에게 영향을 끼친다.[12] 게다가 초기 그리스도교가 칠십인경을 정경으로 받아들여 기독론적으로 해석한 결과, 유대교는 칠십인경을 2세기경에 완전히 포기하고, 그 대신 디아스포라 공동체를 위해 새로운 그리스어 번역들(130년경 Aquila; 170년경 Symmachus; 2세기 말경 Theodotion)로 대체하였다. 칠십인경은 하나로 통일된 번역이 아니라 수 세기에 걸쳐 여러 번역물이 수집된 것으로 각 역자들의 번역술, 히브리어 지식, 문체 등에 따라 아주 다양하게 번역되었다. 칠십인경은 (불가타와 더불어) 고대교회로부터 오늘에 이르기까지 기독교와 서구문화에 커다란 영향을 끼쳤다.[13]

1. 명칭의 유래

"칠십인경"(혹은 "칠십인역")이란 명칭은 70을 나타내는 그리스어 "호이 헵도메콘타"(οἱ ἑβδομήκοντα) 혹은 라틴어 "셉투아긴타"(Septuaginta=LXX[라틴어숫자])에서 비롯된 것이다. 이 명칭은 대략 기원전 150-100년 사이에 기록된 것으로 간주되는 위경 가운데 하나인 "아리스테아스 서신"(The Letter of Aristeas)에 들어 있는 한 전설로부터 유래한다. 이에 따르면 예루살렘에서 온 (각 지파로부터 6명씩) 72명의 장로들이 히브리어 성서를 그리스어로 번역했다고 한다. 이때 72라는 숫자가 70으로 줄어든 것은 출애굽기 24장에 의해 영향 받은 것으로 보인다. 즉 하나님께서 시내산에서 모세와 70명의 장로들에게 율법을 계시했다는 전승에 따른 것으로 추측된다(출 24:1 "또 모세에게 이르시되 너는 아론과 나답과 아비후와 이스라엘 장로 칠십 명과 함께 여호와께로 올라와

12) B. Aland, "Bibelübersetzungen", in: *Evangelisches Kirchenlexikon I*(Göttingen, 1986), 479.

13) 참고로, 간편하게 사용할 수 있는 한 권으로 된 헬라어 칠십인경을 소개한다: A. Rahlfs (ed.), *Septuaginta, id est Vetus Testamentum Graece iuxta LSS interpretes* (Stuttgart, 1935, Editio altera quam recognovit et emendavit Robert Hanhart, Stuttgart, 2006). 보다 학문적인 사용을 위해서는 괴팅엔 아카데미가 편찬한 수십 권으로 이루어진 헬라어 칠십인경 비평본을 참조할 수 있다: Göttinger Akademie der Wissenschften(ed.), Septuaginta. Vetus *Testamentum Graece* (Göttingen, 1924ff).

멀리서 경배하고"; 24:9 "모세와 아론과 나답과 아비후와 이스라엘 장로 칠십 인이 올라가서"). "칠십인경"이란 명칭은 교회의 사본과 인쇄물 가운만 나타나는 기독교적인 명칭이다. 기원후 2세기 전에는 그리스어 성서본문을 가리켜 칠십인경이라고 부른 적인 없다. 토라와 예언서에 대한 전체 번역을 가리켜 칠십인경이라 부른 최초의 사람은 초기 기독교 작가인 저스틴(Justinus, 165년에 사망)이다.[14]

2. 생성전설과 역사성

칠십인경은 알렉산더 대왕의 원정에 따른 헬레니즘의 영향이 지중해 인근지역에 널리 퍼진 사실과 관련이 있다. 아리스테아스 서신에 나오는 전설에 따르면 프톨레마이오스 필라델포스(Ptolemaios II. Philadelphos, 기원전 285/4-246년) 왕의 지시에 따라 70인의 번역자들이 제일 먼저 모세오경에 대한 그리스어 번역을 마치게 된다. 이 전설에 제시된 기원전 3세기는 신뢰할 만하다. 프톨레마이오스 4세(기원전 222-205년) 때 활동했던 팔레스타인의 유대 역사가 데메트리오스(Demetrios, 참조. 마카베오상 8:17-18)가 "유대 왕들의 역사"를 기원전 150년경에 집필했을 때 이 번역을 이용한 것으로 보이기 때문이다. 모세오경에 이어서 기원전 130년경에 이르는 동안 예언서와 나머지 부분들이 연속적으로 번역된 것으로 보인다. 기원전 2세기 중엽에 '유폴레모스'(Eupolemos)는 역대기서의 그리스어 번역을 사용하였으며, 기원전 115년경에 예수 벤 시라(Jesus ben Sira)의 손자는 토라와 예언서 그리고 기타 문서의 세 부분으로 구성된 알렉산드리아 헬라어 성경에 대해 알고 있다. 넓은 의미에서 볼 때 칠십인경의 생성은 이스라엘이 안고 있던 신학적이며 문화 정치적인 차원과 관련되었다고 말할 수 있다.

14) Dialog mit Tryphon 137,3.

▶ **'아리스테아스 서신'(The Letter of Aristeas)에 나오는 이야기**: 알렉산드리아의 유명한 도서관 책임자로 잘못 소개되고 있는 사서 데메트리오스(Demetrios of Phaleron)는 어느 날 유대인들의 율법서, 즉 토라 역시 왕국 도서관에 들여놓을 가치가 있다고 프톨레마이오스 필라델포스(Ptolemaios II. Philadelphos) 왕에게 보고한다. 이를 위해 우선적으로 유대인의 율법서를 그리스어로 번역할 필요가 있음을 말한다. 데메트리오스의 보고를 듣고 이를 부끄럽게 여긴 왕은 적절한 조치를 취한다. 왕은 아리스테아스를 포함한 사절단을 예루살렘의 대제사장 엘레아잘에게 보내 번역작업에 필요한 인원을 마련해 주기를 청한다. 이러한 청원에 예루살렘측이 부합하도록 유화책으로 이집트에 있는 10만 명이 넘는 유대인 전쟁포로들을 석방하겠다고 말한다. 그리하여 왕의 청에 따라 엘레아잘은 이스라엘의 각 지파로부터 6명씩 선출하여 번역작업을 수행하기에 적합한 72명의 학자를 값진 토라 두루마리를 갖춰 알렉산드리아로 파송한다. 이들은 귀한 대접을 받는 가운데 알렉산드리아 시와 댐으로 연결된 파로스(Pharos) 섬에서 조용히 번역 작업을 시작한다. 그들은 매일 저녁마다 함께 모여 각자가 번역한 것을 모아 서로 비교하면서 본문을 일치시킨다. 일치된 본문은 데메트리오스가 기록하는 가운데 72일간의 작업 후에 율법이 그리스어로 번역되었고, 이 번역본이 유대 공동체 앞에서 낭독되자 모든 사람들은 정확하며 세심한 번역에 감탄하면서 환호하며, "이 번역은 아름답고 경건하며 매우 정확하게 완성되었기 때문에 이 본문을 지켜 변경하지 않는 것이 옳다"고 선언한다. 이에 첨가나 변화나 삭제를 하는 자는 저주를 받을 것이라 한다. 유대 신앙 공동체의 허락이 있은 뒤 이 번역물은 이집트 왕에게 전해지고, 왕은 율법을 제정한 이의 정신에 놀라워하며 풍성한 선물을 주어 번역자들을 고향으로 돌려보낸다.

이와 같은 기적적인 전설의 내용을 담고 있는 아리스테아스 서신의 이야기는 헬라 세계에 살고 있는 유대 공동체가 율법의 가치와 권위를 높이려는 의도에서 만들어진 전설임에 틀림없다.[15] 이방세계의 왕조차 율법의 귀함을 확신하여 그리스어 번역을 만들어 자기의 도서관에 비치할 정도였다는 사실을 강조하고 있다. 비록 전설의 형태로 전해 내려오나, 이 전설의 배후에서 몇 가지 역사적 사실을 찾아낼 수 있다.

칠십인경 연구의 대가로 통하는 로베르트 한하르트(Robert Hanhart) 교수는 이 전설에 담겨 있는 역사성을 세 가지 차원으로 나눈다.[16] 우선적으로, **정치적 차원에 담겨 있는 역사성**의 핵을 다음과 같이 설명한다. 이스라엘은 프톨레마이오스 왕가의 통치자를 하나님이 세우신 지배자로 인정하며, 동시에 이스라엘은 이 통지자에게 예속된 제의 공동체로서 인정받은 신앙공동체라는 사실이다. 따라서 모세 오경의 그리스어 번역은 양자 간의 합의에 따라 이루어진 것이며 상호 간에 정치적인 인정을 확정짓는 시도로 이해할 수 있다. 프톨레마이오스 필라델포스는 공의로운 지배자의 대표자로 나타나고 번역 작품은 프톨레마이오스 1세 라고스(Ptolemaios I Lagos, 기원전 304-285/84년)가 앞서 예루살렘 공격 시 자행하였던 유대 동족의 불법적인 노예화 상태를 제거하는 동기로 이해된다. 이로써 알렉산더 대왕에 의해 시작된 고대 세계의 헬라화 정치가 토라에 대한 그리스어 번역을 통해 이스라엘에게 합법화되었다고 볼 수 있다.

문화적 측면에서의 역사성은 토라에 대한 그리스어 번역은 프톨레마이오스 왕조의 백과사전식 문화정치 현상으로 규정될 수 있다는 사실에 놓여 있다. 이 번역작품은 프톨레마이오스 왕국에 속하는 문화영역의 문서 보관소인 알렉산드리아 왕립 도서관의 책임자로 있던 데메트리오스가

15) 이 이야기는 유대인과 기독교인들에게 전해져 한층 더 꾸며진다. 요세푸스는 이 서신의 내용을 글자 그대로 따르고, 필로는 그 번역을 성령의 영감에 따른 번역으로 보았으며 그 번역자들을 예언자로 만들었다. 고대교회의 교부들은 율법서에만 적용되던 아리스테아스 서신의 이야기를 전체 구약성서에 확장시켰고, 3세기경에 살았던 Pseudo-Justin은 번역자들이 외로이 작업했던 쪽방들의 폐허를 심지어 보았다고 말한다. 물론 이 모든 이야기는 칠십인경의 가치를 높이 평가한 고대교회가 경건한 환상을 통해 지어낸 것으로 보아야 한다.

16) W. H. Schmidt · W. Thiel · R. Hanhart, *Altes Testament* (Stuttgart, 1989), 179ff.

제안하여 이루어진 유대 종교 문서로 이해된다. 그런데 이 점과 관련해 이 전설의 역사성에 문제가 있다. 번역을 누가 최초로 제기하였는가 하는 질문이다. 아리스테아스 서신을 역사비평적으로 다룬 스칼리거(Ioseph Iustus Scaliger, 1540-1609년)와 하디(Humphry Hody, 1659-1707년)의 연구 이후 정설로 받아들이고 있는 것은, 번역의 주창자는 프톨레마이오스 왕가에 있지 않고, 예속되어 있던 유대 공동체라는 설이다. 급속도로 퍼지고 있는 헬라화 시대에 유대 공동체는 조상들의 언어를 상실하기 시작했으며 전통을 고수함으로써 신앙과 예배행위를 지키고자 하는 강력한 열망이 있었다. 번역작업의 최초 발기가 유대 공동체에 있었다는 점은 칠십인경의 번역 자체를 통해 알 수 있다. 그리스어 토라 번역은 헬라화를 지향하는 새로운 해석을 피하고자 하며 가능하면 히브리어 원문에 충실하려고 하는 특성을 갖고 있다는 사실을 통해 확인할 수 있다. 이는 헬라 문서의 전통에서 볼 때 낯선 현상이다. 이런 의미에서 그리스어 성서 번역의 제1원인(causa prima)은 이스라엘 내부에서 찾아야 하고, 프톨레마이오스 왕가의 문화정치는 기껏해야 제2원인(causa secunda)으로 이해할 수 있다.[17)]

끝으로 아리스테아스 서신에 담긴 전설에서 **신학적인 차원에서의 역사성**을 발견할 수 있다. 이 전설은 강압적인 상황 가운데 조상의 언어를 잃고 그리스어에 익숙해진 헬라 시대의 유대 공동체가 토라의 그리스어 번역을 예배 때 사용하는 성서로 인정하였다는 사실에 대한 역사적 증거로 간주할 수 있다. 칠십인경은 원형에 대한 모형으로서 조상들의 언어인 히브리어 원문에 부여된 것과 똑같은 중요성을 갖게 된 것이다. 즉 번역본인 칠십인경 역시 하나님의 계시로서 인정되었다는 사실이다. 이와 같은 중요성은 아리스테아스 서신에 묘사되는 칠십인경이 생성되는 모습을 통해 드러난다: "그들은 서로 비교를 통해 모든 것이 일치하도록 표

17) 그러나 C. Dogniez는 프톨레마이오스 왕가의 노력을 제1원인으로 여긴다("Bibelübersetzungen", in: *TRE* 1(1998), 1488.

현함으로써 (번역을) 완성하였다. 이처럼 일치에 의해 이루어진 것을 데메트리오스는 문서로 기록할 것을 허락하였다." 이 말은 그리스어 토라의 계시성은 히브리어 원문의 번역이 이루어졌다는 사실에 있지 않고, 히브리어 원문과 일치한다는 사실에 놓여 있다는 것이다.

그리스말을 하는 유대인의 성서로서의 두 번째 중요성은 첨가와 삭제와 변화를 금하는 "정경 양식문"(Kanonformel)에 나타난다: "그들은 첨가하거나 변화시키거나 제거함으로써 본문을 건드리는 자를 저주하라고 명령하였다." 신학적인 차원에서의 세 번째 중요성은 유대 공동체의 성서가 이스라엘 외부세계와 맺고 있는 관계성에서 드러난다. 이 번역성서가 예배사용에 적합하다고 규정한 사람들은 다름 아닌 알렉산드리아에 있는 유대 공동체의 제사장들과 장로들 그리고 최고 책임자들이었다는 사실이다. "왜냐하면 그것이 멋지고 하나님 보시기에 흡족하며 또한 모든 점에서 본문에 합당하게 번역되었기 때문이다." 이들은 이 번역성서의 영원한 정당성을 선언하였다. 그리스어 성서에 따른 이스라엘의 하나님에 대한 신앙고백은 이스라엘과 헬라 세계 사이의 영적인 교제를 여는 유일한 길이다.

위의 전설을 통해 분명한 것은, 이집트에 거주하던 유대 공동체는 율법을 그리스어로 번역해야 하는 일이 절대적으로 필요했다는 사실이다. 그리스어 번역본을 디아스포라의 여러 공동체에게 보내기에 앞서 디아스포라 유대인들은 예루살렘 유대인들과 연락하여 이들의 지지를 얻어 이러한 계획을 달성하고자 했을 것이다. 전설에 따른 기원전 3세기 전반에 그러한 일이 있었을 것이라는 사실을 인정해도 좋으리라 생각된다. 이때는 이집트를 다스리던 프톨레마이오스 왕조가 팔레스타인을 자신의 통치에 귀속시켰으나, 유대 나라는 계속해서 자치권을 유지하였기 때문에 이집트와 팔레스타인 사이의 왕래가 자유로웠던 시기였기 때문이다.

또한 아리스테아스 서신은 율법의 번역에 대해서만 언급하고 있을 뿐이지, 구약성서의 다른 부분의 번역에 대해서는 침묵하고 있다는 사실에 유의해야 한다. 예나 지금이나 유대인들은 모세 오경을 가장 중시 여기며, 모세 오경으로부터 성서의 나머지 책들도 이해되어진다. 따라서 모세 오경이 제일 먼저 번역되었을 것이 분명하다. 구약성서의 나머지 책들도 차례차례 그리스어로 번역되었는데, 번역의 정확성과 신빙성이 떨어진다고 말할 수 있다. 예컨대, 몇몇 예언서 본문에는 빠진 글자도 있으며 다니엘서의 경우 번역이라기보다 차라리 자유로운 해석으로 간주할 수 있을 정도이다. 당시 헬라 유대교에게는 정경의 범위가 아직 확정된 상태가 아니었기 때문에 칠십인경에는 기원전 2-1세기에 생성된 다양한 문서들이 포함될 수 있었다. 이러한 이유에서 칠십인경은 히브리어 성서보다 더욱 많은 내용을 담고 있다.

칠십인경은 히브리어 성서보다 9권의 책을 더 담고 있다: 유딧, 토비트, 4권의 마카베오, 시락서(=집회서), 지혜서, 솔로몬의 시편. 그 외에도 구약성서의 문서를 수정하거나 보충하는 몇 개의 책들이 더 있다: 그리스어 에스라, 송시, 바룩, 예레미야의 편지, 수산나, 벨과 뱀, 또한 에스더에 관한 몇몇 보충부분도 담고 있다. 칠십인경의 일부는 히브리어 원문으로 소급되나, 다른 일부는(예컨대, 지혜서, 마카베오 3서, 마카베오 4서) 본래부터 그리스어로 기록된 것들이다.

그리스어 성경은 예수시대의 유대교에게 대단히 중요했다. 히브리어 성서를 그리스어로 번역한 것은 헬라시대 유대인의 예배에 필요한 책을 만들었다는 사실을 넘어, 새로운 문화 환경에서 유대교 신학이 새롭게 출발할 수 있는 토대를 제공했다고 말할 수 있다.

3. 칠십인경의 역사

칠십인경의 역사와 관련하여 한하르트 교수는 파악하기 어려운 두 가지 현상을 지적한다.[18] 하나는 칠십인경, 즉 "알렉산드리아 정경"(alexan-

18) W. H. Schmidt · W. Thiel · R. Hanhart, *Altes Testament*, 183ff.

drinischer Kanon)이 언제 완성되었는가 하는 질문이고, 다른 하나는 유대 헬라 공동체와 원시 그리스도교가 어느 정도로 그것의 정경적인 권위를 인정하였는가 하는 질문이다. 자료의 부족으로 이들 질문에 답하기가 쉽지 않다.

알렉산드리아 정경의 역사에 대하여 간접적이나마 정보를 얻을 수 있는 문서로 **시락서(=집회서)**를 들 수 있다. 히브리어로 기록된 시락서 원문의 저자는 기원전 2세기 초에 조상들에 대한 찬양을 묘사하는 부분에서 일종의 이미 12소선지서를 담고 있는(Sir 49:10) 정경화된 구약성서 모음집을 전제하고 있다. 히브리어 시락서를 쓴 저자의 조카가 이를 그리스어로 번역했는데, 이 번역문의 서문에서 우리는 다음과 같은 내용을 얻을 수 있다. 이때까지만 해도(대략 기원전 110년경) 성서로 인정된 문서들을 "본래의 발음에 따라 히브리어 원문으로 읽는 것과 다른 언어로 번역된 것을 읽는 것이 같은 효력을 갖지 않는다"(21-22)고 여겼다는 사실이다. 또한 "토라 자체와 예언서, 그리고 그 밖의 문서는 그 본래적인 단어의 의미에 있어서 (그리스어 번역과 비교할 때) 적지 않은 차이를 보여 주고 있다"고 말한다(23-26). 이와 같은 대립 구조에서 볼 때 다음과 같은 결론이 나온다. 기원전 2세기 말경에 비정경적인 문서와 정경적인 문서 사이의 경계가 확연히 서 있었다는 것이다. 즉, 당시에 이미 "율법", "예언서", "성문서"라는 세 가지 구분이 완성되었다는 것이다. 뿐만 아니라 이와 같은 구분이 이미 이들 문서의 그리스어 번역에도 적용되었다는 사실이다.

시락서 서문의 진술을 통해 볼 때, 칠십인경의 정경화 과정은 히브리어 내지는 아람어를 말하는 팔레스타인 유대교와 그리스어를 말하는 헬라 유대교가 서로 접촉하는 가운데 이루어졌다고 간주된다. 예루살렘의 대제사장이 정경성을 결정짓는 최고의 권위자 역할을 했다고 말할 수 있다. 이것도 아리스테아스 서신을 통해 알 수 있는 역사적 사실로 간주된다. 이러한 시각에서 볼 때 기원전 170년경 셀류시드 왕가의 헬라화 정책과 관련하여 당시 적법한 오니아스 4세의 이집트로의 망명이 분기점으로 부상되는데, 이때를 기점으로 예루살렘 성전에 대적하여 이집트의 레온토폴리스(Leontopolis)에 세운 성전의 제사장들이 그들의 번역된 성서에 의지하여 자신들의 합법성과 정통성을 주장하였을 것으로 보인다. 하지만 팔레스타인 유대교와 알렉산드리아 유대교 사이의 논쟁에 관한 직접적인 증거는 알려져 있지 않다. 양자간의 관계를 논쟁의 관계보다는 오히려 상호간의 합의의 관계로 파악하는 것이 보다 타당하리라 생각된다. 따라서 1세기 말경 요세푸스의 작품인 **『아피온 반박문』**(*Contra Apionem* I.36-42)에 나오는 카논 명세서에 전승된 마소라 본문의 범위에 따른 팔레스타인 정경이 완성된 것과 외경을 포함한 알렉산드리아 정경이 완성된 것은 서로 영향을 주고받으며 합의에 이른 과정의 결과로 보는 것이 옳을 것 같다. 분명한 것은, 칠십인경의 정경화 작업은 팔레스타인이나 헬라 지역에서건 한결같이 유대적인 기원을 갖고 있다는 사실이다. 아울러 두 가지 상이한 형태의 정경을 결정지은 것은 비록 직접적인 증거가 없다 할지라도 (얌니아 회합은 단지 팔레스타인 정경에만 적용될 수 있다) 기원후 1세기 말경으로 잡아야 한다는 사실도 분명하다.

4. 칠십인경 번역에 나타나는 몇 가지 특징

헬라 시대 지중해 동편 전역에서 보편적으로 사용되던 대중어이며 표준어는 이른바 코이네(Koine)이다.[19] 마케도니아의 알렉산더 대왕이 지중해 일대를 점령함과 더불어 "헬라 그리스어"인 코이네의 사용이 급속히 확대된다. 칠십인경은 바로 이 코이네로 기록되었고, 코이네에 대한 주요 증인에 속한다. 칠십인경의 번역자들이 히브리어 원문에 충실한 번역을 하려고 노력함으로 인해 히브리어적인 특징(예, 창 4:5) 및 아람어적인 특

19) 코이네는 그리스어로 ἡ κοινὴ διάλεκτος라 부르는데, 이는 "일반적이고 공통적인 언어"라는 뜻이다. 필로는 이를 가리켜 "우리의 언어"라고 불렀다(De congregatione eruditionis gratia, 44).

징(예, 출 12:19)들이 남아 있다. 헬라 세계의 영향을 받은 헬라화된 번역자들은 히브리어 성서에 나오는 신인동형론적 표현(Anthropomorphism)을 피하고 하나님에 관해 보다 추상적이며 철학적으로 묘사한다.[20] 예를 들면, 출애굽기 19장 3절에서 모세는 하나님에게 올라가는 것이 아니라, 하나님의 산으로 올라가는 것으로 묘사하고, 출애굽기 24장 10절에서 장로들은 하나님을 보지 못하고 하나님이 계신 장소를 본다. 여호수아 4장 24절에서 "여호와의 손"을 "주님의 힘"(δύναμις τοῦ κυρίου)으로 번역한다. 특히 의미심장한 것은, 하나님 명칭인 "야훼"를 "퀴리오스"(κύριος, "주님")로 번역함으로써, 하나님을 야훼로 부르는 사람들의 성서가 한 민족의 성서에 국한되지 않고 온 누리의 성서가 되었다는 사실이다.[21]

20) 참조. E. Würthwein, *Der Text des Alten Testaments. Eine Einführung in die Biblia Hebraica* (Stuttgart [5]1988), 76ff(=방석종 역, 『성서본문비평입문』[대한기독교출판사, 1987], 95 이하).

21) 참조. A. Deißmann, *Neue Jahrbücher für das klassische Altertum 11* (1903 I), 174.

제4장 신구약 중간기 문헌 소개

예수님과 초기 교회가 존재하던 당시 유대교는 신구약 중간기 시대의 유대교에 속한다. 이 시대에 수많은 유대 문서들이 생성되었다. 이들 유대 문서들을 가리켜 "외경" 혹은 "위경"이라 부른다. 구약성서와 신약성서를 연결시켜 주는 이들 문서들에 대한 이해를 통해 신약성서의 말씀을 보다 잘 이해할 수 있다.

제4장

신구약 중간기 문헌 소개

앞에서 다룬 구약성서의 그리스어 번역인 "칠십인경"(LXX)은 신구약 중간기 유대교의 산물에 속한다. 여기서는 칠십인경에 담겨 있는 신구약 중간기에 생성된 다양한 유대 문헌을 개별적으로 소개하고자 한다. 신구약 중간기란 신약성서의 배경에 속하는 고대 유대교(Ancient Judaism) 시기와 대체로 일치한다.

I. 신구약 중간기란 무엇인가?

"신구약 중간기"의 문헌을 가리켜 영어로 "intertestamental Literature"이라고 부른다. 이로써 구약성서와 신약성서 중간 시대에 생성된 유대 문헌을 가리키는 개념으로 사용하고 있다. 다시 말하면 대략 기원전 200년과 기원후 100년 사이에 기록된 유대교의 여러 문헌들을 통칭한다. 개신교 전통에 따라 이른바 "구약성서 외경"이라 부르는 문헌들이 대략 이 시대의 산물이다. 유대인 학자들은 "intertestamental"이라는 표현보다는 "성서와 미쉬나[1] 사이"라는 표현을 선호한다.

구약성서 가운데 가장 뒤늦게 생성된 문서는 다니엘서인데, 기원전 165년경에 기록된 것으로 간주된다. 그리고 신약성서는 대략 기원후 50–130년(데살로니가전서–베드로후서) 사이에 기록된 것으로 추정된다. 이렇게 볼 때, 신구약 중간 시대를 기원전 200년에서 기원후 100년 사이로 잡는 것은 엄밀하게 말하면 시기적으로 정확하지 않음을 알 수 있다. 중요한 것은, 이 기간에 생성된 여러 유대 전통에 서 있는 문헌들로서 정경(Canon)이 되지 못한 문헌들을 가리켜 신구약 중간 시대의 문헌이라고 부른다는 점이다.

신구약 중간 시대의 중요성은 예수 운동을 비롯한 초기 기독교를 올바로 이해하는 것과 밀접히 연관되어 있다. 기독교의 근원은 나사렛 예수와 그를 따르던 제자들이 하나님 나라의 도래를 선포한 것에서 유래하고 있다. 이들 모두가 다름 아닌 유대인이었고, 뿐만 아니라 신약성서에 포함된 문서들 대다수가 유대 그리스도인이 기록한 것이라는 사실을 기억할 필요가 있다. 곧, 나사렛 예수와 초기 기독교 또한 그 시대의 산물인 신약성서를 올바로 이해하기 위해서는 당시 삶의 배경이 되는 유대교에 대한 이해가 불가피하다. 그렇지 않을 경우 기독교가 이데올로기화될 위험에 빠지기 쉽다. 이에 대한 한 예를 근대 역사에서 찾을 수 있다. 즉, 독일의 히틀러 통치 시대에 기독교는 나치즘의 이데올로기를 뒷받침하는 정치적 도구로 오용된 때가 있었다. 당시 나치즘을 옹호하는 그리스도인들은 예수를 가리켜 심지어 유대인의 혈통이 아니라 고대 게르만 민족의 혈통을 가진 사람이라고 말할 정도였다. 이러한 위험을 피하기 위해서라도 우리는 당시 실제 역사에 대한 이해를 가져야만 할 것이다. 예수와 초기 기독교가 존재하던 당시 유대교는 바로 이른바 신구약 중간 시대의 유대교에 속한다. 따라서 이 시대에 생성된 여러 유대 문헌을 이해할 필요가 있다.

---

1) 미쉬나(Mishinah)는 성서시대 이후의 유대교에서 나온 최초의 율법모음집이다. 처음에는 구전으로 전해 내려오다가 대략 기원후 2세기 말경에 이르러 문서화된다. 미쉬나는 뒤늦게 완성되는 토세프타(Tosefta)와 탈무드(Talmud) 구조의 표본을 이루기에, 미쉬나가 만들어진 시대를 가리켜 '랍비전승의 황금기'라 부른다.

이 시대에 생성된 유대 문헌들을 가리켜 보통 외경 혹은 위경이란 개념을 사용하여 부른다. 신구약 중간기 시대 전문가로 통하는 한하르트(Robert Hanhart) 교수는 다음과 같이 정의한다. 외경이란 "마소라 전통에 따른 구약 정경에 속하지 않으나 그리스어 번역인 칠십인경(Septuaginta=LXX), 즉 알렉산드리아 정경에 속하는 문서들을 가리키는데, 이들 문서는 이러한 전승에 근거하여 로마 가톨릭교회에서 카르타고의 제3회 공회(397년) 이후 정경으로 인정받았으며 오늘날에는 제2정경으로 불린다."[2) 보다 일반적으로 설명하자면, 외경이란 대략 기원전 2세기에서 기원후 1세기 사이에 기록된 유대 문헌으로서 히브리어 성경에는 없지만 그리스어로 기록된 "칠십인경"의 전통을 따른 라틴어 성경 "불가타"(Vulgata)[3) 에 들어 있는 문서들을 가리킨다. "외경"이란 개념은 종교개혁시대에 칼슈타트(Karlstadt, 1480-1541년)가 1520년에 처음 사용한 것으로 보인다.[4) 마르틴 루터(1483-1546년)는 자신의 독일어 번역 성서(1534년)에서 다음과 같은 설명을 덧붙여 외경을 수용하였다: "그것들은 성경과 동일하게 볼 수는 없으나, 읽어서 유용하며 좋은 책들이다"(Das sind Bücher, so nicht der heiligen Schrift gleich gehalten, und doch nützlich und gut zu lesen sind).

II. 신구약 중간기 문헌

이 시기에 속하는 방대한 유대 문헌이 전해 내려오나,[5) 여기서는 이

2) *EKL* [=Evangelisches Kirchenlexikon] 1, 1986, 203.

3) "불가타"(Vulgata)란 4세기 말경 히에로니무스(Hieronymus=제롬)가 만든 구약성서 라틴어 번역본을 가리킨다. 이 번역과 무관하며 보다 앞선 시대에 이루어진 라틴어 구약성경 번역을 가리켜서는 "베투스 라티나"(Vetus Latina)라 부른다. 불가타를 통해 서방 기독교는 구약성경의 세계로 진입할 수 있게 되었고, 로마 교회가 이 번역에 권위를 부여하면서 교회 전문 용어 발전에 커다란 영향을 끼치게 된다.

4) R. Hanhart, "Apokryphen", in: *EKL* 1(1986), 203.

른바 구약 외경 혹은 위경에 속하는 중요 문헌에 대한 개론적 소개에 국한하고자 한다.[6)]

1. 토비트서(Tobit)

디아스포라 유대인을 염두에 둔 이 작품은 고대 유대인들 사이에서 널리 읽히던 **교훈 이야기**로서 독자들에게 종교적이며 도덕적인 교훈을 줄 목적으로 기록된 문서이다. “토비트”는 책의 제목이면서 주인공의 이름이기도 하다. 익명의 한 경건한 유대인의 작품으로 간주되는 토비트서의 저작 시기는 확실히 말하기 어렵다. 판데어캄(J. C. VanderKam)은 페르시아 시기(539-333년) 직후로 잡으나, 대체로 기원전 3-2세기로 추정한다.[7)] 쿰란의 네 번째 동굴에서 50여 개의 단편으로 조각난 5개의 사본이 발견되었다. 네 사본은 아람어로(4Q196-199),[8)] 나머지 한 사본은 히브리어로 기록되었다(4Q200). 이로 미루어 토비트서는 본래 아람어로 기록되었으나, 나중에 히브리어로 번역되었을 가능성이 크다. 훗날 그리스어로 번역되면서 칠십인경에 포함된다.

기원전 8세기 말과 7세기 초 동부 디아스포라 상황을 배경으로 하는 이 작품은 의로운 행위에 대한 보상과 이스라엘 백성의 중심 성소로

---

5) 예컨대, J. H. Charlesworth(ed.), *The Old Testament Pseudepigrapha*, 2 Vols. (Doubleday & Company, Inc., 1983, 1985); 『외경위경전서』, 상/하(기독교문화사, 1993); 이동진 편역, 『제2의 성서: 구약시대』(해누리, 2003).

6) 개론적 이해를 위해서 다음과 같은 단행본이 유용하다: J. C. 판데어캄, 『초기 유다이즘 입문』(성서와함께, 2004); D. 해링톤, 『구약성서의 외경입문』(성바오로, 2003); B. 메츠거, 『외경이란 무엇인가』(컨콜디아사, 1995); 천사무엘, 『구약 외경의 이해』(한국신학연구소, 1997).

7) 메츠거(B. Metzger), 기원전 190-170년경; 해링톤(D. Harrington), 기원전 3-2세기; 에고(B. Ego), 기원전 200년경(TRE 33, 2002, 573); T. S. Vriezen · A. S. van der Woude, 기원전 3세기 말 혹은 2세기 초(*Ancient Israelite and Early Jewish Literature* [2005], 524).

8) 발견된 사본 중 가장 오래된 4Q199는 기원전 100년경에 기록된 것으로 보인다(판데어캄, 『초기 유다이즘 입문』, 132).

서 예루살렘 성전을 강조하는 신명기 신학을 반영한다. 경건하며 의로운 토비트가 이야기의 중심에 있다. 그가 죄 없이 눈이 멀었으나, 천사를 통한 하나님의 도우심에 힘입어 놀라운 방법으로 병 고침을 받게 된다. 좀 더 자세히 이야기하면 다음과 같다.

> 기원전 8세기 갈릴리 지방에 살고 있는 토비트와 그의 먼 친척 사라가 고통에 처하는 것으로 이야기가 시작된다(1-3장). 앗시리아의 왕 살마네셀이 북이스라엘 왕국을 멸망시키고 사람들을 포로로 잡아갈 때, 토비트는 아내 안나와 아들 토비아와 함께 포로가 되어 니느웨로 끌려간다. 그곳에서 토비트는 왕에게 등용되어 관직에 올랐으나, 가련한 이스라엘 사람들을 돌보며 죽은 동료의 시신을 묻어 주는 등 여러 경건의 행위를 실천함으로 인해 마침내 일자리를 잃고 재산을 몰수당한다. 더구나 참새 똥이 양 눈에 떨어져 시력을 잃는 불운에 접한다. 이와 더불어 또 다른 비극적인 이야기가 진행된다. 토비트의 먼 친척인 사라가 일곱 번 결혼했으나 악귀로 인해 신혼 첫날밤 매번 남편이 죽는 불운을 겪는다. 이 두 사람의 이야기는 토비트의 아들 토비아와 하나님의 천사인 라파엘의 여행을 통해 하나로 합쳐진다(4-6장). 라파엘은 여행길에 토비아를 동행하면서 물고기를 잡아 놀라운 약효를 지닌 쓸개와 염통과 간을 빼낸다. 염통과 간을 태운 연기는 악귀를 몰아내고, 쓸개는 눈에 생긴 흰 막을 없앤다. 라파엘과 토비아는 사라의 집을 방문하고, 토비아는 친척인 사라와 결혼하게 된다(6-9장). 앞서 구한 염통과 간을 태워 사라를 괴롭히는 악귀를 몰아내고, 토비트가 메데에 맡겨 둔 돈을 찾아서 집에 돌아온 그들은 가져온 물고기의 쓸개를 토비트의 눈에 바르자 눈에 생긴 흰 막이 벗겨져 시력이 회복된다(10-11장). 이야기는 라파엘이 자신의 정체를 밝히고 토비트의 찬가와 유언으로 끝난다(12-14장).

토비트서는 의롭게 살고 있음에도 고통을 받는 두 유대 디아스포라

가정에 관한 이야기를 다루고 있다. 두 가정은 결국 완전히 보상을 받고 하나의 가정으로 통합된다. 전체 줄거리와 등장인물들은 고난 중에서도 하나님께 충성한 사람들은 복을 받게 된다는 신명기의 중심 사상을 부각시킨다(예컨대, 아들 토비아에게 주는 토비트의 유언: "얘야, 너는 일생 동안 우리 주 하나님을 기억하고 죄를 짓거나 하나님의 계명을 어기려고 하지 말아라. 너는 평생토록 옳은 일을 행하고 옳지 않은 길은 걷지 말아라. 네가 진리를 따르기만 한다면 무슨 일을 하든지 성공할 것이다"[4:5f]; "우리가 가난해졌다고 해서 걱정하지는 말아라. 네가 하나님을 두려워하고 모든 죄악을 멀리하며 하나님께서 기뻐하시는 일을 행한다면 너는 부유하게 될 것이다"[4:21]). 여기서 드러나듯이 토비트서가 강조하는 지혜는, 의인들은 경건한 삶을 끝까지 살며 고난 가운데서도 하나님을 신뢰하며 찬양하라는 지혜이다. 토비트의 의로운 행동에는 예루살렘 성전예배 참여와 십일조 생활(1:6ff), 이방인의 음식을 멀리함(1:10f), 같은 종족 내에서의 혼인, 굶주리고 헐벗은 사람들에게 식사와 옷을 제공, 동족의 시신을 장사지내는 일 등이 속한다. 1장 3절에 나오는 세 가지 개념인 진리(ἀλήθεια), 정의(δικαιοσύνη), 자비(ἐλεημοσύνη)가 토비트서가 추구하는 가치라고 요약할 수 있다("나 토비트는 평생토록 진리와 정의의 길을 걸어왔다. 나는 나와 함께 아시리아의 니느웨 지방으로 귀양살이를 간 형제들과 동포들에게 많은 자비를 베풀었다"). 토비트서가 비록 허구에 근거한 비역사적인 이야기이나, 기원전 3-2세기 무렵에 살았던 경건한 유대인의 선행과 신앙에 관한 역사적 자료를 제공한다고 말할 수 있다.

2. 유딧서(Judith)

유딧서는 유대인의 대표적인 전쟁 무용담에 속한다. 지성과 미모를 겸비했을 뿐만 아니라 아주 경건하고 능력 있는 유대 여인 유딧이 하나님을 향한 신뢰를 통해 느부갓네살[9]의 수하 장군 홀로페르네스(Holofernes)를 죽이고 자기 성읍과 백성을 파멸에서 구하는 이야기이다. 이 작품은 진지한 역사서라기보다, 하나님을 향한 순종과 믿음을 강조하는 **일종의 역사소설**이다. 이 이야기는 기원전 6세기 초 대제국 앗시리아의 침략을 배경으로 하나, 실제로는 기원전 2세기 유대사에 일어난 사건들에 대한 해석이라고 말할 수 있다. 마카비 반란 후 격동기인 150년경에 팔레스타인에 살던 익명의 유대인이 기록하였을 것으로 추정한다.[10]

유딧서는 크게 두 부분으로 나눌 수 있다. 1-7장은 앗시리아가 쳐들어옴으로써 이스라엘이 위기에 처하는 내용이다. 이 중 처음 세 장은 느부갓네살 왕의 신성을 주장하는 내용으로 발전한다(특히 3:8, "이 나라의 모든 신들을 없애 버리라는 사명을 받고 온 홀로페르네스는 그들의 모든 영토를 짓밟고 신들을 모시던 숲을 베어 버린 다음 모든 백성들로 하여금 느부갓네살만을 예배하게 하고 언어와 종족을 가리지 않고 누구나 대왕을 신으로 받들게 하였다"). 이 주장은 홀로페르네스는 "느부갓네살 외에 또 신이 어디 있단 말인가?"(6:2)라는 진술에서 절정에 이른다. 8-16장은 유딧이 앗시리아의 손아귀에서 자기 마을을 구해 내는 활약상을 담고 있다. 유딧의 행위를 통해 하나님은 느부갓네살의 거짓된 권세를 들추어내고, 이로써 이스라엘의 하나님이야말로 진정한 신임을 입증한다. 이 작품은, 이스라엘 사람들이 율법을 준수하면 하나님은 그들을 보호해 주시나, 율법을 어길 경우 원수에게 넘겨 버리신다는 신앙을 반영한다(참조. 5:21 "그 백성이 율법을 어기는 일이 없다면 그들의 주님인 하나님이 그들을 잘 지켜 줄 터이니").

---

9) 바벨론의 왕이나 니느웨에 거주하는 앗시리아인의 왕으로 잘못 소개한다.

10) E. Zenger, *TRE* 17(1988), 406. E. J. Bruns는 그리스어로 번역되어 전승된 이 작품이 본래 아람어로 기록되었을 것으로 추정한다("Judith or Jael?", in: *CBQ* 16[1954], 12-14).

3. 에스더 첨가문(Additions to the Book of Esther)

기원전 5세기 수사에 있던 페르시아 궁전을 배경으로 하는 히브리어 구약성경의 에스더서는 기원전 4세기 후반에 기록된 것으로 보인다. 에스더 첨가문이란 히브리어 에스더서에는 없으나 칠십인경의 에스더서에는 포함되어 있는 6단락을 모아 놓은 것을 가리킨다. 교부 제롬은 에스더서를 라틴어로 번역하면서 칠십인경 에스더서에 들어 있는 첨가부분들을 분리시켜 본문 맨 뒤에 부록(11-16장)으로 모아 놓았다. 근자의 편집비평적 분석에 따르면, 첨가문이 한 사람에 의한 것이 아니라, 여러 사람에 의해 첨가된 것으로 보인다. 첨가문 A, C, D(또한 아마도 D)는 칠십인경 에스더서를 셈어(아람어)로 기원전 80년경에 작업한 것에서 비롯된 것으로 보인다. 그러나 첨가문 B, E 또한 D는 기원전 1세기 중엽 이집트에서 그리스어 본문에 첨가된 것으로 보인다.[11)]

에스더서는 히브리어 성경 가운데 유일하게 하나님을 명백히 언급하지 않는 책이다. 게다가 디아스포라 유대인들의 관심사인 할례와 음식규정 및 안식일 준수에 관해 말하지 않는다. 한마디로, 에스더서는 신학적으로 빈약한 문서라고 말할 수 있다. 바로 이러한 에스더서의 약점을 에스더 첨가문은 보충하고자 한다. 즉, 하나님에 관한 여러 언급을 할 뿐 아니라, 하나님께 드리는 기도 및 이스라엘의 구원의 역사 등에 관해 언급함으로써 종교적인 성격을 강하게 드러낸다. 구약성경의 에스더서는 다음과 같은 이야기를 담고 있다:

페르시아의 왕 '아하수에로'(크세르크세스 I, 486-465년)는 왕비 와스디가 왕의 연회에 참가하는 것을 거절한 이유로 그녀를 폐위시킨다(1장). 왕국의 모든 아름다운 처녀 가운데 왕비의 계승자를 뽑게 되었는데, 유대인 고아 에스더가 왕의 총애를 입고 새 왕비에 오른다. 에스더의 사촌이며 보

11) R. Leicht, ⁴*RGG* 2(1999), 1597f.

호자였던 모르드개는 왕에게 반역하려는 음모를 알고 그것을 에스더에게 알리고, 에스더는 이를 왕에게 고한다(2장). 그런데 모르드개와 유대인에 대해 증오심을 갖고 있던 왕의 대신 하만은 왕에게 유대인을 멸절시키라는 칙령을 반포하도록 한다(3장). 에스더는 모르드개를 통해 이 사실을 알고 그의 요구에 따라 위험에 처한 유대인들을 돕기로 동의하고 하만과 왕을 연회에 초대한다(4-5장). 잠이 오지 않는 밤에 왕은 우연히 역대일지를 읽게 되는데, 이로 인해 모르드개의 공훈을 알게 되어 그에게 상을 베풀기로 결정한다(2:22-23). 왕은 모르드개를 영예롭게 하고 싶어 하만에게 의견을 개진한다. 하만은 "왕이 존귀하게 하기를 원하시는 자는 나 외에 누구리요"(6:6) 하고 생각한다(6장). 두 번째 연회에서 에스더는 자신이 유대인임을 고백하고 자신의 생명과 동족의 구원을 간청한다. 왕이 음해를 모의한 자가 누구인가를 묻자, 하만은 달아나 에스더의 옥좌 위에 엎드린다. 왕은 하만의 이러한 행동을 치근거리는 것으로 오해하고, 하만이 모르드개를 죽이려고 세운 장대 위에 하만을 매달게 한다(7장). 끝으로 왕은 앞서 써 보낸 칙령을 취소하고 유대인들의 안전을 보장한다(8-9장). 이스라엘을 전멸시키려는 때로 정해진 날이 부림절 축일로 바뀐다. 에스더가 왕과 모르드개의 행운을 간단히 소개함으로써 끝난다(10장).

이 이야기에 6개의 첨가문이 삽입된다. 이를 통해 하나님의 역할이 강조되고, 또한 에스더의 역할이 더욱 두드러진다.

① **첨가문 A(11:2-12:6)**: 모르드개의 꿈을 이야기하고 왕을 해치려는 음모를 어떻게 알게 되었는가를 말한다(에스더서 1장 첫머리에 첨가).

② **첨가문 B(13:1-7)**: 유대인들을 전멸시키려는 아하수에로 왕의 칙령 본문을 소개한다(에스더서 3장 13절과 3장 14절 사이에 첨가).

③ **첨가문 C(13:8-14:19)**: 위기에 처한 모르드개와 에스더가 동족

을 보호해달라고 하나님께 간청하는 기도문(에스더서 4장 뒤에 첨가).

④ **첨가문 D(15:4-19)**: 에스더가 위험을 무릅쓰고 왕 앞에 나아가는 장면을 감동적으로 묘사한다(에스더서 5장 2절과 5장 3절 사이에 첨가).

⑤ **첨가문 E(16:1-24)**: 첫 번째 칙령을 취소하는 아하수에로 왕의 두 번째 칙령을 소개한다(에스더서 8장 12절과 8장 13절 사이에 첨가).

⑥ **첨가문 F(10:4-11:1)**: 모르드개의 꿈을 해석하고 간기로 끝난다(에스더서의 마지막인 10장 3절 뒤에 첨가).

이러한 첨가를 통해 의도한 목적을 다음과 같이 정리할 수 있다.[12] 첫째, 히브리어 구약성서의 에스더서에 빈약한 종교적인 성격을 보충하고자 한다(하나님에 관한 여러 언급, 하나님을 향한 모르드개와 에스더의 기도, 이스라엘의 구원사에 관한 사항, 하나님에 대한 배신 등). 둘째, 히브리어 본문에 없는 세부사항을 보충함으로써 역사적 신빙성을 강화하고자 한다(아하수에로 왕의 칙령[첨가문 B, E]). 셋째, 이야기의 극적인 효과를 더욱 증대시키고자 한다(첨가문 D).

4. 다니엘서 첨가문(Additions to the Book of Daniel)

다니엘서에 나오는 이야기의 관점은 기원전 6세기 바벨론 왕들과 페르시아 왕들의 왕실을 배경으로 하나, 실제로는 셀레우코스 왕국(=시리아)의 왕 안티오커스 4세 에피파네스와 그를 돕는 유대인 협력자들에 의해 기원전 167-165년에 야기된 팔레스타인 유대교 박해상황을 나타낸다. 다니엘서는 보통 165년경에 기록된 것으로 여긴다. 이와 같은 연대측정은, 다니엘서의 저자가 기원전 166년부터 일어난 마카비 가문의 봉기를 단지

12) 판테어캄, 『초기 유다이즘 입문』, 165-166.

"작은 도움"(단 11:34)에 지나지 않을 뿐이라고 평하고 있는 점과, 다른 한편 기원전 164년에 성전제의가 다시 회복된 사실 혹은 안티오커스 왕이 기원전 163년에 죽은 사실을 전혀 언급하지 않고 있는 점에서 산출한 것이다. 구약성서 다니엘서의 내용을 다음과 같이 요약할 수 있다.

A. 1-6장: 다니엘과 세 친구에 관해 3인칭으로 묘사하는 여섯 이야기

(1장): 바벨론 왕궁에 등용된 다니엘과 세 친구 이야기

(2장): 세계적 국가들의 종말에 대하여: 다양한 금속들로 된 신상과 파괴적인 돌에 대한 느부갓네살의 꿈 이야기

(3장): 신앙의 절정에 대하여: 세 친구가 풀무불로부터 구원받는 이야기

(4장): 세상 통치자의 굴복에 대하여: 잘려진 세계적인 나무에 대한 널리 알려진 느부갓네살의 꿈 이야기

(5장): 이 통치자에 대한 징계에 관하여: 벨사살이 향연 중 성전기물들 모독한 뒤, 다니엘이 "메네데겔"이라는 글자를 해독하는 이야기

(6장): 다니엘이 보여 준 신실한 믿음에 대하여: 사자 굴에서 다니엘이 구원받는 이야기

B. 7, 8, 10-12장: 다니엘이 본 세 가지 환상

(7장): 세상 왕국의 멸망과 하나님나라의 설립에 대하여. 네 마리 동물, 하나님의 심판, 인자에 대한 다니엘의 환상

(8장): 세상 왕국의 파괴에 대한 다니엘의 환상에 대하여. 숫양(페르시아인들)과 숫염소(알렉산더 대왕) 사이의 싸움

[9장: 1인칭으로 말하는 다니엘의 참회기도: "70년"에 대한 예레미아의 말을 70주로 해석]

(10-12장): 다니엘의 마지막 환상

본래의 히브리어 다니엘서 본문(1장과 8-12장)과 아람어 본문(2-7장)에 없는 여러 내용이 고대 그리스어 번역(또한 라틴어 번역)에는 첨가되어 있다. 그 중에서도 다음의 세 가지 첨가문이 중요하다. 이들 첨가문은 대략 기원전 2-1세기 사이에 생성된 것으로 보인다.

① 아자리아의 기도와 세 젊은이의 노래: 다니엘서 3장 23절과 24절 사이에 첨가된 부분이다. 산문체의 간결한 서론(1-2절)에 이어서 아자리야의 기도문(3-22절)이 나온다. 이스라엘의 죄로 인한 유배생활은 이스라엘과 언약관계를 맺으신 하나님께 부끄러움의 원천이 된다. 그러므로 아자리야는 "당신의 이름을 생각하시어"(11절) 이스라엘을 구해 주실 것을 하나님께 청한다(1-22절). 아자리야의 기도는 위기의 순간에 하나님께 구원을 요청하는 탄원문이다. 하나님의 권능과 공의를 확언하고 구원의 유일한 원천인 하나님의 신실함과 자비에 호소한다.

이어지는 또 다른 산문체 부분인 세 젊은이의 노래(23-68절)는 하나니야, 아자리야, 미사엘이 타오르는 불가마 속에서 느끼는 감정을 묘사한다. 하나님을 찬양하며(28-34절) 피조물로 하여금 주님을 찬양하도록 초대한다(35-68절). 고난 가운데 하나님의 주권과 공의를 굳게 믿는 신앙을 증거한다.

② 수산나(그리스어본의 13장): 바벨론 유대 공동체의 원로이며 재판관인 두 명의 추악한 늙은이가 아름답고 하나님을 경외하는 수산나를 겁탈하려다 거절당하자, 어떤 젊은이와 간음하였다고 그녀를 고발한다. 하나님이 젊은 다니엘 안에 있는 거룩한 영을 일깨우시어 다니엘로 하여금 거짓 고발임을 입증할 방식을 궁리하면서, 무죄한 수산나가 형 집행에서 구원된다는 이야기다. 이 이야기는, 고난 중에 하나님께 드리는 간구가 큰 힘을 발휘한다는 것과, 인간(다니엘)의 지혜를 이용하여 역사하시는 하나님의 구원활동에 대해 말한다.

③ **벨과 뱀(그리스어본의 14장)**: 벨의 이야기(1-22절)는 우상숭배에 관한 풍자다. 누가 살아 있는 신이냐 하는 질문에 초점이 맞춰져 있다. 페르시아의 왕 고레스는 벨[=창조신 마르둑][13]이 살아 있는 신이라고 상상하나, 다니엘은 벨이 인간의 창작물에 지나지 않으며 이스라엘의 하나님만이 진정 살아 계신 하나님이라고 주장한다.

뱀 이야기(23-42절)는 우상숭배에 관한 또 다른 풍자로서 세 개의 사화로 이루어져 있다: 다니엘과 뱀(23-28절), 사자굴에 던져진 다니엘(29-32; 40-42절), 하박국의 마술적인 여행(33-39절). 세 사화는 다니엘과 그가 숭배하는 하나님이 옳다는 줄거리로 느슨하게 연결되며, 28절("벨을 죽이고 뱀을 죽일 것이다")을 통해 벨의 이야기와 연결된다.[14] 사자굴 이야기는 단 6장에 나오는 분쟁 이야기와 유사하다. 환상적인 여행을 하는 하박국 이야기는 사자굴 이야기를 중지시킨다. 이 모든 사화는 다니엘의 생생한 모습을 증거하고자 한다.

5. 솔로몬의 지혜서(The Wisdom of Solomon=Sapientia Salomonis)

본래 그리스어로 기록된 이 작품의 생성연대와 장소에 대해서 논란이 많으나, 대략 기원전 1세기 후반에 알렉산드리아에서 생성된 것으로 간주된다.[15] 저자는 수준 높은 언어를 구사하며 그리스 수사학과 헬라 철학에 조예가 깊은 경건한 유대인이다. 이 작품은 철학적이며 **일깨우는(protreptikos)** 장르의 책이라 말할 수 있다.[16] 즉, 독자들에게 지혜에 대한

13) 벨은 가나안 종교에 친숙한 단어로서 '바알'을 바벨론식으로 발음한 것이다.

14) 벨과 뱀 이야기의 연결은 부차적인 것이다.

15) 이와 같이, H. Hübner, *Die Weisheit Salomons,* ATD Apokryphen 4 (Göttingen, 1999); 헤링톤, 『구약성서의 외경입문』, 118; 질베, 『솔로몬의 지혜 1』(성바오로, 1998), 21. 그러나 D. Georgie, *Weisheit Salomos* (Gütersloh, 1980), 396(기원전 2세기 말경 시리아); T. C. Vriezen · A. S. van der Woude, *Ancient Israelite and Early Jewish Literature* (Leiden/Boston, 2005), 532(로마 황제 칼리굴라의 통치 기간[37-41년] 중).

16) H. J. W. Drijvers, "Sapientia Salomonis", in: *TRE* 29(1998), 730.

관심을 일깨우고자 하는 작품으로 지혜를 추구하고 지혜에 따라 살 것을 독자들에게 권면하는 저자의 담론이다. 단지 실천적 지혜를 제시한다기보다 지혜의 유익함, 지혜의 본성 또한 역사 안에서의 지혜의 역할에 관한 책이다. 솔로몬은 이스라엘의 역사에서 위대한 현인이었기에, 명시적으로 거론하지는 않으나 권면하는 사람은 고대 이스라엘의 지혜로운 왕 솔로몬으로 파악된다(참조. 6-9장). 그러나 솔로몬이 실제 저자가 될 수 없다. 이 작품이 그리스어로 기록되었을 뿐만 아니라, 스토아 철학과 플라톤 철학의 개념이 나타나기 때문이다. 저자는 디아스포라 유대인에게 유대 전통에 충실할 것을 권면하고 용기를 북돋아 준다. 이 책은 다른 종교들보다 유대교가 우월한 종교라는 사실을 제시하는 변증서이다. 성서의 개념들이 지니는 가치를 높이고, 유대교 외의 종교들에서 실천하는 사항들을 비판하기 위해 스토아 철학(영혼의 세계)과 플라톤 철학(영혼의 선재와 불멸성)의 기본적인 교의를 수용하나, 저자가 진정 관심을 기울이는 것은 유다의 지혜가 우월하다는 것이다. 지혜서는 다음과 같이 세 개의 주요 부분으로 나눌 수 있다.

제1부(1:1-6:21)에서 저자는 통치자들을 향해 지혜가 주는 선물인 불멸성에 관해 말한다. 통치자들이 불멸을 가져다주는 정의를 사랑하라고 권면한다. 악인은 죽음으로 향하나, 의인은 죽으면 밝게 빛날 것이며 민족들을 심판하고 진리를 이해하며 사랑 가운데 하나님과 함께 남을 것이다.

제2부(6:22-10:21)는 지혜의 정체, 지혜가 지닌 힘의 본성, 또한 지혜를 추구한 솔로몬을 설명한다. 특히 다음의 본문이 중요하다.

> 22 지혜 속에 있는 영[정신]은 영리하며 거룩하고, 유일하면서 다양하며 정묘하다. 그리고 민첩하고 명료하며 맑고 남에게 고통을 주지 않으며 자비롭고 날카로우며 23 강인하고 은혜로우며 인간에게 빛이 된다. 항구하며

> 확고하고 동요가 없으며 전능하고 모든 것을 살피며 모든 마음과 모든 영
> 리한 자들과 모든 순결한 자들과 가장 정묘한 자들을 꿰뚫어 본다. 24 지혜
> 는 모든 움직임보다 더 빠르며 순결한 나머지 모든 것을 통찰한다. 25 지혜
> 는 하느님의 떨치시는 힘의 바람이며 전능하신 분께로부터 나오는 영광의
> 티 없는 빛이다. 그러므로 티끌만한 점 하나라도 지혜를 더럽힐 수 없다.
> 26 지혜는 영원한 빛의 찬란한 광채이며 하느님의 활동력을 비쳐 주는 티
> 없는 거울이며 하느님의 선하심을 보여 주는 형상이다. 27 지혜는 비록 홀
> 로 있지만 모든 것을 할 수 있으며 스스로는 변하지 않으면서 만물을 새롭
> 게 한다. 모든 세대를 통하여 거룩한 사람들의 마음속에 들어가서 그들을
> 하느님의 벗이 되게 하고 예언자가 되게 한다. 28 하느님은 지혜와 더불어
> 사는 사람만을 사랑하신다. 29 지혜는 태양보다 더 아름다우며 모든 별들
> 을 무색케 하며 햇빛보다도 월등하다. 30 햇빛은 밤이 되면 물러서야 하기
> 때문이다. 그러나 지혜를 이겨 낼 수 있는 악이란 있을 수 없다. [8장] 1 지혜
> 는 세상 끝에서 끝까지 힘차게 펼쳐지며 모든 것을 훌륭하게 다스린다
> (SapSal 7:22-8:1, 공동번역).

저자는 먼저 지혜를 지혜 안에 있는 영과 동일시하면서 지혜의 21가지 속성을 나열한다(22-23절). 이어서 지혜는 하나님에게서 기원한 것임을 밝히고(25-26절), 지혜의 활동에 대해 설명하면서 지혜를 찬양한다(7:27-8:1). 지혜의 활동은 우주 질서를 유지하는 일이며 하나님의 친구들과 예언자들을 만드는 일이라 말한다.

제3부(11-19장)는 이스라엘 초기 역사(출애굽과 광야 이야기)에서 나온 많은 예에서 나타나는 지혜의 역할을 다룬다. 이 이야기들은 이스라엘에게는 유익했으나, 이집트에게는 징벌의 도구가 된 자연형상으로 이집트인들에게 내린 벌이 적절했다는 주제를 설명한다. 솔로몬의 지혜서는, 지혜가 모든 것에 침투해 들어가는 영이며, 만물을 만들고, 이스라엘

역사 안에서 활동한 놀라운 지혜의 모습을 제시한다. 다른 모든 것에 앞서 지혜를 추구할 것을 가르친다. 지혜를 소유하는 길이 불멸로 나아가는 길이기 때문이다.

지혜서는 교양 있는 유대 헬라 중산층의 산물이나, 기독교에 커다란 영향을 끼친다. 특히 다음과 같은 주제들이 그러하다: 대중철학적인 성령론(7:22-8:1); 지혜 구원론(9:18); 철학적 신론(13:1-9); 로고스론(18:14-19); 신학적 불멸성.[17] 로마서 1장 18-32절의 경우, 바울이 솔로몬의 지혜서를 참조했는가에 대한 논의가 있다.

6. 시락서(Jesus Sirach=집회서(Ecclesiasticus["교회의 책"]=벤 시락의 지혜서)

이 작품은 구약 외경 중 가장 긴 작품일 뿐만 아니라(모두 51장) 저자의 이름을 밝히는 유일한 작품이다. '시락서'라는 제목은 저자의 이름 "엘르아잘의 아들 시라[=시락]의 아들 예수"(50:27)에서 유래한 것이다. 벤 시라(Ben Sira)가 본래 기원전 190년경 예루살렘에서 이 책을 히브리어로 기록했는데, 예루살렘에 있던 그의 손자가 이 책을 기원전 132년에 이집트로 가져갔고,[18] 얼마 후 이 책이 알렉산드리아에 살고 있는 유대인들에게 큰 유익을 줄 것이라 판단하여 기원전 130년경 그리스어로 번역하였다.[19] 1896년부터 이집트 카이로에 있는 에스라 시나고그의 게니차(Geniza)에서 히브리어 본문의 핵심부분이 발견되었고,[20] 본문의 작은

17) M. Lattke, "Weisheit Salomos", in: ⁴*RGG*7(2004), 806.

18) 손자는 자신이 프톨레마이오스 8세 유에르게테스 왕 통치(170-164년 또한 146-117년) 38년에 이집트에 왔다고 말한다.

19) G. Sauer, Jesus Sirach · Ben Sira, ATD Apokryphen 1(2000), 22. VanderKam은 200-170년 사이에 기록된 것으로 추정한다(『초기 유다이즘 입문』, 213).

20) 참조. P. E. Kahle, *The cairo Genizah* (Oxford, ²1959), 8-13. Geniza란 수명을 다한 유대 제의

단편 2개가 두 번째 쿰란동굴(2Q18)에서 발견되었다. 1964년에는 마사다에서 히브리어로 기록된 26개의 단편이 발견되었다. 그리하여 히브리어 본문 전체의 68% 정도가 현재 발견된 상태이다.

저자 벤 시락과 그의 손자가 살았던 기원전 2세기는 헬레니즘의 영향이 지중해 세계 전역에 걸쳐 폭넓게 확산되었고 그로 인한 엄청난 변화의 시기였다. 예루살렘과 디아스포라에 있는 유대 공동체들 역시 그러한 변화의 소용돌이에 휩싸인다. 그리하여 유대 공동체가 조상 대대로 내려온 옛 전통에서 점점 이탈하게 되자, 저자는 조상들의 전통을 수집하여 후대에 전해 줄 목적으로 시락서를 집필하게 된다. 손자는 할아버지의 작품을 훌륭한 그리스어로 번역하여 헬라식으로 사고하는 알렉산드리아 디아스포라 유대 공동체에게 전한다. 조상들의 옛 전통의 흐름에 깊이 뿌리내린 시락서는 헬라적 사고의 영향을 제한적으로 받았을 뿐이다. 헬라적 개념 특히 스토아 철학적 개념을 가끔 사용하고 있음에도 불구하고, 본질적으로 유대교 안에서 하나님 신앙 안에서 사고하고 전형적인 유대적 성격을 나타내는 책이다. 따라서 저자 벤 시락을 헬라 정신에 완전히 침잠된 사람으로 묘사하는 것은 적절하지 않다.

저자는 지혜의 근본과 헌신과 경건을 독자들에게 역설하며 그로 인한 하나님의 축복을 묘사한다. 이 책의 목적은 지혜의 본질을 밝히고, 생활의 모든 영역에서 지켜야 할 종교적 및 사회적 의무를 제시하려는 데 있다. 이를 통해 기원전 2세기 유대인들의 종교생활과 사고를 엿보게 해 준다. 또한 이 책은 경험이 많고 현자며 스승인 벤 시락이 슬기롭게 되기를 원하는 젊은이들을 가르치는 상황을 반영한다. 저자는 그런 젊은이를 위해 예루살렘 성전 근처에서 학교를 운영한 것으로 보인다(참조. 51:23-30). 거기서 학생들에게 고대 근동의 지혜 전통을 유대 전통과 어떻게 연결할 수 있는지를 보여 준다. 본문 중 다음의 두 부분, 즉 지혜

문서나 더 이상 사용하지 않는 토라 두루마리 등을 보관하는 장소를 가리킨다. 하나님의 이름이 담겨 있는 문서를 함부로 버릴 수 없기 때문이다.

를 묘사하고 찬양하는 시가 나오는 1-2장 및 24장과 이스라엘의 선조들을 찬양하는 44-50장이 특히 중요하다.

저자는 주를 경외함이 지혜의 근본이며 충만이고 왕관이며 뿌리라고 한다. 또한 전통적인 생각을 다음과 같이 말한다: “지혜를 원한다면 계명을 지키라. 주님께서 너에게 지혜를 주시리라. 정녕 주님을 경외함은 지혜요 교훈이며 신뢰와 온유야말로 그분의 기쁨이다”(1:26-27). 따라서 현자는 내적으로 주님을 경외하고, 외적으론 하나님의 계명을 지키는 사람이다. 고로 “온전한 지혜는 하나님을 경외함이니 온전한 지혜 안에 율법의 실천이 있다”(19:20). 특히 24장에 1인칭으로 나오는 지혜의 시는 흥미롭다:

> 1 지혜는 스스로 자신을 찬미하고, 군중들 속에서 자기의 영광을 드러
> 낸다. 2 지혜는 지극히 높으신 분을 모신 모임에서 입을 열고, 전능하신 분
> 앞에서 자기의 영광을 드러낸다. 3 “나는 지극히 높으신 분의 입으로부터
> 나왔으며 안개와 같이 온 땅을 뒤덮었다. 4 나는 높은 하늘에서 살았고 내
> 가 앉는 자리는 구름기둥이다. 5 나 홀로 높은 하늘을 두루 다녔고 심연의
> 밑바닥을 거닐었다. 6 바다의 파도와 온 땅과 모든 민족과 나라를 나는 지
> 배하였다. 7 나는 이 모든 것들 틈에서 안식처를 구했으며 어떤 곳에 정착
> 할까 하고 찾아다녔다. 8 온 누리의 창조주께서 나에게 명을 내리시고 나
> 의 창조주께서 내가 살 곳을 정해 주시며, ‘너는 야곱의 땅에 네 집을 정하
> 고 이스라엘에서 네 유산을 받아라’ 하고 말씀하셨다. 9 그분은 시간이 있
> 기 전에 나를 만드셨다. 그런즉 나는 영원히 살 것이다. 10 그분이 계신 거
> 룩한 장막 안에서 나는 그분을 섬겼다. 이렇게 해서 나는 시온에 살게 되었
> 다. 11 주님은 사랑하시는 이 도읍에 나의 안식처를 마련하셨고, 예루살렘
> 을 다스리는 권한을 주셨다. 12 주님께서 고르시어 차지하시고, 영광스럽게
> 만드신 그 백성 안에 나는 뿌리를 내렸다. 13 나는 레바논의 송백처럼, 헤르
> 몬산의 삼나무처럼 자랐고, 14 엔게디의 종려나무처럼, 예리고의 장미처럼

자랐으며, 들판의 우람한 올리브나무처럼, 또는 물가에 심어진 플라타나스
처럼 무럭무럭 자랐다. 15 나는 계피나 아스파라거스처럼, 값진 유향처럼
향기를 풍겼다. 풍자향이나 오닉스향이나 또는 몰약처럼, 장막 안에서 피
어오르는 향연처럼 향기를 풍겼다. 16 나는 테레빈나무처럼, 영광과 자애의
가지를 뻗었다. 17 나는 포도나무의 어여쁜 첫순처럼 돋아 나서, 꽃을 피웠
으며 영광과 부귀의 열매를 맺었다. 18 나는 순결한 사랑과 경외심과 지식
과 거룩한 희망의 어머니다. 그분이 영원으로부터 정해 주신 자녀들의 어
머니다. 19 나를 원하는 사람들은 나에게로 와서, 나의 열매를 배불리 먹어
라. 20 나의 추억은 꿀보다 더 달고, 나를 소유하는 것은 꿀송이보다 더 달
다. 21 나를 먹는 사람은 더 먹고 싶어지고, 나를 마시는 사람은 더 마시고
싶어진다. 22 나에게 복종하는 사람은 치욕을 당하지 않게 되고, 내 명령대
로 일하는 사람은 죄를 짓지 않으리라"(집회서 24:1-22, 공동번역).

여기에서 지혜는 자신을 하나님의 피조물로 묘사하고(24:3-7), 하나님이 자신의 거처를 예루살렘 안에 마련해 주셨다고 말한다(24:8-12). 그런 다음 자신을 다양한 나무와 관목에 비교하면서(24:13-17) 자신의 매력과 생명을 주는 힘을 강조한다. 마지막으로 지혜는 "와서, 나의 열매를 배불리 먹으라"고 초대한다(24:19-22). 시락은 하나님이 지혜의 기원이시고, 당신을 사랑하는 이들에게 지혜를 주시며, 지혜는 하나님에 의해 창조되었다고 설명한다. 지혜를 여성의 모습으로 묘사하고, 토라와도 동일시한다(24:23). 집회서를 언급하는 가장 이른 시기 교부들의 증언은 디다케(4:5)와 바나바서(19:9)이다. 많은 교부들이 이 작품을 인용하였고, 중세를 거치면서 여러 주석서가 나온다.

7. 바룩서(I Baruch)

이 작품의 첫머리에 예언자 예레미야의 예언을 받아 적은 서기관(렘

32:12; 36:4; 51:59) 바룩이 등장하기에 이 작품을 바룩서라 부른다.[21) 서문에 따르면, 예루살렘이 멸망하고 유배자들이 바벨론으로 끌려간 시기에 이 작품이 기록되었다고 말하나, 실제로는 마카비 시대 대략 기원전 163/62년경에 생성된 것으로 보인다.[22) 본래 히브리어로 기록되었으나, 훗날 그리스어로 번역된다. 바룩서의 첫째 부분과 넷째 부분에서 예루살렘 공동체에 대한 강한 관심을 나타내기에 아마도 팔레스타인에서 기록되었을 것으로 추정할 수 있다. 시리아의 왕 안티노커스 4세 에피파네스와 유대 협력자들의 계획이 실패한 뒤 마카비 치하에서 나라의 부흥을 성찰하는 것으로 이해할 수 있다.[23) 다음과 같이 네 부분으로 구분할 수 있다:

① **역사적 서문(1:1-14)**: 저자와 기록배경을 설명한다. 이 책의 말씀을 바벨론 유배 중에 있는 유대인에게 들려준다.

② **유배자들의 기도(1:15-3:8)**: 예루살렘에 남은 백성과 유배자들이 죄를 고백하고, 하나님께 자비를 구하는 기도를 드린다.

③ **지혜에 관한 시(3:9-4:4)**: 이스라엘에게 생명의 계명을 듣고 지혜를 배우라고 권면한다. 바벨론 유배살이의 원인을 지혜를 버린 것에서 찾는다. 지혜의 특성 및 지혜와 율법에 관해서도 언급한다.

④ **위로의 시(4:5-5:9)**: 이스라엘과 예루살렘을 격려하는 약속의 말씀으로서 흩어진 모든 사람들의 귀환을 선포한다.

이스라엘이 하나님과 율법에 순종하지 않고 죄의 길을 걸어갔기에, 하나님은 바벨론을 진노의 도구로 사용하여 이스라엘 백성을 유배 보냄

---

21) 이 작품은 기원후 100-130년 사이에 기록된 묵시문학인 "제2바룩서"(2Bar=ApcBar)와 구분된다. 제2바룩서는 "시리아어 바룩서"(syrBar)라고도 부른다.

22) O. H. Steck, "Erster Baruch", in: ^{4}*RGG* 1(1998), 1144; 참조. J. A. Goldstein, *The Apocryphal Book of I Baruch* (1979-80), 179-199.

23) D. 헤링톤, 『구약성서의 외경입문』, 183.

으로써 징벌하셨다는 신학적인 해석을 내리고 있다. 유배살이를 하는 이스라엘이 다시 회개하고 토라에 순종하는 삶을 산다면, 하나님은 흩어진 백성을 고국으로 귀환하게 하여 다시 융성하게 해 주시리라는 희망을 선포한다. 이 작품을 통해 드러나는 사실은, 제2성전시대의 유대인들은 자신들이 여전히 유배의 상황에 있다고 생각했다는 것이다.

8. 예레미아의 편지(The Letter of Jeremiah)

이 편지는 예레미아 예언자가 바빌론으로 유배를 떠날 사람들에게 우상숭배의 위험을 경고하는 내용을 한 장에 담고 있는 문서이다(참조. 렘 29장, 예레미아의 두 통의 편지; 10장). 저자는 예레미아 예언자를 가장하여 예레미아서 10장의 내용을 더욱 발전시키는 가운데, 우상숭배에 관한 상세한 논쟁을 전개시킨다. 유대인의 시각에서, 우상숭배의 어리석음에 대해 안내하고 유대인들이 이스라엘의 하나님과 정의의 길에 충실하게 머물 것을 권면한다. 본래 히브리어로 기록된 것으로 보이는 이 작품을 언제 어디서 누가 기록했는가를 밝히기가 어렵다. 쿰란 제7동굴에서 발견된 작은 그리스어 단편(7Q2)은 기원전 100년경의 산물이다.[24] 이 작품은 그리스어역본 전통에서는 애가와 에스겔서 사이에 독립된 작품으로 나타나나, 라틴어역본 전통에서는 바룩서 6장으로 되어 있다.

9. 마카베오 1서(I Maccabees)

이 책은 셀레우코스 왕국의 왕 안티오커스 4세의 즉위(기원전 175년)로부터 시작하여 요한 휘르카노스가 안티오커스 7세 치하(기원전 138-129년)에서 대제사장이 되기까지(134년경)의 40여 년간의 기간을 다룬 진지한 역사서이다. 이 기간 동안에 셀레우코스 왕국의 통치자들이 마카

24) 참조. DJD III (Oxford, 1962), 143 (=Ep. Ier. 43-44).

비 가문과 그 추종자들의 저항 운동을 박해하는 역사를 다룬다. 따라서 이 작품의 생성연대는 요한 휘르카노스(Johannes Hyrcanus, 134-104년)의 통치기간이나 그 직후로 추정된다. 이 작품의 상실된 원전은 기원전 100년경에 히브리어나 아람어로 기록된 것으로 여긴다. 제사장 마타티아스와 그의 다섯 아들(요한, 시몬, 유다, 엘르아잘, 요나단)에 초점을 맞추어 서술하는 가운데, 유대교가 사라질 뻔한 시점에 하나님은 마타티아스 가문을 세워 유대교를 구원하였다는 시각을 강조한다. 책 제목은 유다 마카비가 주인공으로 등장하는 것에서 유래한다. 마카베오 상권은 마카비 운동을 연구하는 데 중요한 역사적 자료이다.

10. 마카베오 2서(II Maccabees)

5권으로 이루어진 상실된 퀴레네의 야손(Jason von Kyrene)의 작품을 발췌한 내용을 담고 있는 마카베오2서는 본래 그리스어로 이집트에서 기록된 책으로 감상적인 역사서술에 속한다. 시리아의 왕 셀레우코스 4세(187-175년)가 헬리오도르(Heliodor)를 시켜 예루살렘 성전 금고를 탈취하려 한 때부터 유다 마카비가 시리아의 장군 니카노르를 누르고 승리한 160년까지의 역사를 다룬다. 한마디로, 하시딤 혹은 경건한 유대인들이 셀레우코스 왕조가 실시하려 했던 팔레스타인의 헬라화 정책에 대항했던 저항의 이야기이다. 이 작품은 기원전 63년 로마인들이 유대를 지배하기 전에 생성된 것으로 보인다. 저자는 신명기계 신학의 영향을 받은 사람이다. 하나님은 자기 백성이 불순종할 시 이방민족을 사용하여 벌주시고, 언약에 충실할 경우 그들에게 복을 주신다는 시각이다.

11. 마카베오 3서(III Maccabees)

기원전 1세기 알렉산드리아에서 그리스어로 기록된 이 작품은 역사소설로 간주된다. 마카비 형제와는 아무 관련이 없으나, '박해와 구원의 도식'이 나타난다는 측면에서 마카베오 3서라는 이름으로 불리게 되었다. 이 책은, 마카비 봉기가 시작되기 50여 년 전인 기원전 3세기 말에 이집트 왕 프톨레마이오스 4세 필로파토르(Philopator, 기원전 221-204년)의 재위기간에 유대인들이 직면한 두 번의 위기에 대해 이야기한다. 첫 번째 위기는 프톨레마이오스 4세가 안티오커스 3세를 라피아에서 물리친 뒤(기원전 217년) 예루살렘의 지성소까지 들어가려고 하여 생긴 위기이고, 두 번째 위기는 그가 성전 침입이 실패로 돌아간 것에 대한 분풀이로 알렉산드리아의 유대인들을 살해하라고 명령함으로 유발된 위기이다. 이러한 위기의 순간에 유대 공동체를 구하는 기적적인 사건들이 일어난다.

12. 마카베오 4서(IV Maccabees)

이 책의 제목을 일반적으로 "마카베오 4서"라고 부르고 있는데, 내용에 비추어 볼 때 적절한 제목이라고 말할 수 없다. 이야기책인 마카베오1서, 2서, 3서와 같은 선상에 있는 책이라는 오해를 불러일으키기 때문이다. 마카베오 1서와 2서는 기원전 2세기 유대인들이 종교와 정치의 자유를 위해 벌인 투쟁의 역사를 담고 있으나, 마카베오 4서는 이야기체로 기록된 역사서가 아니라, 대화체의 형식을 빌은 일종의 철학적 논술이다. 4Macc 1장 1절에서 "지극히 철학적인 진술"(philosophotaton logon)이라고 스스로 말하고 있다. 클라우크(Hans-Josef Klauck)는 이 책의 장르를 "과시하기 위한 담론"("epidektische Rede")이라고 부른다. 율법에 의해 인도되는 경건한 이성이 감정과 욕정의 주인이라는 사실이 이 책의 주제이다. 그래서 이 책을 가리켜 "Peri autokratoros logismou"(=이성의 자기 지배에 관하여)라고 부르기도 했다.[25] 마카베오 4서는 마카베오 2서를 자료로 사용하였고, 이런 까닭에 마카베오 4서라는 명칭으로 불리게 된다.

25) Eusebius, *Hist Eccl* III 10:6; Hieronymus, *Vir* III, 13.

풍부한 어휘와 고급스런 그리스어를 사용하여 기록된 이 작품은 "그리스적인 형식에 유대적인 내용"을 담은 책이라고 말할 수 있다. 이때 그리스적인 형식은 "디아트리베(Diatribe)"라는 문학 형식에 국한되지 않고,[26] 그리스 정신까지도 포함한다. 특히 스토아 철학으로부터 영향을 받았다. 이성이 감정과 욕정의 주인이라는 주제는 스토아 철학의 강령이기도 하다. 그러나 이 책의 본질은 철두철미 유대적이다. 따라서 율법을 수호하는 데 관심의 초점이 놓여 있다. 한마디로, 율법에 충실한 유대인의 생활 유산과 그리스 대중 철학을 조화시킨 책이다. 이 작품의 내용을 다음과 같이 나눌 수 있다.

① 1:1-12: 주제 및 서술방식에 대한 언급

② 1:13-3:18: 철학적인 진술. 성서에 나오는 주요 인물들에 대한 언급 (요셉 2:2-3; 모세 2:17; 야곱 2:19; 다윗 3:6-18).

③ 3:19-17:6: 실례를 통한 이야기

1. 3:20-4:26: 안티오코스 4세의 유대교 박해
2. 5:1-7:23: 엘르아잘의 순교
3. 8:1-14:10: 일곱 형제의 순교
4. 14:11-17:6: 그들의 어머니의 순교

④ 17:7-18:24: 요약 및 영광송

상당히 수준 높은 그리스어로 기록된 이 작품의 저자는 헬라 디아스포라 유대인으로 간주된다. 교회사가 유세비우스는 이 작품의 저자를 요세푸스로 간주하였다(Hist Eccl III 10:6). 헬라 도시 문화권에 기록될 것으로 보이기에 아마도 알렉산드리아나(O. Eissfeldt) 안디옥에서(H.-J. Klauck) 생성되었을 것으로 추정하였으나, 대략 시리아나 소아시에서 기록되었을 것으로 보고 있다. 마카베오4서는 마카베오 2서를 전제하고 있

26) E. Norden, *Die antike Kunstprosa I* (Leipzig 1898[=Darmstadt, 1981]), 416ff.

기에 기원전 1세기 중엽 이전에 기록될 수 없다. 빅커만(E. Bickermann)은 기원후 35년으로 잡으나, 이는 너무 이른 감이 있다. 반면 뒤퐁 소머(A. Dupont-Sommer)는 기원후 117-118년으로 추정한다. 클라우크(H.-J. Klauck)는 90-100년경으로 추정한다.

13. 솔로몬의 시편(The Psalms of Solomon)

솔로몬의 시편은 모두 18편의 시를 담고 있다. 그럼에도 불구하고 모든 본문이 시적 언어형태를 갖추고 있지는 않다. 현재 보존된 가장 오래된 본문 형태는 그리스어로 기록된 칠십인경 사본에서 발견된다. 본래 히브리어로 기록되었을 가능성은 적다.[27] 제2편에 로마의 폼페이우스 장군이 예루살렘에서 행한 일들 및 그의 죽음(기원전 48년)이 반영된 것으로 보이기에, 이 작품은 대략 기원전 1세기 후반 팔레스타인 유대교에서 유래한 작품으로 간주된다(참조. 8편, 17편). 이 작품이 바리새파의 신학과 경건을 나타낼 수 있다는 시각은[28] 여전히 의심스럽다. 제17편에 메시아에 관한 흥미로운 내용이 나오는데, 핵심 부문만 소개하면 다음과 같다.[29]

"**21** 주여 보소서. 당신의 종 이스라엘을 다스리기 위해, 오 하나님, 당신께서 선택한 시기에 그들의 왕 다윗의 아들을 세워주소서. **22** 그를 강직함으로 무장시켜 불의한 영주들을 쳐부수고, 예루살렘을 짓밟는 이방민족들로부터 이를 정화시키소서. **23** 지혜와 공의 가운데 죄인들이 상속받지 못하게 하고, 죄인의 오만을 도공의 질그릇처럼 깨뜨리고, **24** 쇠방망이로 그

27) 판데어캄, 『초기 유다이즘 입문』, 236.

28) S. Holm-Nielsen, *Die Psalmen Salomos*, JSHRZ IV/2(Gütersloh, 1977), 51, 59.

29) PsSal 17의 그리스어 원문은 A. Rahlfs, *Septuaginta*, (1979[=1935]), Vol. 2, 486-88에서 볼 수 있다. 이에 대한 주석과 관련하여 다음을 참조하시오 : S. Holm-Nielsen, 앞의 책; J. Schpphaus, *Die Psalmen Salomos*, ALGHJ 7(Leiden, 1977).

들의 모든 근거를 쳐부수고, 당신 입에서 나오는 말씀으로 포악한 이방족
들을 섬멸시키고, **25** 그가 위협함으로써 적을 그의 면전으로부터 내쫓고,
죄인들을 그의 마음속 말로 훈육시키소서. **26** 그리하여 그는 공의로 인도
할 거룩한 백성을 모을 것이고, 그의 하나님 주님에 의하여 거룩해진 백성
의 지파들을 심판하리라. **27** 또한 그는 불의가 그들 가운데 거하는 것을 허
락하지 않을 것이며, 사악하다고 알려져 있는 어느 누구도 그들과 함께 거
하지 못하리라. **28** 또한 그는 (가나안) 땅위의 지파 사이로 그들을 분배할
것이며, 어떠한 이방인이나 외국인도 그들 가운데 거하지 못하리라. **29** 그
는 이방민족과 이방족속들을 그의 정의의 지혜로써 심판하리라. **30** 또한
이방민족이 그의 굴레 아래에서 그를 위해 부역하도록 하리라. 그는 온 세
상이 보는 가운데 주님을 영화롭게 할 것이며, 예루살렘을 처음과 마찬가
지로 성화롭게 정화하리라. **31** 그리하여 그의 영광을 보러 이방인들이 땅
끝으로부터 올 것이며, 그의 피곤에 지친 아들들을 선물로서 수반하리라.
32 또한 그는 하나님으로부터 가르침을 받은 공의로운 그들의 왕이다. 그
가 다스리는 동안 그들 가운데에 불의가 없네. 그들 모두가 성스럽고, 그들
의 왕은 주님의 메시아이기 때문이네"(PsSal 17:21–32).

이 본문 제21절에서 다윗 왕 이스라엘의 메시아에 대한 강한 대망이 언급되고 나서, 제22절 이후에는 이 메시아가 수행할 것으로 기대되는 과업이 묘사된다. 우선적으로 불의한 세상 지배자들을 제거하며(22절 전반), 이어서 예루살렘을 이방인들로부터 정화시키고, 죄인인 이방인들을 이스라엘의 상속에서 제외시킨다(22절 후반–23절 전반). 계속되는 제23절 후반에서 제25절 사이에 포악한 이방민족들을 섬멸시키는 묘사가 나온다. 그런 다음 이스라엘의 지파들을 불러 모아 심판한다(26절). 제29절 이하에서는 메시아가 이방 세계를 공의롭게 심판하며, 이들을 자신의 사역에 봉사토록 한다. 제32절에서는 이스라엘의 왕 메시아에 대한 묘사가 보다 자세히 나온다.

여기에서 잘 살펴볼 수 있듯이, 유대교가 대망하는 전형적인 메시아는 두 가지 기능을 갖고 있다. 첫째는 이스라엘의 모든 적대세력을 물리치는 막강한 군사 지도자로서의 기능이고, 다른 하나는 불의한 자들을 하나님의 공의로 다스리는 심판자로서의 기능이다. 다시 말하면, 메시아란 막강한 군사적 힘과 왕적 권세를 지닌 한 인간으로서 다윗 가문에서 나타나 이스라엘의 모든 원수를 섬멸시키고 이 땅에 하나님의 평화와 공의를 실현하는 인물이다. 이런 시각에서, 예수 당시 유대인들은 십자가에 나약하게 돌아가신 분을 메시아로 받아들이기를 거부한 것이다.

14. (불가타의) 제3에스라(=칠십인경의 제1에스라)

에스라서의 명칭을 둘러싼 혼란이 있다.

히브리어	칠십인경	불가타
에스라	Esdras β 1-10장	Esdras I(=제1에스라)
느헤미아	Esdras β 11-23장	Esdras II(=제2에스라)
	Esdras α(=제1에스라)	Esdras III(=제3에스라)
	없음	Esdras IV(=제4에스라[묵시록])

"그리스어 에스라서"라고도 부르는 이 작품은 히브리어 성서에 속하는 역대기하 35-36장과 에스라서의 대부분 또한 느헤미아서의 일부(7:6-8:12)를 포함할 뿐만 아니라, 본래 그리스어로 기록된 독자전인 전승도 담고 있다. 이 책은 기원전 7세기 말 요시아 왕의 통치로 시작하여 9장 55절에서 회중의 보고와 함께 끝난다. 먼저, 유배와 첫 번째 귀환에 관해 이야기한 뒤(1:1-2:30), 다리우스 왕을 경호하는 세 사람의 젊은이가 "이 세상에서 가장 강한 것이 무엇인가?"를 결정하기 위해 시합을 벌이는 이야기를 묘사한다(3:1-4:63). 이 부분은 이 책에서만 나타나는 독자

적인 전승이다. 그런 다음, 에스라서 본문과 연결하여 예루살렘 성전 재건(5:1-7:15)과 기원전 5세기 중엽 예루살렘에 대한 에스라의 활동에 대해 보도한다(8:1-9:55).

이 책의 목적은 종교적이며 사회적인 제도들을 통해 바벨론 유배로 인해 황폐해진 하나님 백성을 다시 세우는 데 있다. 이를 위해 제사장인 예수아(여호수아)와 스룹바벨을 포함하여 제사장이며 서기관이었던 에스라가 핵심적인 역할을 한다. 하나님 백성을 다시 세우기 위해 이들 지도자들은 예루살렘 성전의 희생제의 및 제사장 직분을 개혁하고, 전통적인 축제일을 지키며, 성전을 다시 짓고, 참된 이스라엘 백성의 남은 자들을 가려내고, 이방 여인들과의 혼인을 금하고, 토라를 나라의 공적인 법으로 선포한다.

제5장 안식일과 회당 예배

초기 교회는 신구약 중간기 시대의 유대교로부터 많은 물려받았다. 그 가운데 안식일과 회당예배는 초기 교회의 삶에 커다란 영향을 끼쳤다. 여기서는 초기 교회의 활동과 밀접하게 연관된 안식일 및 유대 회당 제도에 대하여 살펴보려 한다.

제5장

안식일과 회당 예배

I. 들어가면서

안식일과 회당은 유대인들의 삶과 문화에 중요한 요소를 이룬다. 이로써 유대인들은 자신의 정체성을 보존하며 이방 민족 가운데서 자리매김을 할 수 있었다. 또한 이들 요소는 향후 이어지는 유대 역사에서뿐만 아니라 기독교 및 이슬람교에도 커다란 영향을 끼친다. 복음서에 따르면 예수와 제자들은 안식일에 회당에 들어가 가르침과 권면의 말씀을 전했다(막 1:21-28; 3:1-6; 마 4:23; 6:2; 눅 4:16-21; 13:10 등). 사도 바울이 왕성하게 선교 사역을 펼쳤던 기원후 50년대도 디아스포라 그리스도인들의 삶과 역사는 아직 유대교의 범주를 벗어나지 못했다. 사도행전에 따르면, 바울은 디아스포라 선교 여행 시 제일 먼저 유대 회당과 접촉하였고(예, 행 13:5 "살라미에 이르러 하나님의 말씀을 유대인의 여러 회당에서 전할새"; 행 13:14-15 "그들은[=바울과 동행자들이] 버가에서 더 나아가 비시디아 안디옥에 이르러 안식일에 회당에 들어가 앉으니라. 율법과 선지자의 글을 읽은 후에 회당장들이 사람을 보내어 물어 이르되 형제들아 만일 백성을 권할 말이 있거든 말하라 하니"), 또한 어떤 경우에는 회당에서 석 달 동안이나 하나님 나라에 대해 담대히 강론할 수 있었다(행 19:8-9). 당시 유대 회당은 그리스도교 선교의 출발점이었으며, 당시 그리스도인들은 유대 회당 공동체와 아직 분리된 상태에 있지 않았다.[1] 이처럼 초기 그리스도교의 활동과 밀접하게 연관된 안식일 및 유대 회당 제도에 대하여 살펴보고자 한다.

II. 안식일

한 주일의 일곱 번째 날의 성화를 나타내는 안식일은 히브리어로는 '샤바트'(shabbat), 그리스어로는 '사바톤'(σάββατον)이라 부른다. 신약 시대에 이 개념은 일하지 않고 쉬는 날 혹은 또한 성전과 회당에서 예배드리는 날로 이해되었다. 바벨론 포로 시대 이후 이 개념은 할례와 더불어 이스라엘을 특징짓는 개념으로 통했다. 하나님과 이스라엘 자손 사이에 영원한 표징인 안식일은, 하나님이 엿새 동안에 천지를 창조하고 일곱째 날에 일을 마치고 쉬셨다는 사실에 근거한다(출 31:17; 참조. 창 2:2-3). 이러한 하나님의 행하심에 따라 경건한 유대인은 일상 삶 가운데 안식일을 지키려 한다. 출애굽기에 안식일을 지키는 일이 하나님의 엄중하신 계명으로 나온다.

> "**14** 너희는 안식일을 지킬지니 이는 너희에게 거룩한 날이 됨이니라 그 날을 더럽히는 자는 모두 죽일지며 그 날에 일하는 자는 모두 그 백성 중에서 그 생명이 끊어지리라 **15** 엿새 동안은 일할 것이나 일곱째 날은 큰 안

---

1) 교회사가 하르낙의 다음의 진술은 여전히 시사하는 바가 크다: "디아스포라에 있는 회당들은 … 초기 그리스도교에게는 박해의 근원지일 뿐만 아니라, 동시에 로마제국에 있는 그리스도교 공동체들의 생성과 성장을 위한 가장 중요한 전제이다"(A. von Harnack, *Die Mission und Ausbreitung des Christentums in den ersten drei Jahrhunderten* [Leipzig, 1924], 5).

식일이니 여호와께 거룩한 것이라 안식일에 일하는 자는 누구든지 반드시 죽일지니라"(출 31:14-15).

이처럼 안식일 계명이 강제성을 띤 하나님의 엄중한 계명으로 나타나나, 유대인들은 이를 일상 삶 가운데서 기꺼이 지킴으로써 일상의 삶을 경건한 삶으로 영위하고자 했다. 그들은 안식일 계명을 토라의 다른 모든 계명들보다 더 무겁고 중대한 계명으로 간주하였고,[2] 이를 지킬 경우 하나님께서 주실 상급이 특히 크다고 여겼다. 그와 같은 사실은, 탈무드에 나오는 랍비 '시몬 벤 요카이'(150년경)의 말에서도 잘 드러난다: "이스라엘이 두 안식일만이라도 규정대로 지킨다면, 구원이 즉시 도래할 것이다"(bShab. 118 b).

안식일 축제는 장소를 불문하고 거행될 수 있었다. 그래서 예루살렘뿐만 아니라 팔레스타인 내부나 디아스포라에서도 거행되었다. 안식일을 지키라는 규정은 십계명에도 나온다. 이 날에는 모든 일을 멈춰야만 하고, 하인이나 이방인은 말할 것도 없고 가축도 일하기를 멈춰야 한다(출 20:10). 안식일 계명을 지켜야만 하는 근거가 하나님이 만물의 창조를 마치고 쉬었다는 출애굽기(20:8-11)의 말씀을 신명기 5장 12-15절과 비교해 볼 때, 이와 같은 근거는 제사장 신학에서 비롯되었다는 점이 분명해진다.[3] 그런데 출애굽기 전승은 안식일에 대한 기억의 중요성을 강조하는 반면(출 20:8 "안식일을 기억하여 거룩하게 지키라"), 신명기 전승은 안식일에 대한 준수의 중요성을 강조한다(신 5:12 "안식일을 지켜 거룩하게 하라").[4] 그러나 이러한 표현상의 차이가 내용상의 차이를 나타내

2) 유대교는 안식일 계명을 토라의 중심 계명으로 여겨 중시했다. 최초의 율법모음집인 미쉬나(Mishnah)에 안식일 문제를 다룬 세 권의 소책자(Shabbat, Eruvin, Betsa)가 담겨 있다는 사실에서 이를 알 수 있다.

3) J. Leipoldt · W. Grundmann(eds.), *Umwelt des Urchristentums I: Darstellung des neutestamentlichen Zeitalters* (Berlin 1982), 208.

4) M. 노트, 『출애굽기』(한국신학연구소, 1981), 196.

는 것은 아니다. "기억하라"는 것은 안식일을 무심코 지나쳐 버리지 말라는 뜻에서 볼 때, "준수하라"는 뜻과 동일한 것으로 볼 수 있기 때문이다.

안식일의 중요성을 강조하는 신구약 중간기 시대의 한 문서가 있는데, 이 문서 역시 제사장 그룹에서 나온 것으로 간주된다. 그것은 다름 아닌 **'희년서'**(*The Book of Jubilees*)라는 문서이다. 그동안 에티오피아어 번역으로만 온전히 전해 내려오다가, 쿰란(Qumran)에서 이 문서의 히브리어 사본이 다수 발견되었다(4Q216-224). 이로 미루어, 쿰란의 에센파 무리가 이 문서를 중요하게 여겼다는 사실을 짐작할 수 있다. 그러나 이 작품은 에센파의 창작물이 아니라 앞선 시대로부터 전해 내려온 전승물이다. 기원전 150년경에 설립된 에센파가 이 문서의 권위를 높게 평가한 것으로 보아, 이 문서는 적어도 기원전 3세기경에 이미 생성된 것으로 보인다(H. Stegemann).[5] 이 문서는 스스로를 하나님의 계시로 이해하는 가운데 창세기의 내용을 새롭게 쓰고 있다. 여기에 보면, 안식일 계명이 인간이 지켜야 할 첫 번째 계명으로 나오기에 모든 계명의 중심에 위치한 계명으로 나타난다. 희년서 2장 19절에 따르면, 안식일 계명은 하나님이 이스라엘 백성에게만 주신 것이고, 선민의 징표이며 이스라엘을 이방족속과 구분하는 징표이다(참조. 4Q216 Col. 7). 따라서 희년서 50장 9절은 "그날에 일을 하는 자는 모두 죽으리라. 또한 그날을 지키는 자는 누구이건 모든 날 동안 거룩하며 복을 받으리라"고 말하면서, 안식일을 하나님의 특별한 보호 아래에 둔다. 희년서에 따르면, 안식일에 물을 긷는 일(2:29), 배를 타고 여행하는 일과 사냥하는 일(50:12), 심지어 부부간의 성 행위(50:8)도 사형에 해당한다고 말한다.

또한 제사장 중심의 종파인 에센파의 산물 가운데 하나인 **'다메섹**

5) 그러나 J. C. VanderKam은 쿰란공동체가 설립되기 직전 기원전 160년경에 기록된 것으로 여긴다(*The Dead Sea Scrolls Today* [Grand Rapids, Michigan 1994], 39). 또한 K. Berger는 생성 연대를 기원전 145-140년 사이로 추정한다(*Das Buch der Jubiläen* [Gütersloh, 1981]).

문서'(CD)를 통해 에센파가 안식일 계명을 특히 엄격하게 실천했던 사실을 알 수 있다. 기원전 100년경에 완성된 것으로 보이는 이 문서는 에센파와 관련된 모든 법적인 규정들을 모아 놓은 종합체라 할 수 있다. 다메섹 문서에 안식일에 관해 다음과 같은 세부 규정이 나온다.

"안식일에 어리석거나 하찮은 말을 하지 말라. 자기 이웃을 빚 문제로 궁지에 몰지 말며, 재산이나 이윤에 관해 평하지 말라. 다음 날 아침에 해야 할 일과 업무에 대하여 논하지 말라. 어느 누구도 안식일에 들에 나가서 멋대로 일을 하지 말라. … 집안에서 돌멩이나 흙을 집어 들지 말라. 유모는 안식일에 갓난아이를 안고 들락날락 하지 말라. … 아무도 안식일에 가축의 출산 돕는 일을 하지 말라. 또한 우물이나 구덩이에 빠졌거든, 안식일에 들어올리지 말라. 아무도 안식일에 비유대인 근처에 있음으로 안식일을 범하지 말라. 아무도 안식일에 재산과 소득 문제로 안식일을 더럽히지 말라. 물수조나 물탱크에 빠진 자가 누구일지라도, 사다리나 끈이나 기구를 사용하여 들어올리지 말라. 아무도 안식일에 안식일 번제 외에 어떤 것도 제단에 바쳐서는 안 된다. … 아무도 제단에 번제, 소제, 유향과 나무를 부정 가운데 하나라도 범한 사람을 통해 가져가도록 해서는 아니 된다. 그가 그렇게 함으로써 제단을 부정하게 만든다. 기록된 바, 악인의 제물은 역겨움이고, 의인의 기도는 기쁘게 받아들이시는 제물이네(잠 15:8). 또한 기도처에 가는 사람은 누구나 씻지 않고 침례하지 않은 부정한 자로서 가서는 아니 된다. … 아무도 성시에서 아내와 동침해서는 아니 된다. 그럴 경우 성시를 그들의 성적 부정으로 더럽히기 때문이다. 벨리알의 영들 지배 가운데 있고 어리석은 것을 말한 자는 누구나 … 심판 받는다. 또한 안식일과 축일을 범하도록 호도한 자 모두가 사형에 처해지는 것은 아니라, 사람들의 감시를 받게 된다. 그가 계속 어길 경우, 칠 년 동안 감시받은 후에 공동체로 되돌아간다"(CD 10:17-12:6).

이 문서는 대체로 희년서의 안식일 규정과 유사한 엄한 규정을 담고 있으나, 한 가지 흥미로운 점이 있다. 본문 마지막 부분에 나오듯이, 안식일을 범한 경우 사형 대신에 7년 동안 감시에 처해진다는 진술은 출애굽기 31장 14-15절(참조. 35:2)에 비추어 볼 때 그 엄격성이 완화되었음을 알 수 있다.

셀레우코스 왕국의 반유대교적 통치에 저항하기 위해 일으킨 마카비 봉기 초기에, 경건한 유대인들이 안식일에 무기를 들고 전쟁을 수행해야 하는가에 대한 문제가 불거진 때가 있었다. 마카비 가문의 추종자들이 적들로부터 안식일에 공격을 받고 무참히 살해되는 일이 발생했기 때문이다. 안식일의 성화를 자신들의 방어보다 우선시한 이들은 안식일을 범하느니 차라리 죽음을 택했다(참조. 마카베오상 2:32-41). 이로 인해, 생명의 수호가 안식일을 깨뜨린다는 원칙이 만들어졌다. 훗날 바리새파 서기관들은, 생명의 위협은 안식일 계명을 무효로 돌린다는 전통을 세우게 된다: "인간의 생명을 구하는 일은 안식일을 몰아낸다"(Mech. Ex. 31:13).

랍비 시대에 들어와 안식일 규정은 보다 세분화된다. 안식일에 관한 미쉬나의 한 본문(mShab. 7:2)에 따르면 안식일에 금지된 구체적인 행위가 39가지나 된다[6]:

1. 씨뿌리기, 2. 쟁기질하기, 3. 수확하기, 4. 다발로 묶는 일, 5. 탈곡하는 일, 6. 키질하기, 7. 작물 씻기, 8. 으깨는 일, 9. 체질하기, 10. 반죽하기, 11. 빵 굽기, 12. 양털 깎는 일, 13. 씻는 일, 14. 두들기는 일, 15. 염색하기, 16. 실 뽑는 일, 17. 밧줄 만드는 일, 18. 새끼 꼬는 일, 19. 두 실을 짜는 일, 20. 두 실을 푸는 일, 21. 매듭 만드는 일, 22. 매듭 푸는 일, 23. 두 바늘 코 꿰매기, 24. 두 바늘 코를 꿰매기 위한 천 찢기, 25. 사슴 사냥하는 일, 26. 그것을 죽이는 일, 27. 그것의 껍질 벗기는 일, 28. 그것을 소금에 절이는 일, 29. 그것의 가죽을 마련하는 일, 30. 털을 문질러 뽑는 일, 31. 그것을 잘라내는 일, 32. 두

6) 또한 다음의 문서도 참조하시오: Jub 2:25-33; 50; CD 10:14-11:23.

통의 편지 쓰는 일, 33. 두 통의 편지 쓰기 위해 지우는 일, 34. 건축하는 일, 35. 허무는 일, 36. 불 끄는 일, 37. 불 지피는 일, 38. 망치질 하는 일, 39. 운반하는 일.

출애굽기 34장 21절에 따르면, 쟁기질과 수확하는 일이 금지되어 있는데, 훗날 미쉬나 시대에 들어와 이러한 규정이 세부적으로 보다 철저해지면서, 밀 이삭 서너 개를 모으는 것도 수확하는 일로 간주하였다.[7] 그래서 예수의 제자들이 안식일에 "시장하여 이삭을 잘라 먹는 것"을 보고 바리새파 사람들이 비난하였던 것이다(마 12:1-2; 막 2:23-24; 눅 6:1-2). 안식일 규정을 실수로 범했을 경우에는 사형에 처하는 대신 그것을 준행하라는 과제가 주어지나, 그 범행이 의도적인 경우에는 사형에 처해질 수 있다.

안식일은 성전의 레위인과 지방의 회당 봉사자가 세 번에 걸쳐 나팔을 불면서 시작되고, 이로써 평일과 구분된다. 그러면 경건한 이스라엘 사람은 안식일 램프를 점화하고(Schb. 2:7), 경패를 떼어 내고 좋은 옷으로 갈아입는다. 안식일은 기쁨의 날이기 때문이다(Midr. Hoh. Lied 5:16; 121). 초저녁 식사와 함께 안식일이 시작된다. 첫 번째 식사에 두 개의 잔이 따른다. 이때, 식탁기도와 안식일을 위한 키두시(Kiddusch) 기도를 드린다("안식일을 성화롭게 하신 분은 찬양받으소서." Tos. Ber. 5:4). 안식일에는 특별한 식사가 마련된다. 물론 요리는 안식일 전에 준비하여야 한다. 음식을 준비하고 만드는 일이 안식일에 금지되었기 때문이다. 정오 무렵에 이루어지는 넉넉한 안식일 만찬에 손님들이 초대된다. 안식일 때문에 발이 묶인 방랑자들을 위한 음식도 준비한다. 안식일은 기쁨의 날이기에 금식을 금지했다.

---

7) Philo, *Vit. Mos,* ii,4,22; 참조. yShab, 9c. 참조. Strack-Billerbeck, *Kommentar zum Neuen Testament aus Talmud und Midrasch I* (München, 1926), 615-618.

Ⅲ. 회당 예배

회당 예배의 발전은 안식일 축제와 밀접하게 연결되어 있다. 희생제물을 바치는 성전 제의와 달리, 희생제물을 바치지 않는 회당 예배를 가리켜 불트만(R. Bultmann)은 "고대에 유일무이한 것으로서, 본질적으로 제의 없는 예배"라고 불렀다.[8] 먼저, 유대 회당의 기원에 관해 살펴보도록 하자.

1. 회당의 기원

유대 회당의 기원을 둘러싸고 논란이 많으나, 자료부족으로 인해 그 기원을 밝히기가 어렵다. 칠십인경(LXX)에 나오는 헬라어 συναγωγή(synagoge)는 유대 공동체를 뜻하는 히브리어 "카할"(qahal) 또는 "에다"(eda)를 번역한 것이다.[9] 이 단어는 유대 백성 전체를 가리킬 수 있고, 한 지역 공동체를 의미할 수도 있다. 오늘날 사용되고 있듯이, 한 유대 공동체의 종교 중심지를 뜻하는 의미는 기원후 1세기에 와서야 사용된 것으로 보인다. 그러한 뜻의 회당이란 개념이 팔레스타인에서 처음 사용되었는지 아니면 디아스포라에서 사용되었는지도 확실하게 말할 수 없다. 보다 이른 시기에는 회당 건물을 가리키는 개념으로서 '기도' 혹은 '기도처'를 뜻하는 προσευχή(proseuche)라는 개념이 사용되었다.[10] 기도처로서 회당을 언급하는 가장 오래된 그레코 유대 증거는 프톨레마이오스 3세 시대(기원전 247-221년) 하부 이집트에서 나온 비문이다.[11] 회당의 시초

8) R. Bultmann, *Das Urchristentum im Rahmen der antiken Religionen* (Darmstadt, 1986), 61.

9) 참고로, 교회를 가리키는 헬라어 ἐκκλησία도 본래 '공동체'란 의미를 나타낸다.

10) 필로는 유대 땅에 있는 회당을 가리켜서는 συναγωγή라는 단어를 사용하나, 이와 구분하여 헬라화 된 이집트에 있는 회당을 가리켜서는 προσευχή라는 단어를 사용한다(F. G. Hüttenmeister, "Die Synagoge", in: B. Ego[ed.], *Gemeinde ohne Tempel*[Tübingen, 1999], 360).

11) E. Schürer, *The History of the Jewish People in the Age of Jesus Christ*, Vol. 2 (Edinburgh, 1979), 425, n. 5.

와 관련하여 다양한 주장이 제기되었으나, 몇 가지만 소개하고자 한다.[12]

① 고대 유대 전승에 따르면, 회당 제도와 그와 관련된 중요 기도문들은 모세로부터 비롯된 것으로 여긴다(Targum JI Ex 18:20 "그들이 자기들의 회당에서 기도해야 할 기도를 가르쳐라"). 근자에도 회당이 바벨론 유배 이전 시대에 비롯되었다고 주장하는 사람도 있다(L. Finkelstein).

② 회당의 시초를 첫 번째 성전 시대인 기원전 8세기나 7세기로 잡는 시각도 있다. 이에 대한 근거로 열왕기상 8장 27-30절과 열왕기하 4장 23절을 언급하며, 기원전 622년의 요시아 왕의 개혁사건을 지적한다(왕하 23:1-20).

③ 가장 널리 받아들여진 주장은, 기원전 6세기 바벨론 포로 시대의 산물로 보는 시각이다. 예루살렘 성전이 상실된 시대에 바벨론으로 끌려간 사람들이 유대인의 정체성을 지키기 위해 의식적으로 세웠을 것이라는 주장이다. 이런 주장이 설득력이 있으나, 이를 입증할 직접적인 증거가 아직 없다.

④ 바벨론 포로 시대에 시발이 되었으나 포로 이후 시대 4세기경에 비로소 팔레스타인에서 회당 제도가 완성되었다는 주장도 있다.

이렇듯 다양한 주장이 있으나 이들 주장이 공유하는 것은, 고대 회당이 생겨날 때 종교적 요소가 가장 큰 영향을 미쳤다는 점과, 요시아 왕의 개혁이나 성전 멸망과 같은 극적인 사건이 회당 생성에 동인이 되었다는 점이다. 비록 회당의 기원을 밝히는 일이 불확실하나, 안식일에 회당에서 가르치는 일이 예수시대에 이미 확고한 제도로 자리 잡았다는 사실이 신약성서에 분명히 드러난다(막 1:21; 6:2; 눅 4:16, 31; 6:6; 13:10; 행 13:14, 27, 42, 44; 15:21; 16:13; 17:2; 18:4). 기원후 70년 이전 유

12) G. Stemberger, *Das klassische Judentum: Kultur und Geschichte der rabbinischen Zeit* (München 1979), 92ff.

대 땅에는 적지 않은 수의 회당이 존재했었다는 사실을 문서를 통해 확인할 수 있다. 신약성서를 통해서 나사렛(마 13:54)과 가버나움(막 1:21)과 예루살렘에 회당이 있었고, 또한 유대 역사가 요세푸스의 작품을 통해서는 디베라(*Vita* 280)와 도라(*Ant.* 19.305) 가이사랴(*Bell.* 2.285-9)에 회당이 있었다는 사실을 알 수 있다. 고고학적으로는 예루살렘과 감라 또한 마사다와 헤로디움에 회당이 있었다는 사실을 입증할 수 있다. 특히 마사다와 헤로디움의 회당은 로마에 항거한(66-73년) 유대인 저항세력이 사용하던 회당으로 밝혀졌다.

2. 회당 관련 직책

회당은 "백성의 집"('베트 암')으로 불렸고, 그에 합당하게 공동체 모임이나 축제와 법정을 위한 장소로 사용되었을 뿐만 아니라, 성인이나 아이들을 위한 교육 기관의 역할도 하였고[13] 도서관 혹은 자료실 등의 목적에도 기여하였다. 그래서 미쉬나는 도시를 구성하는 데 없어서는 안 될 중요한 요소로 회당을 언급한다(mNed 5:5). 회당 공동체가 설립되기 위해서는 최소한 10명의 종교적 성인이 필요한데, 이들을 가리켜 '민얀'(Minjan)이라고 부른다(Meg IV, 3). 경우에 따라서는, 기도를 위한 최소한의 수인 10명을 보장할 수 있도록 직업을 갖지 않고 경제적으로도 예속되지 않은 성인 남자 10명을 요구한다. 이들을 가리켜서는 '바트라님'(Batlanim)이라고 부른다. 민얀에 속하지 않는 여성은 회당예배에 참여하는 것이 의무는 아니었으나, 여러모로 동참하였다. 사도행전에 드러나듯이 디아스포라 여성들은 회당에 즐겨 참여하였다.

가장 중요한 직책은 '회당장'(ἀρχισυνάγωγος 혹은 rosch ha-knesset)이고, 세 명으로 구성된 회장단이 회당 공동체의 외적 사무를 관할한

13) 회당의 주 업무에 교육적 기능이 속한다는 사실이 신약성서에 잘 드러난다(마 4:23; 막 1:12; 6:2; 눅 4:15, 31; 6:6; 13:10; 요 6:59; 18:20).

다(jMeg III,2,74a). 회당장은 회당 관련 제반 업무(재정, 제의, 행정, 정치)를 책임진다. 누가복음 13장 14절은 예배를 책임지며 집회의 과정이 율법에 따라 수행되는지를 감독하는 회당장에 대해 언급한다. 회당장 외에도 중요한 직책으로서 '회당 봉사자'(ὑπηρέτης 혹은 διάκονος, 히브리어로 hazzan)가 있다. 예배 때 토라 두루마리를 낭독자에게 나르며 낭독이 끝나면 다시 원위치로 가져가며(Joma VII,1; 눅 4:20), 율법을 범한 회원에게 태형을 집행하기도 했으며(참조. 고후 11:24), 나팔소리로 안식일의 시작과 끝을 알리는 일도 맡았고(Schab 35b), 회당 청소도 하였다.

3. 회당의 중요성

회당은 예루살렘 성전과 더불어 제2성전 시대에 유대교에서 가장 중요한 제도라고 말할 수 있다. 예루살렘 성전이 멸망하는 기원후 70년 이후에 들어와 회당의 중요성이 더욱 부각되면서 빠른 속도로 확산된다. 회당의 역할과 중요성에 대해 다음과 같이 정리할 수 있다.[14)]

① 회당은 율법을 가르치고 전하는 데 기여하고자 한다. 그리하여 유대 공동체가 율법에 친숙하도록 한다. 이런 의미에서 회당은 토라를 읽고 가르치며 듣고 배우는 토라 연구의 장이다. 이와 관련하여 필로(Philo of Alexandria)는 다음과 같은 말을 전하고 있다: "이처럼 일곱째 날 각 도시에는 분별력, 절제, 용기, 정의, 그리고 다른 덕행들을 갖춘 수천 개의 학교들이 문을 활짝 열어 놓고 있다. 거기에는 학도들이 귀를 바짝 세우고 주의를 집중하며 조용히 정렬해 앉아 있다. 그들은 스승의 말씀에서 나오는 것에 그토록 목말라 있는 것이다. 말씀을 듣는 동안 특별한 체험을 하게 되고, 가장 유용하고 확실한 것을 얻어 인생을 더욱 성숙시키는 것이다"(De Specialibus Legibus 2.62).[15)]

14) W. Schrage, "συναγωγή im Judentum", in: ThWNT 7, 820-826.

② 회당은 디아스포라의 경우 성전을 대표할 뿐만 아니라, 예루살렘 성전 멸망 후에는 성전을 대신하는 기능을 맡았다. 이러한 사실은, 본래 성전에 있었던 일곱 촛대(Menora)가 회당에 세워졌고, 성전 예배의 여러 제의적 관행이 회당예배의 관행과 동일하다는 데서도 드러난다.

③ 회당은 사람들이 선호하는 기도처이다. 요세푸스(Ap 1.209)에 따르면, 유대인들은 회당에서 "저녁 때 까지" 기도했다고 한다.[16)]

④ 회당은 동시에 교육기관이다. 율법에 관한 지식 및 성경 읽기를 중개함으로써 일종의 초등학교의 기능을 수행하였으며, 미쉬나 연구소의 역할도 하였다.

⑤ 지역 모임을 위한 회합 장소의 역할을 한다.

⑥ 타지 유대인들을 위한 숙소의 기능도 수행하였다.

4. 회당 예배

기독교 이전 시대의 디아스포라에서는 '회당' 이라는 단어보다는 '기도처' 라는 단어를 즐겨 사용하였다. 하지만 성전 시대 팔레스타인의 회당은 기도처의 역할보다는 토라 연구의 장으로의 역할이 컸다. 로마군에 의해 제2성전이 멸망한 기원후 70년 이후에 와서 회당은 성전의 제의적

15) J. C. 판데어캄, 박요한 영식 역, 『초기 유다이즘 입문』(성서와함께, 2004), 376에서 재인용. 요세푸스 역시 토라 연구의 장으로서의 회당에 관해 다음과 같은 말을 전한다(같은 곳, 376에서 재인용): "그(=모세)는 알지 못해서 못했다는 구실을 남겨 놓지 않았다. 그는 율법을 가장 훌륭하고 필요한 훈육 형태로 지목하면서 일생에 한 번, 또는 두세 번 들어야 하는 것이 아니라, 매주 사람들이 다른 일들을 접어 두고 한자리에 모여 율법에 귀를 기울여 완전하고 정확한 율법 지식을 얻도록 하였다. 이는 다른 모든 법 제정자가 무시했던 일이다" (*Contra Apionem* 2.175).

16) 부활하신 예수 그리스도를 따르던 사람들이 모여 "오로지 기도에" 힘썼다는 표현이 사도행전 1장 14절에 나오는데, 이를 근거로 혹자는 예루살렘의 그리스도교 공동체가 기도처에 모였다고 추론하고, 그 기도처는 일종의 회당이었을 가능성을 제기한다(F. J. F. Jackson · K. Lake[eds.], *The Beginnings of Christianity, Part 1: The Acts of the Apostles, Vol. 1: Prolegomena I: The Jewish, Gentile, and Christian Backgrounds* [1979], 304).

기능을 수용하면서 다양한 요소를 받아들인다. 그리하여 성경을 낭독하고 해석하는 일뿐만 아니라, 정형화된 기도문도 받아들인다. 회당에서 예배를 드리기 위해서는 적어도 10명이 모여야 한다. 회당 내의 좌석 배치는 일정한 순서에 따르는데, 회중의 중요 인사는 앞부분에 마련된 상석에 앉고 젊은이들은 그 뒤로 앉았다. 남녀 좌석은 분리되었다.

신약시대에 들어와 상당부분 발전되었으며 정착된 예배의 순서는 오늘에 이르기까지 큰 틀에 있어서는 크게 변하지 않았다. 아가서 8장 13절에 관한 '미드라쉬 라바'(Midrasch Rabba)는 회당 예배 순서에 대해 다음과 같이 간략히 말한다: "이스라엘 사람은 한 주 전체를 일과 씨름한다. 하지만 안식일에는 일찍 일어나 회당으로 간다. 거기서 그들은 쉐마를 낭송하고, 성궤 앞으로 다가가 토라를 낭송하고, 예언서로 마친다." 예배의 순서에 대해 좀 더 자세히 살펴보자. 회당 예배는 제의적인 부분과 교육적인 부분으로 나눌 수 있다.

제의적인 부분은 유대교의 신앙고백을 뜻하는 '쉐마'(Shema)를 낭송함으로 시작된다. 쉐마는 신명기 6장 4-9절과 11장 13-21절 또한 민수기 15장 37-41절로 이루어져 있다. 이 본문은, 야훼만이 이스라엘의 하나님이심을 선포하고 그 분에 대해 지속적으로 기억할 것을 확실히 규정한다.

> "4 이스라엘아 들으라 우리 하나님 여호와는 오직 유일한 여호와이시니 5 너는 마음을 다하고 뜻을 다하고 힘을 다하여 네 하나님 여호와를 사랑하라 6 오늘 내가 네게 명하는 이 말씀을 너는 마음에 새기고 7 네 자녀에게 부지런히 가르치며 집에 앉았을 때에든지 길을 갈 때에든지 누워 있을 때에든지 일어날 때에든지 이 말씀을 강론할 것이며 8 너는 또 그것을 네 손목에 매어 기호를 삼으며 네 미간에 붙여 표로 삼고 9 또 네 집 문설주와 바깥 문에 기록할지니라"(신 6:4-9).

쉐마 낭송을 전후하여 한두 개의 찬양을 한다. 그런 다음 회당예배의 핵심을 이루는 이른바 '쉬모네 에스레'(Shmoneh Esreh)라 불리는 기도가 이어진다. 이 기도문의 팔레스타인 판본은 본래 18개의 기도문을 담고 있었기에 숫자 18을 뜻하는 '쉬모네 에스레'라는 이름으로 불렸다. 훗날 보편화된 바벨론 판본은 19번째 기도를 담고 있음에도 불구하고 명칭은 그대로 고정되었다. 쉬모네 에스레는 하나님을 향해 찬양과 청원과 감사의 형태로 신앙의 중심 주제들과 이스라엘의 소망을 담고 있다. 이 기도는 기도의 전형으로 통하기에 단순히 '트필라'(Tefilla)라고 불리며, 혹은 선 채로 기도드리기에 '아미다'(Amida)라고 불리기도 한다. 쉬모네 에스레의 처음 3개 기도는 하나님을 찬양하는 찬양의 기도이고, 이어서 기도의 중심부를 이루는 12개의 청원 기도가 계속되고, 마지막으로 3개의 찬양과 감사의 기도가 뒤따른다. 팔레스타인 전승에 따른 본문은 다음과 같다.[17)]

(기도 1) 찬양 받으소서, 야훼시여, 아브라함의 하나님, 이삭의 하나님, 야곱의 하나님이시여, 지극히 크신 하나님, 하늘과 땅의 창조주, 우리의 방패요 선조들의 방패이십니다. 찬양 받으소서, 아브라함의 방패시여!

(기도 2) 당신은 용사이시며 강하신 분이시며 죽은 자를 부활시키는 영원히 살아 계신 분이시며, 산 자를 기르시고 죽은 자를 살리시는 분이십니다. 찬양 받으소서, 야훼, 죽은 자를 살리시는 분이시여!

(기도 3) 당신은 거룩하시고 당시의 이름은 두려우시며, 당신 외에는 신이란 없습니다. 찬양 받으소서, 야훼, 거룩하신 하나님이시여!

(기도 4) 우리 아버지시여, 당신으로부터 오는 지식과 당신의 토라로부

17) 이 본문은 달만(G. Dalman, *Die Worte Jesu I: Einleitung und wichtige Begriffe* [Leipzig, 1898], 299-304)이 구축한 팔레스타인 히브리어 판본을 토대로 한 것이다. 달만이 제시하는 본문에는 확장된 것으로 보이는 구절도 담겨 있으나, 여기에서는 제외시켰다. 훗날 보편화된 바벨론 판본은 더욱 확장된 본문을 제시한다. 이에 관해 Strack-Billerbeck, *Kommentar zum Neuen Testament aus Talmud und Midrasch IV/1* (1928), 211ff를 참조하시오.

터 오는 통찰과 깨달음을 우리에게 허락하소서. 찬양 받으소서, 깨달음을 주시는 야훼시여!

(기도 5) 야훼시여, 우리를 당신께로 돌아서게 하시어, 우리가 회개하고 우리의 날을 예전과 같이 새롭게 하소서. 찬양 받으소서, 회개를 기뻐 받으시는 야훼시여!

(기도 6) 우리 아버지시여, 우리를 용서하소서. 우리가 당신께 범죄하였나이다. 우리의 과오를 당신의 눈앞에서 지워 주옵소서. 찬양 받으소서, 무한히 용서하시는 야훼시여!

(기도 7) 우리 궁핍함을 보시고, 우리 일을 인도하시고, 당신의 이름으로 인해 우리를 구원해 주옵소서. 찬양 받으소서, 이스라엘의 구원자이신 야훼시여!

(기도 8) 야훼 우리 하나님이시여, 우리를 구원하시고, 우리 마음의 고통과 벗어나게 하시고, 우리의 상처를 치유해 주옵소서. 찬양 받으소서, 당신의 백성 이스라엘의 병든 자를 치유하시는 분이시여!

(기도 9) 야훼 우리 하나님이시여, 이 한 해를 축복해 주시고, 당신의 선한 보물로 세상을 채워 주옵소서. 찬양 받으소서, 해들을 축복해 주시는 야훼시여!

(기도 10) 우리의 자유를 위해 커다란 나팔을 울리시며, 우리의 유배자들을 모으시기 위해 깃발을 치켜드소서. 찬양 받으소서, 당신 백성 이스라엘의 유배자들을 모으시는 야훼시여!

(기도 11) 예전처럼 우리의 심판관을 또한 처음처럼 우리의 행정관을 데려오시고, 우리 위의 왕이 되소서. 찬양 받으소서, 공의를 사랑하는 야훼시여!

(기도 12) 변절자들에게는 희망이 없게 하시고, 거만한 정부(=로마)를 하루속히 우리 시대에 멸절시키옵소서. 찬양 받으소서, 오만한 자들을 거꾸러뜨리시는 야훼시여!

(기도 13) 온전한 프로셀리트(=유대인으로 개종한 이방인)에게 당신의

자비를 보여 주시며, 당신의 뜻을 행하는 자들과 함께 우리에게 선한 삶을 주시옵소서. 찬양 받으소서, 의인들의 신뢰자 되시는 야훼시여!

(기도 14) 야훼 우리 하나님이시여, 당신의 백성 이스라엘과 당신의 성읍 예루살렘과 당신의 영광의 거처인 시온과 당신의 정의로운 메시아 다윗 가문의 왕에게 자비를 베푸소서. 찬양 받으소서, 예루살렘을 지으신 다윗의 하나님 야훼시여!

(기도 15) 야훼 우리 하나님이시여, 우리의 기도 소리를 들으소서. 당신은 인자하시며 자비로우신 하나님이시기 때문입니다. 찬양 받으소서, 기도를 들어주시는 야훼시여!

(기도 16) 시온에 거하며 당신의 종들이 당신을 예루살렘에서 섬기는 것이 우리 하나님 야훼께 미쁠지어다. 찬양 받으소서, 야훼시여, 우리가 당신을 경외함으로 섬기리다!

(기도 17) 야훼 우리 하나님이시여, 당신이 우리에게 행하신 모든 선함과 사랑에 대해 당신께 감사드리나이다. 찬양 받으소서, 지극히 선하신 야훼시여, 당신께 감사드리나이다!

<제사장의 축도>

(기도 18) 당신의 평화를 당신의 백성 이스라엘에게 주시고, 우리 모두를 항상 축복해 주옵소서. 찬양 받으소서, 평화를 만드시는 야훼시여!

유대인은 이 기도를 보통 하루에 세 번(아침, 오후, 저녁) 드렸다. 그런데 예배에서 사용될 경우에는 두 가지 특이점이 있다. 첫 번째 특이점은, 안식일과 축일의 경우에 예배 시간을 줄이기 위해 이 기도문 전체를 기도드리지 않고 단지 처음 세 기도와 마지막 세 기도만을 드린다. 중간의 12개 기도 대신에 특별한 안식일 기도 및 축일 기도를 드린다. 또 하나의 특이점은 민수기 6장 24-26절에 나오는 제사장의 축도와 관련된 것이다. 쉬모네 에스레의 마지막 두 기도(기도 17과 기도 18) 사이에 축도가 행해진다. 회당 예배에 제사장이 참석하였다면, 반드시 그가 축도를 해야 한다. 축도 후 제사장은 간단히 기도를 드리고, 기도 인도자의 마지막 18번 째 기도가 끝나면 제자리로 돌아간다. 쉬모네 에스레의 12번 째 기도는 교회와 유대 회당이 완전히 분리되는 기원후 80년대에 그리스도인들을 저주하는 내용을 포함시키면서 다음과 같이 확장된다.

> "변절자들에게는 희망이 없게 하시고, 거만한 정부(=로마)를 하루속히 우리 시대에 멸절시키옵소서. 또한 나사렛 사람들(=유대 그리스도인들)과 이단자들이 속히 멸망하게 하시고, 이들을 생명책에서 지우시고, 의인들과 함께 기록되지 않게 하옵소서. 찬양 받으소서, 오만한 자들을 거꾸러뜨리시는 야훼시여!"[18]

이로써 그리스도인들은 더 이상 회당 예배에 참석할 수 없게 되고, 전통적인 유대인과 복음을 영접한 유대 그리스도인이 완전히 분리되었다는 사실을 알 수 있다. 이와 같은 사실은, 예수 그리스도를 믿음으로 인해 유대 공동체로부터 버림을 받고 출교 당했다는 복음서의 진술을 통해서 확인할 수 있다.

> (눅 6:22) "인자로 말미암아 사람들이 너희를 미워하며 멀리하고 욕하고 너희 이름을 악하다 하여 버릴 때에는 너희에게 복이 있도다."
>
> (요 9:22) "그 부모가 이렇게 말한 것은 이미 유대인들이 누구든지 예수를 그리스도로 시인하는 자는 출교하기로 결의하였으므로 그들을 무서워 함이러라"(참조. 요 12:42; 16:2).

회당에 모인 사람들은 얼굴을 예루살렘을 향하고 선 채로 기도드린

---

18) P. Billerbeck은 쉬모네 에스레의 최종 편집이 90년경 가말리엘 2세 시대에 이루어진 것으로 추정한다(Strack · Billerbeck, *Kommentar zum Neuen Testament aus Talmud und Midrasch IV/1*, 218, 237).

다. 이때 전체 회중이 입술을 여는 것이 아니라, 기도 인도자가 대표로 기도하고, 회중은 단지 "아멘"으로 응답한다. 회당 예배의 교육적인 부분은 성경을 읽고 해석하는 것이다. 먼저, 회당 예배의 중심이라고 말할 수 있는 토라(모세오경)를 낭송한다. 토라의 일정 단락(Sidra)을 매 안식일마다 나누어 낭송한다. 팔레스타인 유대교 전통은 삼사 년마다, 바벨론 전통은 매년 토라 전체를 읽도록 나누었다. 낭송자 옆에는 통역자가 서서 아람어로 통역해 주었다. 토라 부분을 읽은 후에는 이어서 예언서를 읽었다. 이 두 번째 성경 읽기로 예배가 폐회되므로, 예언서 읽기를 가리켜 '하프타레'(Haftare=해산)라고 불렀다. 이런 이유에서 예언서 단락들을 가리켜 '하프타롯'(Haftarot)이라 불렀다. 성경 읽기에 설교가 첨가될 수도 있다. 모든 남자 회원에게는 성경 읽기와 설교의 권리가 주어졌다. 그래서 누가복음 4장 16-30절에 따르면 예수는 이러한 권리를 이용하여 이사야서 61장 1-2절을 읽고 해설하였다.

IV. 나가면서

초기 그리스도교는 신구약 중간기 시대의 유대교로부터 많은 요소를 물려받았다. 그 가운데 안식일과 회당예배는 초기 그리스도교의 삶에 커다란 영향을 끼쳤다. 그것은 지극히 자연스러운 일로 보인다. 부활하신 예수 그리스도를 따르던 처음 제자들은 모두 유대인이었고 초기 그리스도교는 아직 유대교의 틀에 속해 있었기 때문이다.[19] 이와 같은 사실은,

19) T. W. Manson의 다음과 같은 진술은 타당하다: "초기의 제자들은 태어나면서부터 유대인이었을 뿐 아니라, 유대인으로 양육받은 사람들이었으므로 적어도 그들이 오래 동안 익숙해 왔던 종교적 관습 중 일부를 새로운 공동체 속으로 들여왔을 것이라는 것은 선험적으로 가능한 일이다"(Art. "The Jewish Background", in: N. Micklem[ed.], *Christian Worship: Studies in its History and Meaning* [Oxford, 1936], 35). 위의 번역문은 R. 마틴, 『초대 교회 예배』(은성, 1993), 37에서 빌려온 것이다.

예루살렘의 그리스도교 공동체는 독특한 관습에도 불구하고 여전히 예루살렘 성전에 모이기를 힘썼다(행 2:46)는 보도만 보더라도 분명하다. 그러나 시간이 지남에 따라 복음이 이방인 지역으로 뻗어 나가면서 그리스도교 공동체는 주일의 첫째 날을 주님의 날(=주일)로 드리는 축제로 인해 점차 안식일 전통에서 벗어나게 된다. 안식일에서 주일로 바뀌는 첫 단계는 아마도 바울이 선교한 이방인 중심 교회에서 이루어졌을 것이다(참조. 갈 4:10). 또한 초기 그리스도교의 예배는 천지를 창조한 한 하나님 신앙을 전제한다는 의미에서 유대교의 하나님 예배와 근거를 같이 할 뿐만 아니라, 예배의 형식적인 면에서도 유대 회당 예배와 여러 유사점이 있다. 그러나 초기 그리스도교의 예배는 구세주로서의 예수 그리스도에 대한 케리그마 신앙과 성령의 활동과 같은 요소를 통해 유대교의 회당 예배와는 본질적인 차이를 드러낸다.

제6장 예수시대 예루살렘의 경제와 사회

고대 도시 예루살렘은 유대인의 종교와 삶의 중심지이다. 예수님과 초기 교회가 활동하던 당시 예루살렘의 경제와 사회에 대해 살펴보려 한다. 이를 통해 당시 유대교의 실상에 보다 가깝게 다가갈 수 있다.

제6장

예수시대 예루살렘의 경제와 사회

I. 들어가면서

고대도시 예루살렘은 오늘날뿐만 아니라 신약성서 시대에도 유대인의 종교 중심지였다. 그에 걸맞게 예루살렘과 관련하여 이제까지 고고학적 혹은 종교적 측면에서 많은 연구가 있었으나,[1] 예루살렘의 사회적 조건, 특히 경제적 측면과 사회적 측면의 연구는 많지 않았다. 그러나 당시 사람들의 구체적 실상을 알기 위해서는 종교적 측면 외에도 경제 및 사회상에 대한 이해가 불가피하다. 성서본문은 사회적 산물이며 신학적 진술은 사회적인 여러 조건들과 밀접하게 관련되었기 때문이다. 이 점에 대해 이미 이른바 사회과학적 성서해석이 강조한 바 있다.[2] 성서연구에 대

1) 예컨대, G. Dalmann, *Orte und Wege Jesu* (1924); J. Finegan, *The Archeology of the New Testament: The Life of Jesus and the Beginning of the Early Church* (Princeton University Press, 1992); O. E. Otto, *Jerusalem – die Geschichte der Heiligen Stadt*, (Stuttgart/Berlin/Köln/Mainz, 1980).

2) 사회과학적 성서해석의 개론적 이해에 관해 다음을 참조하시오: D. 마틴, "사회과학적 비평", in: S. 헤이네스 · S. 매켄지(eds.), 『성서비평 방법론과 그 적용』(대한기독교서회, 1997), 161-188; 강성열 · 오덕호 · 정기철, 『설교자를 위한 성서해석학입문』(대한기독교서회, 2002), 113-32, 251-58.

한 사회과학적 관심이 자라게 된 배경은, 기존의 성서연구가 지나치게 문학적이며 역사적인 관점에서 수행되었으며, 동시에 너무 신학적인 시각으로 접근한다는 사실에 대한 불만에 있었다. 한마디로 사회과학적 성서해석은 관념주의적인 성서해석에 반대한다. 긍정적으로 말하자면, 사회과학적 접근은 초창기 그리스도교의 외적 현상뿐만 아니라, 케리그마 역시 사회경제적인 요소와 직결되었다는 확신에서 비롯되었다. 예수시대 예루살렘과 관련된 보도와 진술 역시 그와 관련된 사회과학적 이해를 통해 사회적 실상에 합당하게 파악할 수 있으리라 믿는다.

본 장은 유다, 이두매, 사마리아 지역이 로마 총독의 직접 통치에 들어간 기원후 6년부터 예루살렘 성전이 로마 장군 티투스(Titus)에 의해 파괴된 시점인 기원후 70년에 이르는 시기의 예루살렘에 국한하여 다루려고 한다. 당시 예루살렘 성내에 살던 거주민의 수효는 대략 2만 명 정도로 추산하며 인근 성 외곽에도 오천에서 만 명 정도의 사람들이 살았을 것으로 추정한다.[3] 이 시기는 이른바 제2성전시대(the Second Temple Period) 말기에 해당하며, 동시에 예수와 초기 그리스도교 신앙공동체가 활동하던 시대였다.[4] 이 시기 예루살렘의 경제 상황 및 다양한 신분층과 관련된 사회 상황에 초점을 맞추고자 한다.

---

3) J. K. Elliot, "Jerusalem II", in: *TRE* 16(1987), 609. 이미 예레미아스는 예수시대의 예루살렘 거주민 수를 25,000명 정도로 추산했다(J. Jeremias, "Die Einwohnerzahl Jerusalems zur Zeit Jesu", in: idem, *Abba: Studien zur neutestamentlichen Theologie und Zeitgeschichte* [Göttingen, 1966], 335-341). P. Söllner는 예수시대 예루살렘 거주민을 4만명 정도로 추산한다(*Neues Testament und Antike Kultur*, Vol. 2 [Neukirchen-Vluyn, 2005], 155). 참고로, A. Ben-David는 1세기 팔레스타인의 인구를 125만명 정도로 추산한다(*Talmudische Ökonomie: Die Wirtschaft des jüdischen Palestina zur Zeit der Mishna und des Talmud* [Hildesheim, 1974], 303).

4) 이 시대 예루살렘의 경제와 사회에 대해 J. Jeremias의 저서 *Jerusalem zur Zeit Jesu: Eine kulturgeschichtliche Unrersuchung zur neutestamentlichen Zeitgeschichte* (Göttingen, ^{3}1969)(=『예수시대의 예루살렘: 신약성서시대의 사회경제사 연구』[한국신학연구소, 1988])는 여전히 유용한 자료를 제공한다. 본 글은 이 책을 중심 문헌으로 삼고, 그 외에도 여러 문헌들을 참조하였다.

II. 예루살렘의 경제적 상황

예루살렘은 물이 부족한 산악도시였기에[5] 농업이 발달하기에는 적합하지 않은 지역이다. 따라서 농업보다도 수공업과 상업이 발달한 도시였다. 그러나 팔레스타인의 경제 전반을 염두에 둘 때, 단연코 농업이 가장 중요한 경제 요소였다. 이런 시각에서 오해의 소지를 없애기 위해 예루살렘의 경제적 상황을 다루기에 앞서 팔레스타인의 농업경제 전반에 관해 잠시 살펴볼 필요가 있다.

1. 팔레스타인의 농업

지중해 연안 지역들과 마찬가지로 팔레스타인의 경제는 주로 농업경제였다.[6] 헤롯 대왕 통치기 이스라엘 전체의 토지 면적은 백만 헥타르 정도로 추산하는데, 그중 대략 3분의 2가 농업용으로 사용되고 있었다고 추정한다.[7] 농업이 가능하기 위해서는 토양과 강우량이 절대적으로 중요한데, 비록 부분적이나마 팔레스타인은 경작이 가능한 비옥한 토양과 상당량의 강우량을 갖추고 있었다. 팔레스타인의 기후는 건조한 여름과 비가 많은 겨울로 확연히 구분된다. 11월과 12월 1월과 2월 동안은 비교적 강우량이 풍부한 기간이고, 6-9월은 비가 전혀 내리지 않는 기간이다. 그 외 3-5월과 10월은 과도기로서 소량의 비가 내릴 뿐이다. 갈릴리 지역을 예로 들면, 산악지대인 상부 갈릴리의 평균 강우량은 1100mm이고 저지

5) 참조. 시편 125편 5절("산들이 예루살렘을 두름과 같이").

6) D. A. Fiensy, *The Social History of Palestine in the Herodien Period: The Land Is Mine, Studies in the Bible and Early Christianity* 20 (Lewiston, N.Y.:Edwin Mellen, 1991); H. Kreissig, *Die sozialen Zusammenhänge des Jödischen Krieges* (Berlin: Akademie, 1970); Z. Safrai, *The Economy of Roman Palestine* (London:Routledge, 1994); E. 슈테게만 · W. 슈테게만, 『초기 그리스도교의 사회사: 고대 지중해 세계의 유대교와 그리스도교』(도서출판 동연, 2009), 84, 178.

7) 이와 같이: A. Ben-David, *Talmudische Ökonomie: Die Writschaft des jüdischen Palästina zur Zeit der Mischna und des Talmud* (Hildesheim, 1974), 26f.

대에 위치한 하부 갈릴리에는 600mm의 비가 내린다.[8] 따라서 갈릴리의 토양과 기후는 그 나라에서 거의 가장 비옥하고 생산적인 지역이었다.[9] 유대 역사가 요세푸스(Josephus)는 기원후 73년 직후에 저술한 자신의 『유대 전쟁기』(*De Bello Iudaico*)에서 갈릴리 지역의 비옥함과 생산성에 대해 다음과 같이 말한다.

"비옥하고 풍요로우며 온갖 종류의 나무들로 가득 차 있고, 소출이 얼마나 풍성한가 하면 아주 게으른 자들도 경작하고 싶은 마음이 들 정도였다. 따라서 주민들이 온 땅을 경작했고 어디에도 노는 땅이 없었다"(*Bell.* III,3,2).

갈릴리 지역 외에도 팔레스타인 전역이 농업용으로 개발되었고, 유다 지방에서는 습기를 활용하기 위해 계단식 농법도 활용하였다. 신구약 중간기 시대의 위경에 속하는 "아리스테아스 서신"(The Letter of Aristeas)[10]에 팔레스타인의 풍요한 농업에 대하여 다음과 같은 진술이 나온다.

"농사를 짓는 데는 엄청난 노력이 필요하다. 그리고 그들(=유대인들)의 땅에는 올리브 나무 숲, 곡식 재배용 밭이 빽빽이 들어서 있으며 포도주와 꿀도 많이 난다. 그들이 생산하는 과일과 무화과는 무수히 많다. 또한 수많은 가축들과 풍부한 목초지도 보게 된다"(*Ep. Arist.* 112).

위의 진술에도 드러나듯이, 곡물과 올리브가 팔레스타인의 주요 생산물이었다. 팔레스타인 농업 경제에서 곡물은 가장 중요한 생산물이었

8) W. 뵈젠, 『예수시대의 갈릴래아』(한국신학연구소, 2000), 71.

9) S. Freyne, *Galilee from Alexander the Great to Hadrian: A Study of Second Temple Judaism*, (1980), 15.

10) 아리스테아스 서신은 기원전 2세기 후반에 알렉산드리아에 살았던 익명의 유대인이 남긴 작품으로 간주된다.

다. 이는 구약성서가 팔레스타인을 "밀과 보리의 땅"이라고 부른 사실에서도 드러난다.[11] 요단강 서쪽 평야지역은 곡창지대로 간주되었다. 또한 이즈르엘 평원에서 많은 곡물이 생산되었고, 게네사렛 호수 북쪽에 있는 고라신과 가버나움 지역을 포함하여 하부 갈릴리 지역의 동편 계단식 평원에 있는 아르벨 계곡에서 생산되는 밀도 유명했다. 올리브유 역시 유다 지역에서 나오는 중요한 생활필수품이었다. 특히 갈릴리는 올리브의 땅으로 유명했다. 또한 예루살렘 주변 토양도 올리브 경작에 적합했다. 예루살렘 동편은 올리브 나무로 우거져 있어 "올리브 산"이라 불렸다(눅 19:20; 21:37; 행 1:12). 예수가 기도했던 "겟세마네" 동산이 올리브 동산으로 보이고(막 14:32; 마 26:36; 요 18:1), "겟세마네"라는 단어는 본래 올리브 압착기 혹은 기름 짜는 틀을 뜻한다.

또한 포도주도 팔레스타인의 중요 소산물에 속했다. 이를 위해 수많은 포도나무를 심었다. 유다 지방, 특히 헤브론 주변 지역과 욥바와 갈멜 사이에 있는 샤론 평야가 중요 재배지였다. 구릉지와 산악지대가 많은 갈릴리는 물만 확보할 수 있다면 포도 생산지로 이상적이다. 특히 게네사렛 호수 북쪽의 화산토양에서 상품 포도가 생산되었다. 포도 생산량의 대부분은 포도주로 만들었고, 포도주는 빵과 올리브기름과 함께 가장 중요한 식량자원이었을 뿐만 아니라 유대 제의에 빠질 수 없는 요소였다. 토양이 비옥하고 강우량이 풍부할 경우, 밀과 올리브나무와 포도나무를 많이 심었는데, 이 세 종류가 이스라엘 사람들의 마음 가운데 서로 밀접히 연관되어 있다는 사실이 구약성서에 잘 드러난다.[12] 밀과 올리브 및 포도주 외에도 과일과 야채 또한 향료, 향유, 나무 등도 생산되었다. 미쉬나(Mishna)와 탈무드(Talmud) 가운데 농업 및 부동산과 관련된 문제들에 대한 논의가 상당 부분 담겨 있는데, 이를 통해 팔레스타인에서 농업

11) 신명기 8장 8절; 사무엘하 17장 28절; 이사야 28장 25절; 예레미야 41장 8절; 에스겔 4장 9절; 요엘 1장 11절; 룻기 2장 23절; 역대하 2장 14절.

12) 창세기 27장 28절, 37절; 신명기 7장 13절; 11장 14절; 12장 17절; 14장 23절; 18장 4절; 28장 51절; 33장 28절; 시편 4편 7절; 104편 15절; 이사야 36장 17절 등.

이 차지했던 중요성을 알 수 있다.[13] 예루살렘은 곡물을 필두로 상당량의 농산물을 외부로부터 공급받은 것과 달리, 수공업과 상업은 도시의 오래된 위상에 걸맞게 번창하였다.

2. 예루살렘의 수공업

예수시대 예루살렘의 전형적인 산업형태는 수공업이다.[14] "자식에게 수공업을 배워 주지 않은 사람은 마치 강도질을 가르치는 사람과 같다" (bQid. 29a)는 탈무드의 말이 전해 내려올 정도였다. 이처럼 수공업은 당시 사회에서 비교적 좋은 직업으로 통했다. 이를 증명하듯, 많은 서기관들은 율법을 가르치는 일 외에도 수공업에 종사했다. 사도 바울도 같은 전통에 서 있었다. 예루살렘에서 바리새파 랍비 교육을 받은 바울은 그리스어로 '스케노포이오스'(σκηνοποιός 행 18:3)였다. 이는 천막 제조공 혹은 양탄자나 천막천 직조공을 뜻한다. 탈무드에 나오는 서기관들의 직업에는 제단사, 샌들 제조공, 목수, 제화공, 제혁공, 건축가 등이 속한다. 이런 직업과 달리 직조업(Weberhandwerk)은 천대받는 직업에 속한다. 그 일이 더러우며 사기가 많고 주로 여자들과 관련되었다는 이유에서다.

예루살렘은 수공업이 발달하기에 불리한 위치에 있었으나, 실상 수공업이 발달한 도시였다. 예루살렘 성전과 관련된 경제적 정치적 종교적 사회적 중요성으로 인해 커다란 자본이 유입되는 장소였기 때문이다. 곧 막대한 성전 수입과 세금 수입이 있고, 부를 축적한 대상인과 세금 징수자 및 디아스포라 유대인들이 몰리는 장소였다. 그리하여 예루살렘과 주변지역에는 다양한 종류의 수공업이 발달했다. 양모 가공업과 명주실 등

---

13) A. Ben David, *Talmudische Ökonomie: Die Writschaft des jüdischen Palestina zur Zeit der Mishna und des Talmud* (Hildesheim, 1974).

14) 참조. J. Jeremias, *Jerusalem zur Zeit Jesu*, 1-33.

을 짜는 직조업, 직물 재단사, 의복제조를 위한 피혁산업, 샌들 판매업자, 도기 제조업 등과 같은 소비재 산업이 알려져 있다. 사치품과 관련된 수공업, 특히 공예업은 대체로 헤롯 왕궁으로 인해 번성했다. 한 가지 흥미로운 사실은, 수공업이란 단어를 가리키는 '우마누트'(ummanuth)라는 단어는 동시에 '의사'를 뜻한다. 당시 유대인들이 의사 직업을 수공업의 하나로 간주했다는 것을 알 수 있다. 그 외에도 예루살렘에는 이발사 혹은 환전상 등의 직업이 존재했다.

수공업 외에도 기원후 70년 이전 예루살렘에는 건축업이 발전하였다. 거대한 건축사업을 좋아했던 헤롯 왕가의 통치자들 덕분에 예루살렘에는 여러 화려한 건축물이 세워졌다. 이로 인해 건축업과 그에 수반되는 공예업은 전성기를 맞이했다. 헤롯 대왕(기원전 37-4년)은 성전 지역을 대대적으로 개축하여 두 배 이상으로 확장시켰다.[15] 또한 성전 북쪽에 우뚝 솟아 있는 안토니아 요새, 극장 및 자신의 화려한 묘비 등을 세웠고, 예루살렘 고지대의 경마장 도 헤롯에 의해 세워진 것으로 추정된다. 로마 총독 빌라도는 대규모의 수도시설 공사를 벌였는데, 이를 위해 성전 금고에서 돈을 꺼냈고 그로 인해 백성을 흥분시켰다.[16] 이와 같은 대규모 건축사업을 위해 수많은 건축 노동자가 필요했고, 건축물들의 장식을 위해 건축공예업이 활발했으리라 쉽게 짐작할 수 있다. 그 밖에도 성전제의와 관련된 다양한 종류의 수공업이 있었다. 진설병 제조자, 흠향제물 제조자, 성전 휘장 관리인, 금대장장이, 성전의 급수 책임을 맡은 우물 감독관. 성전 의사, 나지르인 서원의식이나 레위인의 성별의식 혹은

15) *Ant.* XV,380; *Ant.* XV,398-400. 헤롯대왕에 의해 기원전 20년 혹은 19년에 시작된 성전 개축은 기원후 62-64년 로마 총독 알비누스(Albinus) 시대에 와서 완성된다(*Ant.* XX,9,7). 요한복음 2장 20절에 따르면 유대인들이 예수에게 "이 성전은 사십육 년 동안에 지었거늘 네가 삼 일 동안에 일으키겠느냐"고 묻는다. 헤롯은 기원전 37년에 예루살렘을 장악했는데, 그로부터 46년을 더하면 기원후 27년경에 그와 같은 유대인의 질문이 있었던 것으로 추산할 수 있다. 당시 성전은 아직 완공되지 않은 상태였다.

16) *Ant.* XVIII,3,2.

나병 치유자의 정결의식 때 필요한 성전 이발사가 있었음이 분명하다.

3. 예루살렘의 상업

예루살렘은 지형적으로 상업에 유리한 위치에 있지 못했다.[17] 주변 도로망이 부족했을 뿐만 아니라 협곡으로 가로막힌 요새와 같은 지역이었기에, 요단강 동부지역의 농산물이 통과하는 위치에 있지 못했고 사막의 유목민들을 위한 상업 중심지도 될 수 없었다. 그럼에도 불구하고 이스라엘 백성의 삶의 중심을 이루는 성전으로 인해 상업이 번창할 수 있었다.

당시 상업은 매우 존중 받은 직업이었다. 제사장들과 심지어 대제사장 가문도 상업에 종사할 정도였다. 원방 교역은 낙타 대상들을 통해 이루어졌고, 인근 지방 교역에는 주로 나귀가 사용되었다. 상업을 위해서는 안전한 도로망이 필요한데, 당시 교역로에는 도둑이 빈번하게 출몰하였다. 특히 예루살렘 주변에는 도둑 떼의 습격이 잦았다. 교역상들이 예루살렘에 도착하면, 예루살렘의 시장세를 징수했던 세금청부업자에게 세금을 납부한 다음에야 상품을 거래할 수 있었다. 대체로 유대인들이 세금청부업을 맡았는데, 이들은 세금을 무자비하게 징수함으로 악명을 샀다. 예루살렘에는 곡물시장, 과일시장, 가축시장, 목재시장이 있었고, 심지어 노예시장도 있었다. 상거래에는 일반적으로 통용되는 안식일 성수 규정이나 이방인과의 거래에 관한 규정들 외에도 몇 가지 특별규정이 있었다. 특히 정결하지 못한 가축이나 고기의 유입을 엄격하게 감독했다. 예루살렘의 물가는 시골의 물가보다 훨씬 비쌌다.

예루살렘의 **원방 무역**은 그리스 본토, 키프로스(무화과 열매), 바벨론(값진 직물, 향료), 페르시아, 인도(옷감), 레바논(목재), 시돈(유리 접시나 그릇), 디로(생선, 노예), 근동지방 특히 아라비아(향료, 흠향제물, 사

17) 참조. J. Jeremias, *Jerusalem zur Zeit Jesu*, 33-66.

자) 그리고 이집트(곡물)와 이루어졌다. 원방 무역은 예루살렘에서 그리 중요한 역할을 하지 않았으나, 성전과 관련해서 중요했다. **근방 교역**을 통해서는 생활필수품을 조달하였다. 예루살렘에 수입된 주요 식료품 중에 무엇보다도 곡물이 중요하다. 주민의 생존이 곡물수입에 달려 있기 때문이다. 그래서 수입의 대다수는 곡물이 차지한 것으로 보인다. 곡물은 예루살렘 인근지역에서 재배되었다. 성전용 밀가루는 주로 유다에서 공급되었고, 대부분의 곡물은 유대인이 살지 않는 팔레스타인 지역, 특히 요단강 동부 지방에서 공급되었다. 그 다음으로 사마리아와 갈릴리에서도 곡물이 조달되었으나, 이는 성전용 곡물이 아니라 예루살렘 거주민을 위한 것이었다. 올리브, 포도, 무화과와 같은 과일과 야채의 공급은 대다수 예루살렘 인근지역에서 유입되었다.

가축수입과 관련하여, 유대역사가 요세푸스는 자신의 저서 "유대 고대사"에 안티오커스 대왕(기원전 198년 이후 팔레스타인을 통치)의 행정명령을 전한다: "말이나 노새나 야생나귀나 길들인 나귀나 표범이나 여우나 토끼의 고기와, 유대인들이 먹지 못하도록 금지된 모든 짐승들의 고기는 예루살렘에 수입되어서는 안 된다. 게다가 이런 짐승의 가죽을 수입해서도 안 되며, 마지막으로 이런 종류의 짐승은 예루살렘에서 길러서도 안 된다. 단지 옛날부터 하나님과의 화해 제물로 사용된 동물들은 수입해도 무방하다"(*Ant.* XII 3,4). 이를 통해 기원전 2세기 초의 가축수입에 관한 정보를 얻을 수 있다. 예루살렘에는 세속적 가축시장과 제물용 가축시장이 있었다. 희생제물용 가축거래는 성전 광장에서 활발히 이루어졌을 것으로 보인다. 예수가 성전 광장으로 가서 "돈 바꾸는 자들의 상과 비둘기 파는 자들의 의자를 둘러 엎으셨다"(막 11:15)는 복음서의 보도도 이를 뒷받침한다.[18] 가축수입은 레위기의 정결 규정에 따랐을 것이

18) 그러나 E. 슈테게만 · W. 슈테게만은 성전구역 내에서의 환전업과 동물 매매에 관한 진술은 역사적으로 정확하지 않다고 여기면서, 상행위는 성문바깥에서 이루어졌을 것으로 짐작한다(『초기 그리스도교의 사회사』, 206).

다. 양과 염소, 비둘기나 닭은 주로 유다 산지로부터 공급되었고, 수소는 해안 평야와 요단강 동편에서 유입되었다. 수입된 가축은 대다수 성전 수요를 충당하기 위해서였다.

가옥 건축을 위해서 석재와 목재를 수입하였다. 이들 재료는 주로 예루살렘 인근 지방에서 공급되었다. 성전 건축용 목재는 주로 레바논산 삼목이 사용되었다. 유월절 축제 때 예루살렘에서 수천 마리의 희생제물을 태우기 위해 석류나무 목재를 사용했을 것으로 보인다. 호화스런 성전 건축에는 예루살렘 주변에서 흔히 찾아볼 수 있는 올리브 나무 목재 사용을 피하는 대신 주로 수입용 목재를 사용했다.

4. 예루살렘 여행

예루살렘의 경제 상황과 관련하여, 한 가지 간과할 수 없는 사실은 예루살렘으로 유입되는 수많은 여행자들이다.[19] 이들은 예루살렘의 경제에 커다란 영향을 미쳤다. 2월에서 3월 사이의 예루살렘은 우기였고, 비가 올 경우 당시 질척거리는 길은 여행에 큰 장애가 되었기에, 외국으로부터 오는 여행자들은 보통 3월과 9월 사이에 예루살렘을 방문하였다. 특히 유월절과 추수절과 초막절과 같은 유대 명절이 되면 외부로부터의 유입이 절정에 달했다. 명절을 지키러 먼 곳에서 예루살렘에 오는 유대인들은 이때를 이용해 바쳐야 될 일종의 "세금"인 제2의 십일조를 현물이나 화폐의 형태로 가져왔다. 이 세금은 사적으로 사용할 수는 있으나 남에게 빌려 주어서는 아니 되고 예루살렘에서 전부 소비해야만 했다.

당시 원거리 여행은 노상강도들로 인해 위험했기에, 여행단을 조직하였다. 요세푸스에 따르면(*Ant.* XIII 9,1), 바벨론에서 오는 여행단은 수천 명에 달했다고 한다. 누가복음 2장 44절 이하는 유월절을 지키러 예수의 부모와 친척들이 포함된 나사렛 사람들의 행렬에 관해 언급한다. 나

19) 참조. J. Jeremias, *Jerusalem zur Zeit Jesu*, 66-98.

귀를 타고 가는 경우도 있으나, 사람들은 보통 걸어서 순례를 했다. 유월절 축제에 참여한 사람은 반드시 유월절 밤, 즉 니산월 14일에서 15일까지의 밤 동안 예루살렘에서 야숙해야만 했다. 평일과 달리 축제일 동안에는 예루살렘에서 숙소 구하기가 쉽지 않았다. 예루살렘 성안에서 숙소를 구하지 못한 사랑은 벳바게나 베다니와 같은 인근 마을에서 숙소를 구했다. 예수도 예루살렘에 마지막으로 체류하던 기간에 베다니에 숙소를 정했다(막 11:11-12; 마 21:17).

예루살렘으로의 여행에는 원거리 여행과 근거리 여행으로 나누어 생각해 볼 수 있다. 사도행전 2장 5절에 "경건한 유대인들이 천하 각국으로부터 와서 예루살렘에 머물렀다"는 보도가 나온다. 이들은 오순절 축제를 예루살렘에서 보내기 위해 모인 유대인들과 유대인으로 개종한 이방인들이었다. 9-11절은 당시 모인 사람들을 다음과 같이 나열한다: "바대인과 메대인과 엘람인과 또 메소보다미아, 유대와 갑바도기아, 본도와 아시아, 브루기아와 밤빌리아, 애굽과 및 구레네에 가까운 리비아 여러 지방에 사는 사람들과 로마로부터 온 나그네 곧 유대인과 유대교에 들어온 사람들과 그레데인과 아라비아인들이라." 이와 같은 보도는 약간의 과장이 있을 수 있으나 역사적으로 볼 때 거의 사실에 부합한다고 말할 수 있다. 예루살렘으로의 여행은 당시 거의 전 세계에 걸쳐 이루어졌기 때문이다. 이 여행은 무엇보다도 종교적인 동기에 의해서 유발되었고, 그 밖에도 정치적이며 경제적인 이유에 의해서도 이루어졌다. 그 중에서도 바벨론과 이집트와 시리아와 소아시아로부터 많은 사람들이 예루살렘을 찾았다. 원거리 여행보다는 팔레스타인 내 근거리에서 이루어지는 예루살렘 여행이 훨씬 활발했다. 팔레스타인 남부 주민들은 경제적인 이유에서 예루살렘에 의존하고 있었고, 근거리에 있는 유다 속주 주민들은 팔레스타인의 타 지방 사람보다 예루살렘 제의에 보다 활발히 참여했다. 물론 그리심 산에 독자적인 성소를 갖고 있던 사마리아 사람들은 예외였다. 거리상 유다 속주 주민들만이 안식일에 예배드리기 위해 성소에 올 수 있었으며, 이 들 중 많은 사람들이 순례 축제 때 예루살렘에 올 수 있었다. 이처럼 근거리 여행은 특히 유대인들과 예루살렘을 결합시켰던 종교적 의무에 의해서 이루어졌다.

III. 예루살렘의 사회적 상황

1. 부자와 빈자[20]

1) 부자: 예루살렘의 부자에는 우선적으로 **헤롯 왕가**의 **통치자들**이 속한다. 이들의 화려한 궁정생활은 당시 사람들에게 각인되었다. 궁정생활은 외관상 헬레니즘적인 인상을 주나 실상은 동방적이라고 말할 수 있다. 왕에게는 율법에 따라(신 17:17) 일부다처제가 허용되었다. 미쉬나 산헤드린에 따르면(Sanh. II 4) 왕에게 허락된 부인은 18명이고, 탈무드 전통에 따르면 24명 혹은 48명의 부인이 왕에게 하락되었다. 헤롯 대왕(기원전 37-4년)은 10명의 부인을 두었는데, 그 가운데 하스모니아 왕가 출신의 마리암메만이 왕비로 불린 것으로 보인다. 헤롯 왕궁 외에도 왕자들을 위한 소규모의 궁정과 헤롯의 형 페로라스의 궁정이 있었다. 이처럼 여러 궁정을 유지하려면 상당한 비용이 들었을 것이다. 요세푸스를 통해 당시 통치자들이 지출했을 엄청난 비용을 충당할 수입에 관한 정보를 얻을 수 있다. 그에 따르면, 헤롯은 조세수입으로 1000달란트 이상을 거둬들였고, 헤롯보다 더 큰 영토를 다스렸던 아그립바 1세는 1200달란트에 해당하는 세금을 거둬들였음을 알 수 있다(*Ant.* XVII 11,4f; *Ant.* XIX 8,2). 헤롯은 그가 소유한 엄청난 규모의 사유지에서뿐만 아니라 기원전 12년 아우구스투스 황제가 양도한 키브로스의 구리광산을 통해서도 수입을 얻었다(*Ant.* XVI 4,5).

---

20) 참조. J. Jeremias, *Jerusalem zur Zeit Jesu*, 101-135.

왕가에 속한 사람들 다음으로 사치스런 생활을 누렸던 **자산계층**을 언급하고자 한다. 이들은 화려한 잔치 열기를 즐겼다. 예컨대, 예루살렘 사람들이 유월절 축제 때 길거리의 가난한 사람들을 만찬에 초대하였고, 특별한 정치 행사 때에는 예루살렘의 전체 주민을 초대했다고 한다. 잔치 다음으로 여인들의 사치스런 생활을 위해 지출하는 비용이 많았다. 게다가 귀족층들의 딸이 결혼할 때 엄청난 금액의 지참금을 주었다. 자산계층의 대표자에는 **대상인, 토지 소유자, 세금청부업자, 대금업자** 등이 속했다. 이들은 당시 유대 최고 재판소이며 행정기관인 산헤드린의 의원이기도 했다. 예컨대, 산헤드린의 의원인 니고데모(요 7:50; 3:1)는 토지를 소유하였으며 100 리트라(로마 파운드) 정도의 몰약과 침향 섞은 것을 예수의 무덤으로 가져갔다고 한다(요 19:39). **제사장 귀족**도 자산계층에 속했다. 예컨대, 예수가 끌려간 대제사장 가야바의 집은 산헤드린의 특별 회의장으로 사용되었고, 앞뜰을 갖고 있다. 게다가 수많은 종과 하녀들을 고용하였다는 사실에서 그의 경제적 풍요함을 엿볼 수 있다. 제사장 귀족들은 성전 금고에 깊이 관여했고, 후손들을 성전금고 관리인으로 임명했다는 사실에서도 그들의 막대한 수입원을 가늠할 수 있다.

2) 중간계층: 여기에 속하는 부류에는 시장에 소규모 점포를 가지고 있는 소상인과 자신의 작업장을 갖고 있는 **수공업자들**이 있다. 중간계층에 속하는 무리 가운데 **성전관리인**과 **진설병 제조자나 흠향제물 제조자**와 같은 성전 노동자들은 상대적으로 수입이 좋았던 사람들이다. 성전이나 순례자들과 거래하면서 소득을 올렸기 때문이다. 순례자와 관련해 살아갔던 직업에는 여관업 및 음식물 거래와 요식업도 있다. 순례자들은 제2의 십일조를 예루살렘에서 소비해야 한다는 규정에 따라(신 14:26), 가축이나 술 및 생필품들을 많이 구입하였다. 요세푸스는 제2의 십일조가 향연에 사용되었다고 말한다(*Ant.* IV,8). **제사장들**도 중간계층에 속한다. 대다수 일반 제사장들은 24개의 당직조로 나뉘어 지방에 흩어져 살았다.

그러나 예루살렘에 거주한 제사장들은 비교적 재산이 많은 편이었고 교육수준도 높았던 것으로 보인다. 예를 들면, 유대 역사가 요세푸스의 가문은 수 대에 걸쳐 예루살렘에 살았던 부유한 제사장 가문이었다(Vita 1). 이와 달리 적지 않은 수의 제사장들은 경제적 어려움 가운데 살았다.

3) 빈자: 예루살렘의 빈자로서는 먼저 **노예와 날품팔이꾼**을 들 수 있다. 예수시대 예루살렘에서 노예들이 매매되었다는 사실은 노예들을 세워 놓은 경매석을 통해 알 수 있다(Sifra Lev. 25; Sifre Dt. 26) 요세푸스는 헤롯 대왕의 왕궁과 관련해 남녀 노예를 종종 언급한다. 노예들은 주로 예루살렘에서 집안 노예로 일했다. 궁정 노예를 제하면 집안 노예의 수는 그리 많지 않았다. 그러나 날품팔이꾼들은 노예들보다 훨씬 많았다. 이들은 식사 외에 품삯으로 평균 1데나리온을 받았다(마 20:2, 9). 또한 **비둘기 포수**로 살아가는 가난한 사람은 매일 네 마리를 잡아 이 중 두 마리는 제물로 바쳤다고 한다. 비둘기 한 마리의 가격은 대략 1/4 데나리온이었을 것으로 보인다.

구제금으로 살아가는 주민들도 빈자에 속한다. 예루살렘에는 이런 부류의 사람이 많았다. 먼저 서기관들을 언급할 수 있다. 서기관들은 자신들의 활동에 대한 대가를 받는 것이 금지되었다. 미쉬나에 따르면 이 규정을 제정한 사람은 예루살렘의 율법교사 힐렐이었고, 기원후 70년 전에 예루살렘의 유력한 율법교사 랍비 사독이 강화시켰다고 한다(Abh. IV 5; I 13). 이들은 주로 구제금으로 생활했다. 탈무드에 서기관의 아내가 한 명으로 언급되는 경우가 여러 차례 나오는 반면, 다수의 아내를 가졌다는 경우가 나타나지 않는 사실은 일부일처제를 높이 평가해서가 아니라 그들의 가난과 관련된 것이다.

부자들이 많이 살고 있는 예루살렘은 동시에 걸식의 중심지였다고 말할 수 있다. 예수시대에도 그러했다. 많은 사람들이 주로 성소 주변에서 걸식행위를 했다. 예컨대, 사도행전 3장 2절에 따르면, 나면서 못 걷게 된 이를 사람들이 날마다 들것에 메어 미문이라는 성전 문에 두어 성전에 들어가는 사람들에게 구걸하게 하였다고 한다. 또한 요한복음 5장 2절에 따르면, 예루살렘에 있는 양문 곁에 위치한 베데스다 연못으로 "많은 병자, 맹인, 다리 저는 사람, 혈기 마른 사람들"이 병 치료를 위해 모여들었다고 한다. 이러한 고질병을 앓고 있는 사람들은 일을 하기가 어렵기 때문에 구걸을 자주 할 수밖에 없었다. **신체 장애인들**은 특별한 조건 하에 성전 안뜰에 들어가는 것이 허용되었다. 예컨대 지팡이를 짚고 다닐 수 있는 장애인들은 이방인들에게 금지된 성소 구역을 들어갈 수 있었으나, 반면 앉은뱅이와 같이 스스로 움직일 수 없는 사람에게는 허락되지 않았다. **나병환자들**은 예루살렘 시에 들어가는 것이 금지되었기에, 그 시에 속하지 않는 장소로 간주되었던 성문 밑에서 구걸을 하였다. 그 밖에도 예루살렘에는 많은 **게으름뱅이들**이 있었다. 이들은 일정한 직업이 없이 장례식이나 결혼식 혹은 할례의식이나 납골의식 등을 전전하면서 식객행위를 하는 사람들을 가리킨다. 서기관들에게는 그러한 식객행위가 금지되었다.

2. 사회적 상층계급[21]

먼저 세습직으로 이어져 내려온 제사장 계급부터 다루고자 한다. 이들만이 성소에 들어가 제단에 접근할 수 있었다. 이들은 발목까지 내려오는 긴 겉옷을 입었고, 갈색의 허리띠를 매었으며 원형의 하얀 터빈을 머리에 올렸다. 공동 제의나 개인 제의를 집행하고, 향불을 피우며, 성소 안 촛불을 밝히고, 백성을 위해 축도하는 것이 제사장의 주 과제였다.[22]

21) 참조. J. Jeremias, *Jerusalem zur Zeit Jesu*, 167-394.

22) H.-M. Döpp, "Der Jerusalemer Tempel", in: *Neues Testament und Antike Kultur*, Vol. 3 (2005), 196.

1) 제사장 계급: 제사장(kohen; kohanim) 서품을 받을 수 있는 나이는 20세였다. 제사장의 뜰 서쪽에 위치한 산헤드린의 거처에서 신체적인 무결함과 가문의 적법성에 대해 산헤드린의 심사를 통해 제사장 서품을 받게 된다.

① 대제사장 계급: 예수시대의 이스라엘은 신정체제였기에 제사장 계급은 가장 중요한 귀족계급으로 간주되었다. 왕이 없는 시대에 현직에 있는 대제사장(kohen hagadol)은 가장 높은 지위의 사람이었다. 대제사장은 공동체를 속죄할 수 있는 권한을 하나님으로부터 위임받은 사람으로 통했기 때문이다. 대제사장은 서품식을 통해 직책을 부여받았고, 여덟 부분으로 이루어진 화려한 대제사장복을 받았다. 유대교를 상징한다고 말할 수 있는 대제사장복은 죄를 사하는 능력을 가지고 있다고 믿었다. 또한 그의 죽음도 죄를 사하는 힘을 가지고 있다고 믿었다. 그래서 대제사장이 죽으면, 바로 그 날에 피의 복수를 면하기 위해 도피성으로 도망간 살인자들이 모두 자유의 몸이 되어 고향으로 갈 수 있었다.

대제사장은 몇 가지 특권을 갖고 있었다. 첫째, 어느 피조물도 접근할 수 없는 지성소에 일 년에 단 하루 속죄일에 들어갈 수 있다. 그 만이 하나님이 현존해 계신다는 지성소에서 하나님의 특별 계시를 받을 수 있다. 둘째, 자신이 원하면 언제든지 희생제물을 바치는 일에 참여할 수 있다. 셋째, 자신이 상을 당한 경우에도 제사를 거행할 수 있다. 넷째, 성전의 성물을 직분을 수행하는 제사장들에게 분배할 시 먼저 선택할 권리가 있다. 그 밖에도 대제사장은 유대인의 최고 행정기관이며 최고재판소인 산헤드린(Synedrium)의 의장이 되는 권리가 있다.

대제사장에게 부여된 의무에는 무엇보다도 제의적인 의무가 있다. 율법은 속죄일에만 직무수행을 규정하고 있으나, 관습적으로 기타 제의적 의무들이 그에게 부여되었다(속죄일 직전 한 주 동안 직무수행 또한 안식일과 신년축제 및 세 가지 순례절에 직무수행). 또한 대제사장으로서의 정결규정을 지켜야 한다. 예컨대 민수기 19장에 따르면 제사장은 시체로 인해 부정 탔을 경우 일주일간 정결예식을 행해야만 다시 직무수행이 가능했다. 그 같은 정결예식은 속죄일을 위해서도 필요했다. 시체를 만져서도 안 될 뿐만 아니라 상갓집에 가서도 안 되며 장례식 때 상여 뒤에 바짝 따라가서도 안 된다. 게다가 상중임을 나타내기 위해 머리를 풀어 헤치거나 옷을 찢어서도 안 된다. 대제사장은 세습제였기에 결혼 규정도 엄격해 과부나 이혼녀나 부정한 여자나 창녀와 결혼해서는 안 되고 오직 처녀하고만 결혼해야 했다. 한 랍비 전승은 처녀란 개념을 12-12.5세의 여자로 국한하였다. 게다가 대제사장은 직책 수행 상 또 다른 여러 의무가 있었다. 예를 들면, 벌거벗은 모습이나 목욕탕에 있는 모습이나 면도하는 모습을 보여서도 안 된다. 또한 대제사장은 "율리안 식 헤어스타일"로 불리는 아주 짧게 자른 머리를 해야 한다.

대제사장은 퇴임 후에도 여전히 대제사장 칭호를 유지했고 명성도 잃지 않았다. 마카베오 형제들이 대제사장이 되면서, 대제사장은 정치적 권세와 군사적 권세를 한 몸에 지니게 된다. 대제사장직은 본래 평생직이며 세습직이나, 헤롯 대왕은 대제사장의 중요성을 제거하기 위해 대제사장을 멋대로 임명하고 그에게 속한 전통적 특권들을 무시했으며 평범한 가문 출신의 제사장에 속한 사람을 대제사장으로 임명하기도 했다. 그리하여 헤롯 이후 로마의 통치 시대에 대제사장직은 더 이상 평생직도 세습직도 아니었다. 그럼에도 불구하고 기원후 1세기 동안 대제사장의 중요성이 점차 커졌다. 산헤드린의 의장이며 왕이 없는 시대에 로마에 대해 유대 민족을 대표했기 때문이다.

대제사장(P. Volz, *Die biblischen Altertümer* [Stuttgart, 1914], 74)

② **고위 제사장들과 고위 레위인들**: 제사장계급에는 대제사장을 제하고 다섯 종류의 고위직이 있었다(성전경비대장, 주간 당직 제사장들의 통솔자, 일직 제사장들의 통솔자, 성전감독자, 창고책임자). 이들 고위직은 고위 제사장들과 고위 레위인들로 구성된 사제귀족에 속한 사람들이 차지했다. 먼저 **성전경비대장**(segan ha-kohanim)[23]부터 살펴보자. 그는 대

23) 요세푸스(*Ant.* XX,6,2 §131 등)와 신약성서(행 4:1; 5:24, 26)가 언급하는 "성전 맡은 자"(στρατηγός τοῦ ἱεροῦ)가 이에 해당한다. 독일어로는 Oberpriester 혹은 Tempelhauptmann이라 부른다.

제사장 다음으로 지위가 높은 사람으로서 제사장 그룹의 우두머리이다. 그는 축제 때 대제사장을 보좌했고, 대제사장의 우편 귀빈석에 앉아서 대제사장의 제의가 바르게 집행되고 있는지를 살폈다. 대제사장이 속죄일 전주에 집무를 집행할 수 없을 경우 대제사장을 대신하였다. 제의를 감독하는 일과 당직 제사장들을 감독하는 일 외에도 성전에서 최고의 경찰력을 갖고 있었다. 예컨대 성전 바깥뜰에서 사도들을 체포하기도 했다(행 5:24-26). 이처럼 막강한 세력을 지녔던 성전경비대장은 대제사장과 친분이 가깝거나 그의 친척 중에서 선발되는 일이 많았다.

서열상 성전경비대장 아래에는 **주간 당직 제사장들의 통솔자**(rosch hamischmar)와 그 다음으로 **일직 제사장들의 통솔자**(rosch beth abh)가 있었다. 전자는 24명이 있었고 후자는 대략 156명이 있었다. 이들은 유다와 갈릴리 지방에 흩어져 살다가, 세 순례축제를 제하고 24주간을 한 주간씩 돌아가면서 예루살렘에 머물면서 제의 직무를 수행하였다. 나머지 두 개의 고위 제사장직은 **성전감독자**(ammarkal)와 **창고책임자**(gizbar)이다. 이 두 직책은 성전의 상임직이고 서로 밀접하게 관련이 있어, 보통 함께 언급하는 경우가 많다. 성전감독자들은 성전을 감독하고 성전 열쇠를 관리한 것으로 보인다. 창고 책임자들은 세 명 정도 있었던 것으로 보이는데, 성전재정과 관련된 일을 맡았다. 토지, 보화, 세금과 봉헌물 또한 성전에 보관된 개인자산을 관리했으며, 제의에 필요한 농산물과 재료를 마련했고, 재물용 날짐승과 농산물 판매를 감독했고, 매일 예배에 필요한 93개의 금은 기구들을 준비했다. 또한 이스라엘인은 누구나 2드라크마 이상을 바쳐야 했던 성전세를 포함해 기타 성전수입을 관리했다.

③ **제사장 귀족**: 대제사장 외에도 예루살렘의 고위 제사장들도 제사장 귀족에 속했다. 제사장 귀족에 속하는 전형적인 인물은 대제사장이었다. 전통적으로 대제사장은 사독 가문의 세습에 따른 것이다. 사독 가문의 세습에 따른 마지막 적법한 대제사장은 오니아스 3세(기원전 175년까

지)였다. 그의 동생 야손이 기원전 175년에 불법적으로 대제사장에 임명되면서 대제사장직 계승에 혼란이 초래하였다. 3년 뒤 기원전 172년에 당시 펠라스타인을 다스리던 시리아 왕 안티오커스 4세의 인준을 받은 평범한 제사장 출신의 메네라오스가 대제사장직에 오른다. 그러나 백성들은 여전히 오니아스 3세를 여전히 적법한 대제사장으로 여기고 있었기에 마침내 메네라오스는 시리아에 피해 있던 그를 기원전 170년에 살해한다. 기원전 164년에 메네라오스가 죽자, 평범한 제사장 출신의 야킴(=알키모스)이 대제사장 자리에 오르나 기원전 159년에 죽는다. 그 이후의 역사에 대해 당시 자료는 더 이상의 정보를 전해 주지 않는다. 마카베오하는 기원전 160년에 끝나고, 마카베오상은 기원전 152년에 대제사장이 된 요나단 이전의 대제사장에 대해 언급하지 않는다. 유대역사가 요세푸스는 기원전 159-152년 동안 대제사장직이 공백상태에 있었다고 말하나, 그것은 사실로 보기 어렵다. 쿰란문서의 발견을 통해 요나단 직전 시기의 대제사장은 에센파 설립자인 "의의 교사"였다는 사실이 드러났기 때문이다. 적법한 대제사장인 의의 교사를 축출하고 요나단이 기원전 152년에 그 대제사장 자리를 강탈했던 것이다.[24)]

하스모니아 가문 출신의 요나단은 사독 가문이 아니라 평범한 제사장 가문이었기에 대중들로부터 신망을 얻지 못했다. 이후 하스모니아 가문이 대제사장직을 세습하다가, 기원전 37년 헤롯 대왕(기원전 37년-기원후 4년)과 시리아의 로마총독 소시우스(C. Sosius)에 의해 예루살렘이 함락되면서 하스모니아 가문은 소멸되고 만다. 이후 대제사장직의 종신제가 폐지되고 세습제의 원칙도 철폐된다. 헤롯은 하스모니아 가문의 아리스토불(기원전 35년에 임명)을 제하고는 모든 대제사장들을 평범한 제사장 가문에서만 뽑았을 뿐만 아니라 제멋대로 임명하였다. 이러한 무법

24) H. Stegemann은 에센파의 설립자인 "의의 교사"가 그 기간 동안 대제사장이었을 것으로 추정한다("The Qumran Essenes-Local Members of the Main Jewish Union in Late Second Temple Times", *The Madrid Qumran Congress*, Vol. 1, ed. by J. T. Barrera · L. V. Montaner [Leiden/New York/Köln, 1992], 158).

상태는 기원후 70년 예루살렘 성전이 멸망할 때까지 지속되었다. 기원전 37년부터 기원후 70년에 재직했던 대제사장의 수는 모두 28명이다. 아리스토불을 제외한 25명의 대제사장들은 모두 평범한 제사장 가문 출신이었다. 그들 가문은 귀족층으로 부상하였고, 그 가운데 네 가문이 강력한 신흥 귀족으로 자리 잡았다(Boethos 가문 8명; 안나스[Hannas] 가문 8명; Phiabi 가문 3명; Kamith 가문 3명). 이들 신흥 귀족들은 권력 정치를 이용해 성전의 고위 상임제사장직들(성전경비대장, 성전감독자, 창고책임자)을 차지하면서 막대한 세금과 재산을 수중에 넣을 수 있었다.

④ **일반 제사장들**: 예수시대에 유다와 갈릴리 지방에 흩어져 살았던 제사장들은 대체로 24개의 제사장 가문으로 나뉘어 있었다. 이들 가문들은 24개의 주간 당직조로 나뉘어 순서대로 안식일에서 다음 안식일까지 예루살렘으로 올라와 직무를 수행했다. 24개의 당직조가 모두 봉직하고 나면 다시 처음 당직조로 돌아간다. 따라서 각 당직조는 일 년에 두 번씩 봉직했고, 몇몇 당직조는 연말에 세 번째 순서를 맞이하기도 한다. 쿰란에서 발견된 여러 달력 본문은 24개의 당직조 이름을 사용하여 주간을 표시하고, 364일의 달력에서 특정 축일에 봉직해야 할 당직조를 나열한 명단을 싣고 있다. 6년을 주기로 삼는 가운데, 한 해(52주)에 4개의 당직조는 세 번 봉직해야 한다.[25] 예수 당시 팔레스타인에 살고 있던 유대인 총수는 대략 50-60만 명 정도로 추산되는데, 그 가운데 10분의 1에 해당하는 5-6만 명 정도가 아내와 자녀를 포함한 제사장들과 레위인들의 수효로 잡을 수 있다. 그럴 경우 아내와 자녀를 제하면 팔레스타인의 제사장 수는 대략 18,000명 정도로 추산할 수 있다. 각각의 제사장 당직조는 당직을 책임진 주간과 또한 세 개의 순례축제 때 대략 300명의 제사장들과 400명의 레위인들 또한 거주지역의 평민 대표들과 더불어 예루살

25) J. C. 판데어캄, 『초기 유다이즘 입문』, 327.

렘으로 올라간다. 장엄한 예식에 따라 성전 열쇠들과 93개의 희생제의 기구들을 선임 당직조로부터 넘겨받고는 당직을 수행한다. 제사장들이 제의 기능을 수행한 기간은 일 년에 두 주간과 세 순례축제 기간에 국한된다. 나머지 10-11개월 동안은 각자의 고향에서 살았다.

⑤ 레위인들(하급성직자들): 이들은 가장 지위가 낮은 성직자 계급에 속한다. 이론상으론 이스라엘 12지파 가운데 하나인 레위 지파의 후손들이다. 레위인인 아론의 후손으로서 이들은 레위 지파 내에서 선호되는 계급에 속했다. 반면 아론 가문인 사독의 후손들인 합법적인 대제사장들은 제사장 가운데 우선시되었다. 따라서 레위인들은 제사장 가운데 하급 성직자에 속했고 제의 자체를 섬길 수는 없었고, 단지 성전음악을 담당하거나 성전 문지기 역을 맡았으며 그 밖의 성전의 여러 사소한 일을 맡을 뿐이었다. 이들이 성전건물에 들어서거나 제단에 발을 들여놓을 경우 평신도들과 마찬가지로 사형에 처해진다는 사실에서 이들의 신분의 위상을 가늠할 수 있다. 제사장 계급과 마찬가지로 레위인의 직분도 세습직이다. 예수시대에 이들의 임직 연령은 30세로 보인다.

레위인들의 수는 대략 만 명 정도를 헤아리는데, 제사장들처럼 24개 조로 나뉘어 각 조마다 한 주간씩 임무를 수행했다. 예루살렘 성전에는 레위인 상임 관리 4명이 있었는데, 이들은 레위인 음악가들을 감독하는 **음악책임자와 합창대지휘자,** 또한 성전일꾼들을 감독하는 **수문장과 경찰**이다. 레위인들 중 성악가들과 연주자들은 상층부에 속하는데, 날마다 거행되는 아침저녁 예배와 특별한 축제행사 가운데 찬양을 하거나 악기를 연주하였다. **성전일꾼**들은 성전 및 제의와 관련된 다양한 종류의 일을 수행했다. 예를 들면, 제사장들이 예복을 입고 벗을 때 돕는 일, 성경봉독을 위해 율법서를 가져오는 일, 성전을 청소하는 일, 초막절 화관 쌓는 일, 성전 경비 업무 등을 수행했다. 산헤드린의 지시에 따라 성전감독의 명령을 받고 예수를 체포하러 나선 무리는 다름 아닌 성전 경비를 맡은 레위인 성전일꾼들이었다(마 26:47; 막 14:43; 눅 22:47; 요 18:3, 12). 또한 바울로 인해 백성의 소동이 일어나자 그를 "성전" 곧 여인들의 뜰에서 끌어낸 후 이방인의 뜰에서 여인들의 뜰로 향한 성전문을 닫아버린 자들도 레위인 성전경비대였다(행 22:30). 또한 예수를 체포할 방도를 유다와 의논하고 예수의 체포를 지휘했던 "성전경비대장들"은 성전일꾼들의 우두머리에 속한 자들로 보인다(눅 22:4). 안디옥 교회로 바울을 불렀던 요셉 바나바(Josef Barnabas, 행 12:22-26)는 성서에 정통한 초기 그리스도교의 중요한 지도자로서 레위인이었다. 예수의 제자로 부름을 받은 레위인 제사장도 있다. 마태복음은 그를 마태라고 부르고 마가복음과 누가복음은 그를 레위라고 부른다(마 9:9; 막 2:14; 눅 5:27). 그가 마태복음의 저자일 경우, 그 역시 성서에 정통한 인물로 보인다. 이렇게 볼 때, 레위인 중에도 성서에 대한 지식이 해박한 사람들이 있었다는 사실을 알 수 있다.

2) 평민 귀족: 평민귀족에 대해 말하려면 먼저 산헤드린(Sanhedrin)에 대해 언급할 필요가 있다. 제2성전기 초기에 저명한 사람들로 구성된 통치 의회가 존재했을 가능성이 있으나, 산헤드린에 대한 언급은 로마시대에 와서 두드러진다. 유대의 최고 의회인 산헤드린은 정치 및 사법 기구였으며 중대 범죄로 고발된 개인의 사건도 다루었다(예를 들면, 헤롯과 예수). 훗날 랍비문헌에 따르면 산헤드린은 종교 사항을 다루기 위한 학자들의 단체가 된다. 최고 의회는 모두 71명으로 구성되었고, 세 그룹으로 나뉘어져 있다. 산헤드린의 의장을 맡은 대제사장을 포함한 고위 제사장 그룹과 서기관 그룹과 장로(=원로) 그룹이다. 여기서 장로들은 평민귀족을 대표하는 평민 가문의 수장들이다. 신약성서는 이들을 가리켜 주로 "장로"라고 부르나(마 21:23; 26:3, 47; 27:1, 3, 12, 20; 28:11-12; 눅 22:52; 행 4:23; 25:15),[26] 그 외에도 "백성의 지도자"(눅 19:47)로

26) 신약성서는 "장로"라는 개념을 제사장이 아닌 산헤드린 구성원을 가리키는 넓은 의미로 사용한다. 따라서 서기관도 이에 포함된다.

부르기도 한다. 유대 역사가 요세푸스는 산헤드린의 구성원으로서 고위 제사장 외에 예루살렘에서 가장 영향력 있는 평민 귀족들을 가리켜 "이 도시의 일인자들", "이 백성의 지도자들", "명망 있는 사람들", "이 백성 가운데 유력한 사람들과 가장 명망 있는 사람들", "명예와 가문에 있어서 예루살렘의 일인자들"로 부른다. 예를 들면, 부유한 대토지 소유자로서 예수의 시신을 장사했던 "아리마대 사람 요셉"(마 27:57; 막 15:43; 눅 23:50-51)이 바로 산헤드린의 세 번째 그룹, 즉 장로 그룹에 속했을 것으로 보인다.

3) 서기관: 기원전 마지막 시기에 와서 서기관들(Schriftgelehrten)은 새로운 상층 계급으로 부상하기 시작했고, 기원후 1세기 예루살렘 성전이 멸망하는 70년에 이르는 동안 과거의 귀족 계급과 겨루는 가운데 점차 그들과 맞설 수 있는 세력으로 자라났다. 서기관들의 출신은 매우 다양했다. 서기관들 가운데는 제사장 귀족뿐만 아니라 평범한 제사장들과 하급 성직자들도 있었다. 예를 들면, 원시 그리스도교 신앙공동체의 선지자이며 교사인 레위인 바나바가 서기관 출신으로 간주된다. 예루살렘의 서기관들은 다양한 종류의 직업을 갖고 있었다. 아그립바 1세 시대의 성전 요새의 사령관이며 샤마이파에 속했던 요애젤, 포도주와 기름을 팔았던 몇몇 상인들이 있었으며, 목수와 천막 제조자 또는 못 대장장이와 같은 다양한 종류의 수공업자들도 있었다. 심지어 훗날 유명한 학자가 된 힐렐과 같은 날품팔이꾼도 있었다. 반면, 예루살렘의 서기관 가운데는 바울처럼 전통 있는 가문 출신의 사람도 있었고, 순수 이스라엘 혈통을 갖지 못한 사람들도 있었다. 한마디로, 출신과 가문을 불문하고 서기관으로서 중요한 역할을 할 수 있었던 것은 오직 그들이 소유했던 지식의 힘이었다.

서품을 받아 서기관이 되기 위해서는 수년 간 정규 연구과정을 마쳐야만 했다. 요세푸스가 이미 14세에 율법해석에 정통했다는 좀 과장된 진술을 통해서도 그와 같은 사실을 알 수 있다. 스승에게 사사 받고 모든 전승자료와 할라카 해석방법들을 통달하여 종교법과 형법의 문제들에 대해 독자적인 판단을 내릴 수 있는 학생은 "서품을 받지 않은 학자"가 된다. 그러나 서품을 받을 수 있는 나이에 이르면,[27] 서품을 통해 서기관 무리에 정회원으로 가입할 수 있다. 그리하여 종교법과 제의 문제에 관해 독자적인 결정을 내릴 수 있고, 또한 재판관으로서 판결을 내릴 수도 있다. 그는 랍비라는 칭호를 가질 수 있다. 이미 예수시대에 서기관들이 랍비로 불렸다. 하지만 나사렛 예수처럼, 정규 교육 과정을 통한 서품을 받지 않은 사람도 랍비로 불렸으나, 점차 오직 서기관들만 가리키는 칭호로 바뀌어 갔다. 서품을 받은 서기관만이 토라에서 유래한 전승의 전달자며 창조자였다. 구전의 중요성을 강조한 바리새파의 가르침에 따르면, 이러한 구전 전승은 토라와 동등한 가치를 갖고 있거나 심지어 토라보다 더 중요하게 간주되기도 하였다.

서기관들은 전문 지식을 갖춘 학자로서 사법 · 행정 · 교육 기관에서 지도적인 자리를 차지할 수 있었다. 이들은 고위 제사장들과 귀족 가문을 제하고 산헤드린에 들어갈 수 있는 유일한 사람들이었다. 산헤드린의 바리새파는 전적으로 서기관으로 구성되었다. 기원후 1세기에 제사장들과 귀족 가문들이 차지했던 많은 요직이 서기관의 손에 넘어갔다. 서기관의 중요성은 종교법 전승의 담지자라는 점 외에도 비의적 전승의 담지자라는 점과도 관련되었다. 예를 들면, 하나님의 이름을 포함하여 하나님의 본질에 대한 비밀을 가르치는 일이나 창조 기적의 비밀을 가르치는 일에 대한 비의에 관한 전승의 담지자라는 것이다. 고대 유대교의 위경 묵시록에 담겨 있는 종말론적인 사건들과 천상세계 및 지상세계에 대한 우주적 지형학에 관한 진술은 사실상 서기관들의 비의 전승에 속한다. 이

27) 초기 랍비시대(기원후 70-3세기 초)인 타나임 시대의 한 문서(bSota 22b)는 서품 받는 나이로 40세를 잡는다. 타나임 시대(the period of Tannaim)란 70년-3세기 초 사이의 기간을 가리킨다.

러한 시각에서 서기관들은 예언자들의 후계자라고 말할 수 있고, 예언자들처럼 하나님의 일꾼으로서 성직자들과 동등한 위치에 있었다. 예언자들처럼 하나님의 뜻을 알아 그것을 재판과 설교를 통해 선포할 수 있었기 때문이다. 따라서 서기관들은 백성들로부터 무한한 존경을 받았고, 연장자들이나 자신의 부모보다도 더 많은 공경을 받았다. 장식용 술이 달린 긴 예복을 입은 서기관들이 다가오면 공경의 표시로 일어섰고, 이들을 향해 "으뜸가는 자"며 "랍비"요(마 23:6; 막 12:38; 눅 20:46) "아버지"(마 23:9)며 "주"(bMak. 24a)라는 칭호를 부르면서 정중하게 인사를 하였다. 회당에서도 랍비인 서기관은 토라 상자를 등진 채 민중을 바라보는 귀빈석에 앉았다. 바리새파 서기관들이 서기관 가운데 다수를 차지했기에 이들의 가르침은 백성들의 삶에 커다란 영향을 끼쳤다. 이러한 문맥에서 볼 때, 예수가 서기관들을 공격한 것이 얼마나 대담한 행위였는가를 알 수 있다.

3. 사회적 하층계급

1) 천대받은 직업

J. 예레미아스는 랍비 문헌에 의거해서 신약성서시대의 유대 사회에서 가혹할 정도로 사회적인 천대를 받았던 직업들로서 다음과 같은 직업들을 열거한다.[28] **볼드체**로 된 직업은 예루살렘에 있었던 것으로 밝혀진 직업들이다.

---

28) J. Jeremias, *Jerusalem zur Zeit Jesu*, 338.

1. Qid. IV 14 (미쉬나 키두쉰 [=약혼])	2. Keth. VII 10 (미쉬나 케투봇 [=결혼계약문])	3. bQid. 82a(Bar.) (바벨론 탈무드 키두쉰[=약혼])	4. bSanh. 25b (바벨론 탈무드 산헤드린[=재판정])
1. 나귀 몰이꾼	1. 개똥 수거자	1. 금세공업자 (Tos.: 체 만드는 사람)	1. 도박꾼
2. 낙타 몰이꾼	2. 구리 대장장이	**2. 아마빗 제조자**	2. 고리대금업자
3. 뱃사공	**3. 무두장이**	**3. 절구석공**	3. 비둘기경주진행자
4. 마부		**4. 행상인**	4. 휴경년 과일장수
5. 목동		**5. 직조인 (+Tos.: 재단사)**	**5. 목동**
6. 소매상인		**6.이발사**	**6. 세금징수관리인**
7. 의사		**7. 빨래꾼**	**7. 세리**
8. 푸줏간주인		**8. 매혈자**	
		9. 목욕탕업자	
		10. 무두장이	

오늘날 현대인의 시각에서 볼 때, 위에 열거된 직업들이 어떤 이유에서 천대받는 직업으로 간주되었는지 잘 납득이 안 될 수 있다. 그러나 당시 사회적 문맥을 고려하면 그 이유가 드러난다. 예를 들면, 제1명단의 1-6항은 "도둑질과 같은 직업"으로 간주되기도 했다. 이들 직업은 배달을 위해 맡긴 물건들 가운데 일부를 착복하도록 유혹을 많이 받는 운송업들이었기 때문이다. 목동의 경우, 자신의 가축을 남의 땅 안으로 몰고 다녔을 뿐만 아니라, 그 가축에서 나온 소산물을 착복했기 때문이다. 목자는 예수의 설교에서만 긍정적인 시각으로 나타날 뿐이다(요 10:11 등). 야훼와 메시아와 모세와 다윗을 목자로 묘사하는 구약성서의 구절을 제한다면 랍비문서는 목자를 부정적으로 평가한다. 또한 소매상인은 고객들에게 속임수를 쓰도록 유혹받는 직업이었기에 천대받았다. 의사의 경우, 부자들은 우대하면서도 치료비를 감당하지 못하는 가난한 사람들은 홀대한다는 이유로 비난받았고, 푸줏간주인은 금지된 찢겨진 고기를 식

용으로 몰래 판다고 의심 받았기 때문이다.

제2명단에 나오는 세 가지 직업은 악취로 인해 혐오감을 일으키는 직업들이었기 때문에 천대받았다. 제3명단에 나오는 직업의 경우, 여인들과 함께 일해야 하는 직업들이었기 때문에 부도덕한 직업으로 비난받았다. 제4명단에 나오는 세금징수관리인과 세리의 경우, 이들로부터 사기를 당했거나 피해를 입은 사람들에게 보상을 해 주어야 하는데 그들이 누구인가를 전부 기억할 수 없기 때문이다. 세리는 살인범과 강도와 나란히 언급되는 경우가 많았다. 이런 시각에서, 예수는 세리와 죄인들과 함께 식탁공동체를 나누었으며 또한 한 세리를 제자로 불렀다는 사실이 당시 사회에서 얼마나 파격적인 행동이었는가를 상상할 수 있다. 특히 제4명단에 언급된 직업 종사자들은 백성들로부터 멸시를 받는 데 그치지 않고 공적으로도 시민적 권리를 박탈당해 재판관이 될 수 없고 증인으로서 진술할 수도 없었다.

2) 유대인 노예

당시 유대 사회에 노예들이 있었는데, 이들 유대인 노예 역시 사회적으로 억압받는 무리에 속했다. 노예상태로 전락하는 경우는 세 가지이다. 첫째, 도둑질로 인해 노예로 전락하는 경우가 가장 흔했다. 노예로 팔릴 수 있는 사람은 이스라엘 남자에게 한정되었고 원칙적으로는 유대인에게만 팔 수 있었다. 둘째, 자발적으로 노예가 되는 경우도 있는데, 이는 성인 이스라엘 남자로서 극빈자에게만 허용되었다. 셋째, 이스라엘 여자도 노예로 팔릴 수 있으나, 12세 미만의 미성년 아이에게만 한정되었다. 유대인 주인 아래 예속된 노예들의 예속기간은 만 6년이었다(출 21:5-6; 신 15:16-17). 6년이 차기 전에 풀려날 수 있는데, 다른 사람에 의해 해방되거나 속전이 지불되었을 경우이다. 유대인 여자 노예는 주인이 죽거나 그녀의 나이가 12세가 되면 노예상태에서 풀려날 수 있었다. 유대인 노예는 이방인 노예보다 나은 대접을 받았다. 법적으로 유대인 노예는 불명예스러운 것으로 간주되지 않았고, 주인집 아들과 동등하게 취급되었다. 재산을 소유할 수 있었고, 그가 결혼할 경우 주인은 그의 아내와 자녀까지 부양해야 했다. 주인에게 선불의 형태로 지불된 임금에 대한 대가로 6년 동안 노동력을 제공하는 노동자였다고 말할 수 있다.[29)]

예수시대 팔레스타인에 물론 대규모로 이방인 노예를 부리던 산업은 없었지만 왕궁과 제사장 귀족들의 가정들이 적지 않은 이방인 노예들을 부렸다. 이방인 노예들의 주요 공급지는 아라비아였을 것이다. 이들 노예들은 주인의 완전한 소유물이었다. 자녀를 포함해 그들에게 속한 모든 것은 주인의 것이었다. 이방인 남자 노예는 노예이면서 다른 한편 할례를 받았기에 "언약의 아들"로 간주되었으나 이스라엘 공동체의 구성원은 아니었다. 그리하여 그의 종교적 의무와 권리는 중간적 위치에 있었다. 모든 이스라엘인과 같이 안식일에 쉴 권리가 있고, 유월절 축제에 참여할 수도 있으며, 주인은 그를 이방인에게 팔 수 없다. 반면, 공적인 기도회를 열 수 있는 최소 인원 10명에 포함되지 않았고, 성서 봉독자로 선발될 수 없으며, 식사 후 찬양자로 섬길 수도 없고 증언도 할 수 없었고, 이스라엘인과 결혼할 수 없었다. 한마디로, 유대교로 개종하면서 얻은 종교적 시민적 권리가 노예 신분에 의해 여러모로 제약받았다.

3) 사마리아인들

유대인과 이방인의 혼혈민족인 사마리아인들은 이방인 노예들보다 더 낮은 계층에 속한 사람들로 간주되었다. 이들은 유대 공동체로부터 배척당한 후 그리심(Garizim) 산에 (늦어도 기원전 4세기에) 자신들의 성전을 세웠고, 그로 인해 유대인과 심각한 갈등상황에 빠졌다. 양자간의 갈등은 하스모니아 왕가의 요한 히르카누스(Johannes Hyrkanus)의 통치 때(기원전 134-104년) 절정에 달했다. 히르카누스는 기원전 111년경에

29) Strack · Billerbeck, *Kommentar zum Neuen Testament aus Talmud und Midrasch IV* (München, 1978[=1928]), 709.

사마리아인의 성전이 있는 세겜을 정복하고 그리심 산의 성전을 파괴하였다. 그러나 기원후 1세기 말에 와서 헤롯이 말타케(Malthake)라는 이름의 사마리아 여인과 결혼한 것으로 보인다.[30] 그리하여 잠시 긴장이 완화되었으나, 헤롯 왕이 죽은 후 로마 총독 코포니우스 시대(Coponius 6-9년)에 사마리아인들이 유월절 한밤중에 성전 회당과 성소 전체에 사람의 뼛가루를 뿌려 성전을 부정하게 만들었고 결국 유월절 축제가 중단되는 사태가 벌어짐으로써 유대인과 사마리아인 사이의 갈등의 골이 다시 깊어졌다(*Ant.* XVIII,2,2 §29-30).

기원후 1세기 갈릴리 유대인들은 축제 때 예루살렘으로 여행할 경우 보통 사마리아를 경유했는데, 종종 사마리아에서 강도를 만나거나 유혈충돌이 일어났다. 예수가 사마리아인들이 증오하는 예루살렘 성전에 간다는 이유 때문에 사마리아의 한 마을에서 숙소를 제공받지 못했으며(눅 9:52-53), 심지어 마실 물조차 얻어먹지 못했다(요 4:9). 이처럼 기원후 1세기에 유대인과 사마리아인 사이의 관계는 극도로 나빴다. 사마리아인들은 제의적인 면에서 이방인과 동등하게 취급받았다. 기원후 8년경 이후 이들은 예루살렘 성전 내부 뜰 안으로 들어갈 수 없었다. 따라서 이방인 취급을 받았던 사마리아인들과 종교적 모임을 갖는다는 것은 상상할 수 없었다. "유대인이 사마리아인과 상종하지 아니한다"는 요한복음 4장 9절의 진술은 당시 시대적 상황을 정확히 표현한 것임을 알 수 있다.

4) 비합법적인 이스라엘인들

당시 사회에서 역시 사회적 하층계급에 속했던 이 그룹은 혈통 상 사소한 결함을 갖고 있는 이스라엘인들과 중대한 결함을 갖고 있는 이스라엘인들로 양분할 수 있다. 사소한 결함을 가진 이스라엘인들의 무리에는 비합법적인 사제 자녀, 개종자(proselyte) 그리고 해방노예가 속했다. 이 세 집단은 사제가문과 혼인관계를 맺는 것이 금지되었고, 특정 관직

30) Josephus, *Bell.* I,28,4 §562; *Ant.* XVII,1,3 §20.

이나 법률기관의 구성원이 될 수 없으며 명예직들도 가질 수 없다. **비합법적 사제 자녀**[31)]란 한 사제가 혈통이 다르거나 기타 결혼이 금지된 여인과 결혼해서 낳은 자녀를 가리킨다. 이들의 수효는 그리 많지 않았으나, 두 번째 집단인 **개종자**의 수는 사제의 후손들보다 월등히 많았다. 완전한 개종자를 "의의 개종자"라 부르는데, 할례와 침례를 받고 희생제물을 바침으로써 유대교로 완전히 개종한 사람들을 가리킨다. 이들은 반쪽 개종자라 말할 수 있는 이른바 "하나님 경외자"와는 다르다. 반쪽 개종자란 유일신론을 고백하고 의식율법의 일부만을 준수한 사람들이다. 이들 반쪽 개종자는 법적으로는 여전히 이방인으로 간주된다. 세 번째 집단인 **이방인 해방노예들**은 유대인의 노예로 일하다가 훗날 자유인이 된 이방인 출신의 남녀를 가리킨다. 이들은 유대인의 소유로 넘어갈 당시 할례와 침례를 받았던 사람들이다. 침례를 받음으로써 옛 주인의 소유권은 중지되고, 법적으로 완전 개종자들과 동일하다. 이들의 수효는 그리 많지 않았다. 이들 해방노예는 순수 혈통을 가진 이스라엘 여인과 결혼할 수 있는 계층 가운데 최하층에 속한다. 이들은 많은 천대를 받았다. 예컨대, 헤롯 왕가는 완전한 개종자 집단에 속했다. 유대인 혈통을 갖고 있지 않은 헤롯 대왕은 이두매 출신의 아버지 안티파터와 아랍 족장 가문 출신의 어머니 키프로스 사이의 아들이다. 개종자의 후손인 헤롯은 심지어 해방노예의 자손으로도 의심받았기에 본래 유대 왕위에 오를 수 없는 사람이었다. 따라서 비합법적 왕위 찬탈자로 통해 바리새파는 그에게 충성할 것을 거부했다(*Ant.* XV 10,4 §370; XVII 2,4 §42). 당시 백성은 헤롯 가문의 사람들을 해방노예의 후손으로 조소하기도 했는데, 이는 커다란 모욕을 뜻했다.

혈통 상 중대한 결함을 갖고 있는 이스라엘 사람들의 부류에는 사생아(mamzerim), 성전 노예(nethinim), 아버지를 모르는 사람, 주워 온 아이 그리고 고자가 속했다. 이들은 합법적인 혈통을 가진 이스라엘인이

31) 이들을 가리켜 "속된 사람들"(halal, halala)이라고 부른다(참조. 레 21:15).

나 비합법적인 제사장 후손과도 결혼을 할 수 없었다. 한마디로 이들은 "이스라엘의 공동체"(신 23:1-2)로부터 배제된 사람들로서 "공동체의 쓰레기"(pesule qahal)로 통했다.

IV. 나가면서

이제까지 예수와 초기 그리스도교 신앙공동체가 활동하던 당시 예루살렘의 경제와 사회에 대해 살펴보았다. 이에 대한 연구로 이미 이 분야의 고전적인 연구로 통하는 요아힘 예레미아스의 저서 *Jerusalem zur Zeit Jesu: Eine kulturgeschichtliche Untersuchung zur neutestamentlichen Zeitgeschichte* (Göttingen, [3]1969)를 중심 문헌으로 삼고, 그 외에도 다른 문헌들을 참조하였다. 위에서 언급한 내용을 간략히 다음과 같이 요약할 수 있다.

먼저, 예루살렘의 경제적 상황을 다루었다. 팔레스타인은 전체적으로 볼 때 농업경제가 압도적이나, 예루살렘은 농업보다는 수공업과 상업이 지배적인 도시였다. 예수시대 예루살렘의 전형적인 산업은 수공업이었고 다양한 종류의 수공업이 존재했다(직조업, 재단사, 피혁산업, 샌들 판매업, 도기 제조업, 의사, 이발사, 환전상 등). 또한 당시 예루살렘에는 거대한 건축물들이 들어섰기에, 그와 관련된 수많은 건축노동자가 필요했으며 건축 공예업이 발전하였다. 그 밖에도 성전 제의와 관련한 다양한 종류의 수공업이 있었다. 산악도시인 예루살렘은 상업에 불리한 위치에 있었으나, 이스라엘 백성의 삶의 중심을 이루는 성전과 관련된 종교적·문화적 중요성으로 인해 상업이 발달했다. 당시 상업은 매우 존중 받은 직업으로 통했다. 유대 명절과 관련해 예루살렘으로 대거 몰리는 여행자들은 예루살렘의 경제에 커다란 영향을 미쳤다는 사실도 간과할 수 없다.

이어서 예루살렘의 사회적 상황과 관련해 당시 존재했던 다양한 계층의 사람들을 다루었다. 왕가와 자산계층이 막대한 부를 차지한 반면, 소상인과 수공업자들은 부의 중간계층을 이루었고, 그 외에 노예와 날품팔이꾼과 걸인과 나병환자 등 수많은 가난한 사람들이 있었다. 상층계급은 당시 권력에 직간접으로 참여했을 뿐만 아니라, 서기관 그룹을 제하고는 대체로 상당한 규모의 토지와 부를 차지했던 사람들을 가리키는데, 여기에는 제사장 계급을 필두로 하여 평민귀족과 서기관들이 속했다. 제사장 계급에는 대제사장을 정점으로 하고 그 아래에 사제 귀족에 속하는 고위 제사장들과 고위 레위인들이 5종류의 고위직(성전경비대장, 주간 당직 제사장들의 통솔자, 일직 제사장들의 통솔자, 성전감독자, 창고책임자)을 차지했다. 그 아래에 일반 제사장들이 있었고, 최하위 성직자 계급은 레위인들이 차지했다. 이들은 성전 제의 자체를 섬길 수는 없었으나, 성전음악을 담당하며 성전과 관련된 여러 사소한 일을 맡았다. 고위 제사장 그룹 외에도 상층계급에는 평민 귀족과 서기관이 속했다. 이들은 유대 최고위 기관인 산헤드린의 구성원이 될 수 있었다.

마지막으로 사회적 하층계급을 다루었다. 하층 계급이란 지배층의 권력과 특권을 공유하지 못하는 것은 물론이고, 지배층을 위해 봉사하는 사람들 무리에도 끼지 못하는 부류의 사람들을 가리킨다. 당시 운송업에 속한 여러 직업들(나귀나 낙타 몰이꾼, 뱃사공, 마부, 목동 등)이 물품 배달 시 일부를 착복하는 경우가 많았기에 도둑질과 같은 직업으로 간주되어 천대받았다. 그 외에도 유대인과 이방인 출신의 노예들이 사회적 하층계급에 속했고, 사마리아인들은 이들보다 더 낮은 계층의 사람들로 분류되었다. 이른바 혈통에 결함이 있는 유대인들도 당시 사회의 하층계급에 속했다.

제7장 예수시대 예루살렘 성전 구조

예루살렘 성전은 유대교의 중심을 뜻한다. 여기서는 예수님이 사셨던 기원후 20년 무렵, 헤롯 대왕이 엄청난 비용을 들여 예루살렘 성전지역과 성전을 대대적으로 확장하고 증축한 이른바 "헤롯 성전"에 대해 다루려 한다.

제7장

예수시대 예루살렘 성전 구조

Ⅰ. 들어가면서

예루살렘은 이른바 세 가지 "아브라함의 종교"로 불리는 유대교와 기독교와 이슬람교 모두가 오늘날까지 소중히 여기는 성지이다. 기독교의 경우 예루살렘이 원시 그리스도교의 본래 중심지였다가 훗날 다른 곳으로 무게 중심이 이동한 것과 달리, 유대교의 경우에 예루살렘은 유대교의 장구한 역사 내내 그 중심에 서 있었다. 예루살렘은 다윗에 의해 기원전 1000년경 왕국의 수도가 되면서 이스라엘의 역사와 분리할 수 없는 관계에 놓인다. 팔레스타인 본토와 디아스포라에 흩어져 살고 있는 모든 유대인들에게 예루살렘 성전은 유대교의 중심을 뜻한다. 예루살렘의 중요성은 무엇보다도 성전과 관련되어 있다. 성전은 "하나님이 자기 이름을 두시려고 선택한 장소요, 신과 인간의 만남이 이루어지는 핵심 공간에 인간의 복지와 구원이 달려 있는 희생제의의 초점이며, 언약 백성 이스라엘의 정체성을 위한 주요 경제지표"였기 때문이다.[1]

1) J. 던, 『예수와 기독교의 기원』, 상권, 399.

이스라엘의 장구한 역사를 거치면서 예루살렘 성전은 많은 변화와 고초를 겪었다. 여기서 우리가 관심을 갖는 예루살렘 성전은 예수의 등장을 전후한 시기의 성전이다. 그 시대의 성전은 이른바 "제2성전시대"(The Second Temple Period) 말기에 속한다. 제2성전시대라 함은 유대인들이 강대국 바벨론의 침공으로 인해 첫 번째 예루살렘 성전의 멸망과 더불어 바벨론으로 유배되었다가(기원전 587년),[2] 바벨론을 패망시킨 페르시아(=바사)의 왕 고레스(Kyros)가 유대인들이 고향으로 돌아가 왕실비용으로 성전 재건을 허락하는 칙령을 발표한 후(대하 36:23; 스 1:2-3; 6:3-5) 스룹바벨의 감독 하에 성전 재건 사업이 추진되었고 다리우스 왕 통치 6년(기원전 515년) 아달월 초사흗날에 이르러 성전이 새롭게 준공된(스 6:15)[3] 이후의 시기를 가리킨다. 이때로부터 시작된 제2성전시대는 기원후 70년 티투스의 지휘를 받은 로마군의 공격으로 인해 예루살렘 성전이 무너짐으로써 막을 내린다. 이 기간은 유대민족이 이방 민족의 지배를 받았던 시기이다. 유대민족은 기원전 2세기 말부터 기원전 1세기 초에 마카비 가문이 다스리는 "하스모니아 왕국"(기원전 142-63년)이라 부르는 자신들의 독립 국가를 일시 가졌을 뿐 언제나 주변 강대국의 지배 아래에 있었다.

예수가 활동하던 시대는 팔레스타인이 로마에 예속된 시기였다. 당시 성전에 관한 정보는 주로 두 가지 라인을 통해서 얻을 수 있다. 하나는 기원후 1세기에 살았던 유대 역사가 요세푸스가 자신의 두 작품, 즉 『유대 고대사』(*Ant.* 15,268-296)와 『유대 전쟁기』(*Bell.* 5,184-227) 가운

---

2) 이러한 참상에 대해 열왕기하 25장 8-11절은 다음과 같이 보도한다. "[8] 바벨론 왕 느부갓네살의 열아홉째 해 오월 칠일에 바벨론 왕의 신복 시위대장 느부사라단이 예루살렘에 이르러 [9] 여호와의 성전과 왕궁을 불사르고 예루살렘의 모든 집을 귀인의 집까지 불살랐으며 [10] 시위대장에게 속한 갈대아 온 군대가 예루살렘 주위의 성벽을 헐었으며 [11] 성 중에 남아 있는 백성과 바벨론 왕에게 항복한 자들과 무리 중 남은 자는 시위대장 느부사라단이 모두 사로잡아 가고".

3) 이 성전을 가리켜 "스룹바벨의 성전"이라 부른다.

데 전하는 정보이다. 요세푸스는 제사장이었기에 그가 전하는 성전 구조에 관한 정보는 상당 부분 신빙성이 있을 것으로 보인다. 다른 하나는 기원후 2세기 말경에 편집된 것으로 간주되는 것으로 랍비문학의 근간을 이루는 미쉬나(Mishnah)에 속하는 "미돗"(Middot)이라는 소책자(tractate)에 나오는 정보이다. 그 밖에도 11번째 쿰란 동굴에서 발견된 이른바 "성전 두루마리"(11Q Temple) 문서가 존재하나,[4] 여기에 묘사된 성전은 이스라엘의 역사에서 유래한 어떤 성전과도 비교할 수 없는 것으로 미래에 세워질 성전에 대한 이상적인 설계상으로 보인다.[5]

II. 헤롯 대왕의 성전 개축

기원전 515년에 건립된 제2성전의 최초 모습을 보여 주는 "스룹바벨의 성전"은 첫 번째 성전인 "솔로몬의 성전"에 비해 소박했던 것으로 보인다. "솔로몬의 성전"의 영광을 본 자의 눈에 비친 두 번째 성전은 보잘것없는 것으로 보였기 때문이다(학 2:3 "너희 가운데에 남아 있는 자 중에서 이 성전의 이전 영광을 본 자가 누구냐 이제 이것이 너희에게 어떻게 보이느냐 이것이 너희 눈에 보잘것없지 아니하냐").[6] 훗날 제2성전

4) 『성전두루마리』의 생성연대를 두고 학자들 사이에 논쟁이 많다. 대략 기원전 400년경으로 추정하는 사람이 있는가 하면(H. Stegemann), 기원전 150년경으로 어림잡기도 한다(M. O. Wise; J. A. Fitzmyer). 이 작품은 이스라엘 신앙의 핵심을 이루는 예루살렘성전과 관련된 문서이다. 모세며 다윗 · 솔로몬과 예언자 에스겔을 통해 모세 오경에 기록되어 있는 다양한 하나님의 계시를 더욱 보충하거나 강화하는 내용을 담고 있다. 놀라운 구성을 갖추고 있는 이 작품은 성역과 정결함의 정도에 따라 완벽한 중앙집중식으로 구성되어 있다. 즉, 외곽 성지에서 시작하여 성시를 거쳐 성전을 지나서 가장 성결된 장소인 지성소에 이르기까지 여러 성역에 대한 다양한 규정을 담고 있다. 여기에서 여러 성역들이 서로 엄격하게 구분되어 있음을 알 수 있다.

5) J. C. VanderKam, *The Dead Sea Scrolls Today,* Grand Rapids (Michigan, 1994), 59.

6) 훗날 탈무드(Yoma 21b)도 솔로몬 성전에 존재했던 5가지(법궤, 불, 셰키나, 성령, 우림과 투밈)가 제2성전에는 결여되었다고 지적한다.

은 하스모니아 왕가(기원전 142-63년)에 의해 좀 더 화려한 모습을 갖추게 되나, 헤롯 대왕 시대(기원전 37-4년)에 와서 완전히 새로운 모습으로 확장된다. 헤롯은 하스모니아 가문의 흔적을 지워 버리고 성전을 솔로몬의 성전 전통을 따라 완전히 새롭게 개축하였다.

헤롯은 통치 초기에 성전 개축에 앞서 우선적으로 성전 지역 북서쪽 구석에 요새를 구축했다. 여기에서 성전 지역 일대를 한눈에 조망할 수 있었고, 소요가 일어나면 로마 상주군을 즉시 투입시킬 수 있도록 하였다. 헤롯은 이 성곽을 자신의 후원자인 마르쿠스 안토니우스(Marcus Antonius)를 기념하여 **"안토니아"**(Antonia)라 명명했다. 안토니아 성곽을 통해 헤롯은 성전 지역의 안정과 질서를 유지하고자 했다. 예컨대, 훗날 사도 바울로 인해 성전 지역에서 소요가 일어나자 로마군의 천부장과 백부장은 안토니아 성곽에서 성전으로 향해 나 있는 계단으로 달려 내려가 바울을 신속히 체포할 수 있었다(행 21:30 이하).

헤롯의 두 번째 대규모 건축 사업은 첫째 성벽 북서쪽 구석에 위치한 **왕궁**이다. 이 왕궁은 하스모니아 시대의 세 망대로부터 남쪽 350m까지 다다른다. 헤롯은 이 망대들 역시 화려하게 증축을 하고, 자신이 아낀 세 명의 고인을 기념하여 이름을 붙였다. 첫째 망대는 친구 이름을 따서 "히피쿠스"(Hippicus)라 불렀고, 둘째 망대는 동생의 이름을 따서 "파사엘"(Phasael)이라 불렀으며, 셋째 망대는 자신이 사형에 처했던 아내 "마리암네"(Mariamne)로 명명했다. 헤롯은 기원전 23년경에 새 왕궁으로 이주한 것으로 보인다.

헤롯은 기원전 23/22년(*Bell.* 1,401) 혹은 20/19년(*Ant.* 15,420)에 엄청난 비용을 들여 예루살렘 성전지역과 성전을 대대적으로 확장하고 증축한다. 그리하여 성전 지역 면적이 예전보다 두 배 정도 늘어난다(*Ant.* 15,380). 요세푸스는 헤롯의 성전 개축 공사를 가리켜 헤롯이 이제껏 이룬 그 모든 업적보다도 뛰어난 것이며 이로써 그의 이름이 영원히 지속될 것을 확신했다고 전한다. 거룩한 성전 본체는 제사장들만으로 공사를 하였고, 제사장 출신이 아닌 헤롯은 행각과 바깥뜰 공사에 직접 관여하는 가운데 8년간 지속되었다(*Ant.* 15,420-421). 첫 번째 성전의 영광을 되찾으려는 이러한 노력을 통해 헤롯은 이두메 출신의 "반쪽 유대인"이라는 불명예의 딱지를 걷어 내고 다윗과 솔로몬과 같은 위대한 지도자로서 자신의 이름을 유대 역사에 자리매김하고자 했을 것이다.

헤롯이 시작한 성전 증축은 그의 사후에도 지속적으로 이루어져 로마의 통치에 항거하는 반란이 터지기 직전 기원후 64년(로마 총독 알비누스 시대, 62-64년)에 와서 최종적으로 완성된다. 성전의 높이가 60엘레에서 100엘레로 높아졌고, 제사장들만 들어갈 수 있는 성전 내의 거룩한 뜰이 정비되었고, 유대인 여성들도 들어갈 수 있는 "여성의 뜰"과 이스라엘 남자들만 출입이 허용된 "남성의 뜰" 사이에 커다란 문이 세워졌고, 거대한 지하 건축물에 의해 이방인에게도 개방된 바깥뜰이 남북으로 확장되었으며, 성전 뜰을 둘러싼 행각들이 아름답게 장식되었다. 이처럼 헤롯은 성전 건축에 심혈을 기울여 장대하고 화려한 성전으로 만들었다. 이 성전을 가리켜 "헤롯의 성전"이라 부른다. 마가복음 13장 2절에 따르면, 예수가 제자들과 함께 성전 앞에 있을 때, 한 제자가 "선생님이여 보소서 이 돌들이 어떠하며 이 건물들이 어떠하니이까"라고 말하는 가운데 예루살렘 성전의 장대한 모습에 경탄한다. 요세푸스는 헤롯 성전의 찬란함에 대해 다음과 같이 전한다.

> "성전의 외부 모습은 보는 이의 영혼과 눈을 황홀경에 빠뜨릴 수 있는 모든 것을 보여 준다. 성전은 온통 금판으로 덮여 있으며, 해가 떠오르기 시작하면 거의 작열할 듯이 빛을 발하여, 보는 이들이 쳐다보고자 하여도 마치 햇빛에 의한 것처럼 자기들의 눈을 돌려야만 했기 때문이다. 사실상 그것은 예루살렘으로 오는 낯선 이들에게는 눈 덮인 산등성이처럼 보였는데, 금으로 칠하지 아니한 부분이 하얗게 비쳤기 때문이다. 성전 건물의 지붕 위에는 금으로 된 뾰족한 침들이 있어서 새들이 내려 앉아 더럽힐 수

없게 되었다. 성전 건물 안으로 박아 넣은 돌들 가운데 어떤 것들은 길이가 45규빗[대략 22m]이고 높이가 5규빗[대략 2m]이고 너비가 6규빗[대략 2.5m]이나 된다."(*Bell.* 5,222-224)

III. 헤롯 성전의 구조

이제 성전의 구조물에 대해 차례로 다루고자 한다. 성전은 예루살렘 동편에 자리 잡고 있으며, 성전 건물 자체와 성전을 에워싸고 있는 성전 지역으로 이루어져 있다. 예루살렘 성문을 통과하여 성전 지역에 이르면 제일 먼저 **"이방인의 뜰"**이 나온다. 글자 그대로 이방인에게도 개방된 성전 지역이다. 이곳은 성전에서 거행되는 여러 희생제의에 필요한 제물들을 사고파는 상행위가 열리는 장소이다. 또한 성전 지역에서는 특정 화폐만 유통되었기에 외지에서 찾아온 순례객들은 자신들의 화폐를 성전 화폐로 환전해야만 했다. 그래서 성전 지역 안에는 성전 제사장들로부터 허가 받은 환전상들이 환전대를 차려 놓았고, 이들은 동시에 가난한 자들이 소박한 제물로 사용하는 비교적 값싼 비둘기도 팔았다. 유월절이 다가와 예루살렘에 올라가신 예수는 환전상의 상과 비둘기를 파는 자들의 의자를 둘러엎으신 이른바 "성전 정화 사건"(막 11:15-19; 요 2:13-17)은 바로 이방인의 뜰에서 일어난 일이었다.

성전 지역 안으로 통하는 **출입 대문**은 동서남북 사방에 마련되었고, 성전 지역 내부는 사방에 걸쳐 길게 나 있는 **행각**에 의해 둘러싸여 있었다. 헤롯은 대리석 석주들의 이중 행렬로 이루어진 행각을 완전히 새롭게 재건하였다(Josephus, *Bell.* 1,401). 성전 지역의 동쪽과 서쪽과 북쪽에 있는 행각은 높이와 너비가 각각 15m에 해당하며, 행각을 받치고 있는 기둥의 높이는 12.5m에 이르며, 행각의 지붕은 백향목으로 만들어졌다(*Bell.* 5,180ff). 동쪽의 행각을 가리켜 "솔로몬의 행각"(참조. 행 3:11)

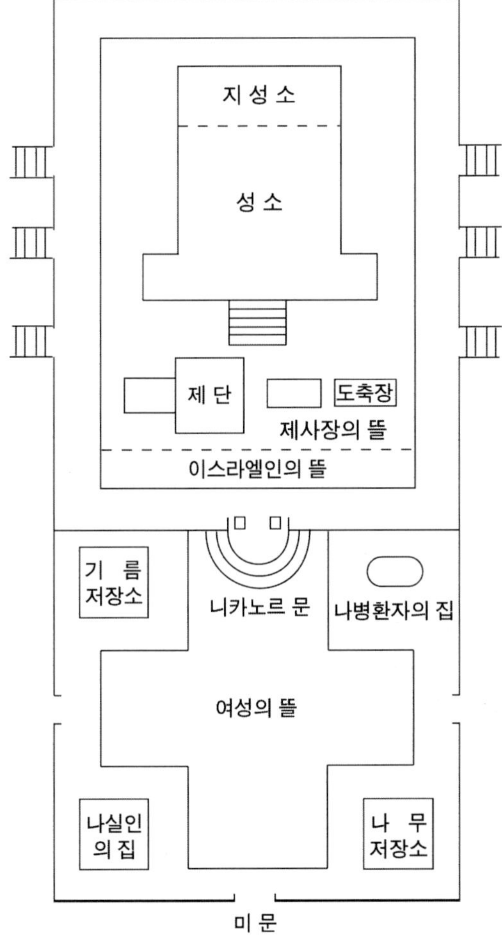
지 성 소
성 소
제 단
도축장
제사장의 뜰
이스라엘인의 뜰
기 름
저장소
니카노르 문
나병환자의 집
여성의 뜰
나실인
의 집
나 무
저장소
미 문

헤롯 시대의 성전 단면도

이라 부른 반면, 성전 지역 남쪽 경계면에 있는 행각은 "왕의 행각"(Royal Portico)이라 불렀다.

이방인의 뜰은 **경고문**이 달린 울타리로 성전 내부 뜰과 분리되었다. 이 경고문에는 다음과 같은 경고의 말이 적혀 있었다: **"이방인은 어느 누구도 성전 지역 주위의 난간과 울타리 안으로 들어가서는 아니 된다. 누구든지 잡히는 자는 뒤따르는 그의 죽음에 대하여 스스로 책임을 져야 한다"**(*Ant.* 15,417; *Bell.* 5,194). 성전 내부로 들어가는 입구에는 사람들에게 구걸하려고 거지들이 늘어서 있었다(행 3:2 "나면서 못 걷게 된 이를 사람들이 메고 오니 이는 성전에 들어가는 사람들에게 구걸하기 위하여 날마다 미문이라는 성전 문에 두는 자라").

이방인의 뜰 안쪽 너머에 있는 두 번째 뜰은 사방 벽으로 막힌 독립된 공간으로서 유대인 남성들뿐만 아니라 유대인 여성들도 출입이 허락된 장소이다. 그리하여 **"여성의 뜰"**이라 불렀다. 본토 출신을 포함하여 디아스포라에서 온 유대인 여성들의 출입도 허용되었다. 서쪽을 제외한 동남북쪽에 출입구가 각각 마련되었는데, 동쪽 문이 주 출입구를 이룬다. 사도행전 3장 2절은 이 문이 너무 아름다워 **"미문"**이라 부른다. 미문은 높이가 25m이며 금과 은으로 덮인 아름다운 양 날개를 갖고 있었다.

여성들의 뜰은 67.5m의 정사각형 크기로 네 구석에 특별한 목적의 공간을 갖고 있다. 북서쪽 공간에 **"나병 환자의 집"**이 있었다. 여기에는 나병에서 나은 사람들이 정결예식을 거행하는 제의욕탕이 있다. 남서쪽 구석에는 성전 기름을 저장하는 **"기름 저장소"**가 있고, 남동쪽 구석에는 하나님께 서원한 **"나실인의 집"**이 있다. 북동쪽 구석에는 번제제단에 사용하는 나무를 저장하는 **"나무의 저장소"**가 있다. 여성들의 뜰에서 남성들의 뜰로 연결된 대문이 있었는데, 이를 가리켜 **"니카노르 문"(Nicanor Gate)**이라 불렀다. 반원형의 15계단 위에 청동으로 멋지게 장식한 날개를 가진 삼중 문이었다. 여성들의 뜰 서쪽으로 연결된 공간은 성전 제의에 참석할 수 있는 유대인 남성들만 들어갈 수 있는 장소이기에 **"남성의**

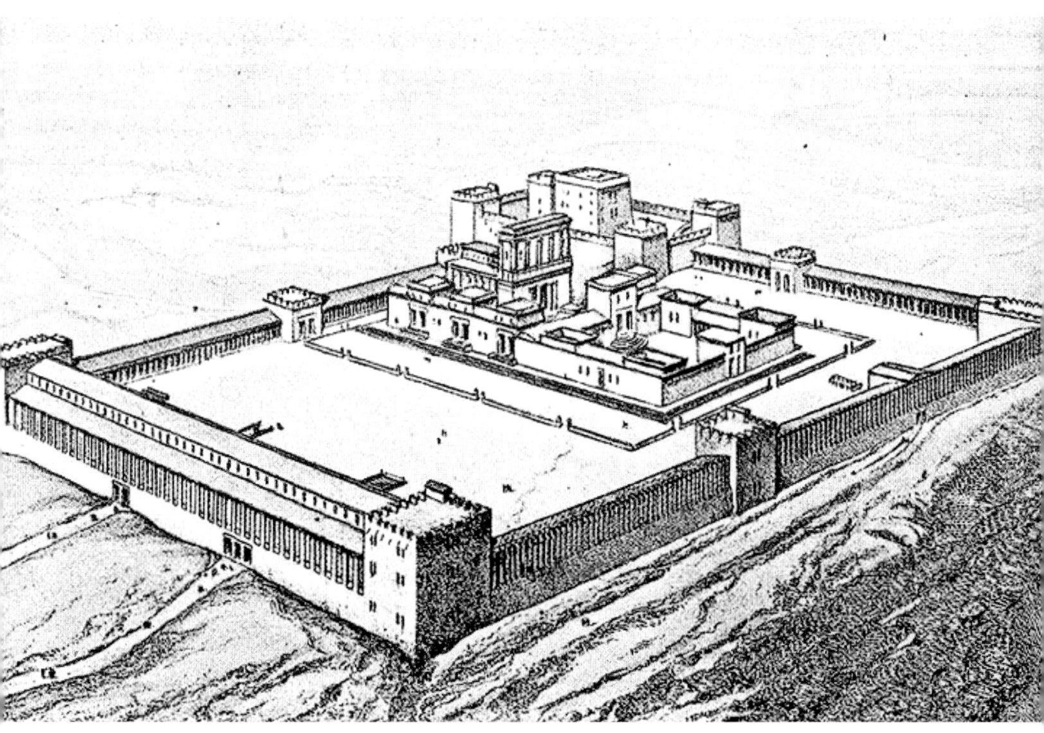

헤롯 시대의 성전산(Paul Volz, *Die biblischen Altertümer* [1914], 51)

뜰" 혹은 **"이스라엘인의 뜰"**이라 불렀다. 남쪽과 북쪽에 각기 세 개씩 마련된 문을 통해 출입할 수 있었다.

성전에 더욱 가까이 있는 세 번째 뜰은 제사장들만 들어갈 수 있는 보다 성스러운 공간이기에 **"제사장의 뜰"**이라 부른다. 여기에는 커다란 **번제 제단**이 있었다. 제단의 가로와 세로는 각기 22.5m이고 높이는 6.75m였다(*Bell.* 5.225). 그곳에 금으로 된 분향 제대와 항시 불이 켜져 있는 일곱 촛대와 매 안식일마다 12개의 신선한 빵을 올려놓는 제상이 마련되어 있었다. 번제 제단 뒤 서쪽으로 나 있는 12계단을 따라 올라가면 가장 거룩한 성전 건물 본체가 있다. 성전 본체는 세 부분으로 구성되었다. 먼저 성전의 **정면 구조물**(4.5x9m)이 보이고, 이어서 **성소**(18x9m)가 있고 마지막으로 **지성소**(9x9m)가 있다. 지성소는 큰 휘장으로 다른 성소 공간과 구분되었고, 일 년에 한 번 있는 대 속죄일에 온 이스라엘을 위한 속죄의식을 거행하기 위해 오직 대제사장만 발을 들여놓을 수 있는 지극히 성스러운 장소이다.

본래 이곳에는 **법궤**가 있었다. 법궤는 아카시아 나무로 짠 사각형 궤로서 길이가 1.25m이고 너비와 높이는 각기 0.75m이고 금칠이 되어 있고 운반용 막대기를 끼워 넣을 수 있는 고리가 달려 있다(출 25:10-22; 37:1-9). 법궤 위에는 같은 크기의 금칠된 덮개가 있다. 이를 가리켜 히브리어로 "카포렛"이라 부르는데, 속죄의 덮개를 뜻한다.[7] 법궤는 이미 기원전 587년 바벨론이 예루살렘을 침공했을 때 분실되었고, 기원전 515년에 성전이 재건된 이후 이곳은 빈 공간으로 남아 있었다.[8] 기원후 1세기 후반에 활동했던 유대 역사가 요세푸스는 지성소와 관련하여 "여기에는 아무것도 남아 있지 않다"(*Bell.* 5.219)고 전한다. 대제사장은 대 속죄일에 이스라엘의 죄를 대속하기 위해 바쳤던 숫염소의 피를 법궤에 뿌리는 대신 그것이 놓여 있었던 돌판 위에 뿌렸다.

헤롯이 기원전 20년 혹은 19년에 시작한 성전 개축은 로마 총독 알비누스(Albinus) 시대인 기원후 62-64년에 와서야 최종적으로 완성된다(*Ant.* XX,9,7). 그러나 로마의 지배에 항거하는 유대인의 저항 운동이 머지않아 터지면서 예루살렘 성전은 기원후 70년에 파괴되어 역사의 저편으로 사라지고 만다. 헤롯 성전의 유일한 유물로서 오늘날까지 남아 있

---

7) 로마서 3장 25절에 나오는 우리말 번역어 "화목제물"은 그리스어로 "힐라스테리온"(ἱλαστήριον)이라 부르는데, 이는 히브리어 "카포렛"에서 유래한 개념이다.

8) 유대 전승은, 기원전 587년 성전 멸망과 함께 법궤가 파괴된 것이 아니라 도래할 메시아 시대까지 감춰져 있다고 말하는가 하면(마카베오 II 2:4-8), 바벨론 유배 때 법궤도 함께 바벨론으로 끌려갔다고 말하기도 한다.

는 이른바 **"통곡의 벽"**이라는 구조물이 있다. 이것은 헤롯이 성전 지역 확장을 위해 성전 언덕에 대형 돌들로 쌓아 만든 벽이었다. 통곡의 벽은 오늘날 유대인들이 기도하는 명소가 되었다. 헤롯 시대 성전산의 모습과 성전 단면도를 대략 다음과 같이 복원할 수 있다.

제8장 유대 전쟁과 예루살렘 성전 멸망

유대 전쟁(66-74년)과 예루살렘 성전 멸망(70년)은 당시 유대교뿐만 아니라 초기 교회에게도 커다란 영향을 끼친다. 유대 전쟁은 유대인과 그리스도인의 희미한 경계를 명백히 구분 짓는 계기도 된다. 유대 전쟁 이후 예루살렘 교회는 더 이상 전체 그리스도교를 향도하는 중심지가 아니고 개별 지역 교회들이 선교의 중심지로 새롭게 부상한다.

제8장

유대 전쟁과 예루살렘 성전 멸망

I. 들어가면서

신약성서는 대략 50-130년 사이에 기록된 문서들의 모음집이다. 이 가운데 66-74년에 있었던 유대 전쟁 시기를 직접적으로 반영하는 문서가 있다. 그것은 예루살렘 성전이 파괴되던 시점인 70년을 전후하여 기록된 것으로 간주되는 마가복음이다. 대다수 주석가들은 특히 마가복음 13장을 유대 전쟁과 관련하여 당시 암울하고 종말론적인 상황을 반영하는 것으로 해석하면서, 이 본문이 마가복음의 생성 시기에 관한 구체적인 정보를 담고 있다고 믿는다. 그러나 아직 논란 중에 있는 것은, 마가복음 13장이 유대 전쟁이 끝났음을 돌아보고 있는지, 고로 예루살렘의 멸망을 회고하고 있는지, 아니면 이 본문은 단지 유대 전쟁이 현재 진행 중이라는 사실을 암시하는가에 관한 질문이다. 이 질문을 둘러싸고 오랜 동안 논란을 벌이고 있다.

일군의 학자들은 마가복음 13장 2절("예수께서 이르시되 네가 이 큰 건물들을 보느냐 돌 하나도 돌 위에 남지 않고 다 무너뜨려지리라 하시니라")과 13장 14절("멸망의 가증한 것이 서지 못할 곳에 선 것을 보거든 그 때에 유대에 있는 자들은 산으로 도망할 지어다")의 진술을 '사건 후 예언'(vaticinium ex eventu)으로 간주하면서, 마가복음의 저자는 예루살렘이 이미 멸망된 사실을 전제하고 있다는 입장이다. 반면 다른 무리의 학자들은 마가복음 13장에 예루살렘의 멸망 시점이 아직 앞에 놓여 있다고 보면서, 마가복음의 생성 시점을 유대 전쟁이 한창 진행 중인 가운데서 찾고자 한다.

마가복음이 유대 전쟁 시기를 직접적으로 반영하고 있는 것과 달리, 이른바 속사도 시대에 기록된 신약성서의 여러 문서들은 유대 전쟁과 예루살렘 성전 멸망의 여파로 말미암은 새로운 시대상황을 반영하며 그에 대한 도전에서 나온 결과물로 볼 수 있다. 또한 유대 전쟁과 성전 멸망 이후의 시기로 접어들면서 유대교와 그리스도교는 서로 완전히 분리되어 제각기 독자적인 종교체계로 발전하게 된다. 이러한 시각에서 유대 전쟁과 성전 멸망에 대하여 좀 더 자세히 살펴볼 필요가 있다.

II. 유대 전쟁의 경과

로마의 지배에 항거하여 일어난 첫 번째 유대 독립전쟁(66-74년)에 관해 보도하는 중요한 자료는 유대 역사가 요세푸스(Flavius Josephus, 37/38-100년 이후?)이다.[1] 그는 예루살렘에 있는 유력한 제사장 가문 출신이며 하스모니아 왕가와도 친척관계에 있었던 사람으로서 로마 황제 베스파시아누스(Titus Flavius Vespasianus)의 의뢰에 따라 『유대 전쟁기』(*Bellum Judaicum*)를 저술하였다.[2] 물론 이 작품이 로마인의 시각을 좇는 일종의 선전문학이라는 평을 받기도 하나, 요세푸스는 전쟁 초기에 갈

1) 요세푸스에 관해서는 나의 졸저 『쿰란문서와 유대교』(한국성서학연구소, 2007, 개정증보판), 293-310을 참조하시오.

2) 요세푸스는 자신의 후원자인 Titus Flavius Vespasianus 황제에게 영광을 돌리는 차원에서 로마시민권을 부여받을 때 자신의 이름을 Flavius Josephus라 했다.

릴리 지방의 군지휘자로서 전쟁에 적극적으로 참여한 사람이었기 때문에 그의 보도는 신빙성이 높다고 말할 수 있다.

전쟁은 당시 로마 총독 플로루스(Gessius Florus)가 기원후 66년에 4/5월에 예루살렘 성전 금고를 약탈함으로써 시작되고(*Bell.* II,14,6), 이내 로마의 통치에 항거하는 대대적인 해방운동으로 확산된다. 플로루스는 예루살렘에 코호르테(Legion의 10분의 1) 1개의 병력만을 남겨 두고 가이사랴로 물러간다. 이 무렵, 반로마 저항운동의 선봉에 섰던 "갈릴리 사람 유다"(Judas the Galilean)[3]의 아들 메나헴(Menachem)을 따르는 젤롯당원들이 군사 요충지 마사다를 점령한다. 또한 대제사장 아나니아스(Ananias)의 아들 엘레아살(Eleasar)이 성전에서 로마 황제를 위해 드리던 제사를 중지시키는 사건이 일어난다(*Bell.* II,17,2). 이것은 예루살렘 제의 공동체가 로마 통치자와 공적으로 결별을 선언한 중대사건이고, 로마의 지배에 항거하는 결정적인 봉기의 순간을 뜻한다.

먼저 예루살렘의 유대인 내부에 권력투쟁이 발생한다. 이른바 평화주의자들인 대제사장과 바리새파 및 헤롯당원들이 하나가 되어 젤롯당원들과 각축전을 벌이나, 결국 봉기를 일으킨 사람들이 주도권을 잡으면서 로마군에 공격을 가한다. 반란군들은 여러 성곽뿐만 아니라 시 문서보관실에 침입하여 빚 문서들을 불사른다. 이로써 수많은 빚진 자들과 가난한 자들을 자기편으로 만들고 부자들에게 항거하도록 부추겼다고 요세푸스는 보도한다(*Bell.* 2,17,6). 여기에서 유대 전쟁에 담겨 있는 사회적 동인도 엿볼 수 있다.

얼마 지나지 않아 성전 수비를 위해 로마군이 지키던 안토니아 요새와 헤롯 왕궁이 젤롯당원들의 수중에 넘어간다. 또한 메나헴이 젤롯당

3) 헤롯 대왕의 아들 아르켈라오스(Archelaos)가 다스리던 유대와 사마리아는 기원후 6년 이후 로마 총독의 직접 통치를 받는다. 이 무렵 로마를 위한 세금징수를 목적으로 인구조사를 하자, '갈릴리사람 유다'는 강력한 저항운동을 벌인다(행 5:37; Jos. *Ant.* XVIII,4; *Bell.* II,118). 이 운동이 젤롯당 결성의 토대가 된다. 이에 관해 M. Hengel, *Die Zeloten* (Leiden, 1976)을 참조하시오.

원들에게 가세하자 반란군의 사기는 더욱 고무된다. 요세푸스는 메나헴이 "마치 왕처럼" 예루살렘에 입성했다고 보도한다(*Bell.* 2,17,8). 메나헴과 관련된 메시아 기대가 엿보이는 대목이다. 메나헴은 헤롯 왕궁의 통치권을 넘겨받는다. 아그립바 왕의 수비대는 항복을 하고, 로마 군대는 주변 성곽으로 후퇴한다. 대제사장 아나니아스는 살해되고, 살려 주겠다는 조건에 항복한 로마군대도 무참히 살해된다. 그런데 아나니아스의 살해로 인해 젤롯당원들 사이에 균열이 생기면서 대제사장의 아들 엘레아잘은 메나헴과 갈라선다. 어느 날 메나헴이 보석으로 치장된 왕의 옷차림을 하고 당당한 모습으로 성전 예배에 들어서자, 엘레아살의 한 추종자가 그를 살해한다(*Bell.* II,17,9). 메나헴의 추종자들은 마사다로 퇴각한다.

그 동안 로마는 시리아의 행정장관 갈루스(Cestius Gallus)를 우두머리로 하는 제12군단을 예루살렘으로 보내 반란을 진압하고자 했으나, 벳 호론(Bet Horon) 근처에서 유대인들의 매복 공격에 말려들어 철저히 괴멸된 상태에서 시리아로 퇴각한다(66년 10/11월, *Bell.* 2,19,2). 이 승리로 인해 전쟁에 회의적이었던 유대인들도 전쟁에 급속히 빨려 들었고, 반란군은 로마에 대한 승리에 들뜨게 된다. 이 무렵 봉기를 기념하는 주화가 만들어졌을 것으로 보인다. 이제 대제사장과 바리새파가 주동이 되어 곧 밀려올 로마군의 대반격에 대비하여 반란군을 조직적으로 규합한다. 그리하여 각 지방으로 지휘관들을 보내게 되는데, 유대 역사가로 우리에게 잘 알려진 요세푸스를 갈릴리 지방의 지휘관으로 파송한다.

네로 황제는 용장 베스파시안(Vespasianus)을 파병하여 반란군을 진압하고자 한다. 베스파시안은 아들 티투스(Titus)와 함께 67년 초에 대략 6만 명으로 구성된 강력한 세 군단(제5, 제10, 제15 군단)을 이끌고 시리아에서 갈릴리로 진격한다(*Bell.* III,4,2). 47일간 갈릴리를 고수하던 요세푸스는 결국 로마군의 기세에 눌려 67년 6/7월에 항복한다. 이때 요세푸스와 함께 갈릴리를 지키던 젤롯당의 지도자 기샬라의 요한(Johannes von Gischala)은 예루살렘으로 탈출하고, 요세푸스는 로마군으로 전향하여 살아남는다. 요세푸스의 보도에 따르면, 자신이 살아남게 된 것은 하나님의 섭리였으며, 베스파시안이 로마 황제가 되리라는 자기의 예언이 적중한 것으로 돌린다(*Bell.* 3,8,7-9). 67년 말 갈릴리 지역 전체가 로마군의 수중에 떨어진다.

로마군은 이어서 예루살렘으로 진격한다. 당시 예루살렘은 유대인 사이의 내전으로 혼란에 처해 있었다. 갈릴리에서 탈출한 기샬라의 요한을 중심으로 젤롯당의 극단주의파가 예루살렘을 지배하고 있었다. 이들은 친로마적이며 중도적 입장을 취하고 있던 예루살렘 지배층을 살해할 뿐만 아니라, 기존의 대제사장을 몰아내고 자신들의 대제사장을 세운다. 그 사이에 베스파시안은 베레아와 인근 유대지방의 중심 지역을 점령한다. 그 무렵 네로 황제가 사망했다는 소식을 접하고(68년 6월 9일), 로마의 불안한 정세 때문에 일단 전쟁을 멈추고 사태를 관망한다. 유대 반란군은 이러한 정세를 이용하지 못하고 새로운 내전에 휩싸인다. 기샬라의 요한이 성전 지역을 장악한 반면, 또 다른 과격한 젤롯당 지도자인 시몬 바르 기요라(Simon bar Giora)가 예루살렘의 나머지 지역과 이두메 지역을 지배한다. 과격한 두 유대 지도자들이 격렬한 내전을 벌이는 동안, 원시 그리스도교 공동체는 예루살렘을 떠나 동부 요르단 지방에 있는 펠라로 피신한다.

69년 7월 1일에 알렉산드리아에 머물고 있던 베스파시안이 이집트 주둔 군단들에 의해 황제로 추대되고, 로마제국 동부 지역도 그를 황제로 인정한다. 제국의 판도를 쥔 베스파시안은 70년에 아들 티투스를 이집트에서 예루살렘으로 보낸다. 티투스는 네 개의 군단을 이끌고 예루살렘을 포위 공격한다. 상황이 급박해지자 서로 다투던 세력들은 내전을 멈추고 로마군의 공격에 함께 격렬히 대항한다. 로마군은 예루살렘 거주민들을 아사시킬 목적으로 도시 주변에 돌 벽을 쌓아 외부로부터의 식량유입을 철저히 봉쇄한다. 당시 절박한 상황을 누가복음은 예수의 말씀을 통해 다음과 같이 전한다.

"그 날들이 너에게 닥치리니, 너의 원수들이 토성을 쌓고, 너를 에워싸고, 너를 사면에서 죄어들어서, 너와 네 안에 있는 네 자녀들을 짓밟고, 네 안에 돌 한 개도 다른 돌 위에 얹혀 있지 못하게 할 것이다"(눅 19:43-44).

안토니아 요새가 70년 7월 말에 점령되고, 성전에서 날마다 드리던 제사가 8월 6일로 중단되며, 마침내 8월 말에 성전이 로마군에 의해 점령되어 불에 탄다. 9월 초에 예루살렘 전역이 로마군에 장악되면서 수많은 거주민들이 살해되거나 포로로 잡혀가고 도시는 완전히 멸망하고 만다. 이로써 이른바 제2성전시대가 막을 내린다.

"공격하는 로마군대의 분노는 훈계로도, 아니면 위협적인 말로도 저지될 수 없었다. 각자가 지닌 적개심이 각자의 행동을 부추겼다. 성전 입구에는 많은 수의 로마군이 밀집되어 있어서 자기 동료의 발에 짓밟히는 자가 많았다. 또한 로마병사들은 그들이 제압한 유대인과 함께 뜨겁게 불타는 무너진 회랑에서 죽음을 맞이했다. 성전 가까이에 접근한 로마병사들은 티투스의 명령을 못 들은 척하며 선두에 있던 병사들에게 불을 지르라고 재촉했다. 유대 반란군은 이 불행을 전혀 막을 수 없었다. 도망가던 유대인들은 모조리 살해되었다. 죽음을 당한 유대인 대부분은 무장하지 않은 힘없는 백성이었는데, 이들은 그 자리에서 로마군에게 학살되었다. 번제 제단 주위에는 엄청나게 많은 시신이 쌓였으며 살해된 주검들이 제단 위에서 아래로 굴러 떨어져 성전 계단에는 피가 흘러내렸다"(*Bell.* VI,4,6).[4]

그러나 전쟁이 완전히 끝난 것은 아니다. 유대인들이 세 개의 요새(헤로데이온, 마케루스, 마사다)에 모여 최후의 항전을 벌이고 있었기 때문이다. 티투스는 이곳의 점령을 유대 지방의 총독 루킬리우스 바수스(Lucilius Bassus)에게 맡기고 로마로 돌아가서 아버지 베스파시안과 함

4) 박정수 · 박찬웅 역, 『유대 전쟁사 2』(나남, 2008), 220-221.

께 전쟁 승리의 축제를 연다. 헤로데이온과 마케루스는 곧장 항복하였으나, 난공불락의 천연 요새인 마사다는 젤롯당 지휘자인 엘르아살 벤 야이르(Elazar b. Jair)를 중심으로 격렬히 저항한다. 74년 4월에 새 총독 플라비우스 실바(Flavius Silva)가 마사다 서편에 토성을 쌓고 공성망치로 공략하자, 더 이상 가망이 없음을 알고 유대 반란군 모두가 자결을 함으로써 마침내 점령되고 만다. 당시 처참한 상황을 요세푸스가 다음과 같이 보도한다.

"그리고 그들 모두를 죽여 줄 10명의 사람을 뽑았다. 각자 죽은 아내와 자식들 옆에 누워 그들을 감싸 안고서 비참한 임무를 맡은 자들에게 죽을 준비를 했다. 10명의 사람은 냉정하게 모든 사람을 죽인 후, 제비를 뽑아 선출된 한 사람이 나머지 9명을 죽이고 마침내 자기 스스로 목숨을 끊어 결국 모두 죽기로 했다. 그들은 누가 죽일 것이며 누가 죽임을 당할 것인지는 아무 상관이 없다고 생각했다. 마침내 9명은 죽음을 맞이했다. 그리고 마지막 한 사람은 끔찍한 살육의 현장 속에서 아직 자기의 손을 필요로 하고 있는 자가 있지 않은가 확인하기 위해, 쓰러져 있는 시체 더미를 꼼꼼하게 살펴보았다. 모두가 숨을 거두었음을 확인한 그는 우선 궁전에 큰불을 질렀다. 그리고 온 힘을 모아 칼로 자기 자신을 찌르고 가족 옆에 쓰러졌다. 유대인들은 단 한 사람의 생명도 로마인 수중에 잡혀서는 안 된다는 생각으로 죽음을 택했던 것이다. 이들이 죽음을 결심하고 있을 때, 한 늙은 여인과 또 다른 여자 하나가 지하통로에 숨어 있었다. 엘르아살의 친척인 이 여자는 지혜롭고 많은 교육을 받은 자로, 5명의 자식과 함께 있었다. 죽은 사람의 숫자는 여자와 아이들을 포함해서 모두 960명이었다. 이 불행한 일은 크산티쿠스 월 제15일에 발생했다"(*Bell.* VII,9,1).[5]

5) 『유대 전쟁사 2』, 301-302.

Ⅲ. 유대 전쟁의 결과

1. 정치적 결과

전쟁이 일어나기 전에 유대 땅은 제3등급에 속한 로마 영토로서 기사 계급 행정관(procurator)의 지휘와 시리아 거주 총독의 감독을 받기는 하였으나, 사실상 유대 분봉왕의 지배 가운데 있었다. 하지만 전쟁 후 유대 땅은 독립된 로마 지방이 되면서 제2등급의 로마 영토로 격상된다. 즉, "유대아"(Judaea)라는 라틴어 공식 명 아래에 로마 집정관(consul) 혹은 법무관(praetor) 계급의 총독이 직접 다스리는 로마 영토로 바뀐다.[6] 다시 말해, 속국의 형태 가운데 부분적이나마 허용되었던 유대 땅의 자율권이 완전히 소멸되고, 이제는 로마의 직접 통치를 받는 땅으로 바뀌었음을 뜻한다. 한마디로, 지도상에서 유대 국가가 완전히 사라진 것이다.

2. 경제적 결과

유대 전쟁은 팔레스타인 경제에도 커다란 영향을 미친다. "물이 부족하고 수공업 원료가 부족하며 상업과 교통에 불리한 산악 도시"[7]인 예루살렘은 전쟁과 같은 위기상황을 겪을 시 커다란 경제적 어려움에 처하게 마련이다. 전쟁으로 인해 예루살렘뿐만 아니라 유대 전역이 황폐해지고, 수많은 유대인이 살해된다. 혹자는 팔레스타인 유대 거주민 가운데 3분의 1이 죽었을 것으로 추산한다.[8] 이와 같은 엄청난 손실과 더불어 유대 땅이 로마 황제의 개인 소유로 바뀌면서 팔레스타인의 유대 백성의 다수는 자신들의 경작지를 잃고 노예와 다름없는 소작농으로 전락하고 만

6) P. Schäfer, *Geschichte der Juden in der Antike* (Stuttgart, 1983), 145.

7) J. 예레미아스, 『예수 시대의 예루살렘: 신약성서시대의 사회경제사 연구』(한국신학연구소, 1988), 164.

8) 요세푸스는 백만 명의 인명손실에 대해 말하나(*Bell.* 6,9,3), 이는 과장된 숫자임이 분명하다.

다. 이로써 유대 백성의 경제적 삶은 피폐해진다.

3. 종교적 결과

전쟁은 팔레스타인에 거주하던 유대인의 종교적 삶에도 엄청난 파국을 초래한다. 예루살렘 성전이 멸망함으로써 이를 중심으로 하는 유대인의 종교적 삶이 그 뿌리에서부터 완전히 붕괴된다. 동시에 성전제의의 구심점을 이루던 대제사장 직분이 완전히 소멸된다. 이제 유대인들은 성전세 대신에 로마에 소재한 쥬피터 카피톨리누스(Jupiter Capitolinus) 신전에 바치는 '피스쿠스 유다이쿠스'(fiscus Judaicus)라는 형태의 세금을 굴욕적으로 바쳐야만 한다(*Bell.* VII,6,6). 이로써 성전제도가 붕괴되었다는 사실이 극명하게 드러난다.

전쟁으로 인해 예루살렘과 성전 외에도 유대교의 중심 자치 조직인 '산헤드린'(Sanhedrin, 헬라어로 συνέδριον)[9]이 소멸한다. 산헤드린은 70명[10]의 회원으로 구성된 조직으로 예루살렘에 소재한 유대 최고 재판소이며 행정 기관이다. 최고 책임자인 대제사장을 중심으로 사두개파 귀족들이 과반수 이상을 차지하고 바리새파 서기관뿐만 아니라 유대 공동체를 대표하는 장로들로 구성된다.[11] 산헤드린의 중요 역할은 토라에 관한 민법적이며 제의법적인 해석과 적용, 재판권, 전쟁과 평화를 결정하는 일, 성전 감시, 명절과 축제일과 관련된 종교적 실천 사항을 규정하는 일 등을 다루는 데 있다. 따라서 예수에 대한 재판도 산헤드린의 권한에 속한다. 산헤드린의 소멸은 유대인의 자치 조직의 붕괴를 뜻할 뿐만 아니라,

---

9) συνέδριον은 신약성서에 모두 22번 사용되었는데, 그 중 사도행전에 가장 많이(14번) 나타난다.

10) 산헤드린을 구성하는 70명의 숫자는 모세의 광야 여정에서 그를 돕기 위해 선출된 70명의 장로 모임에서 유래한다.

11) 훗날, 랍비 문서(Chag II,2)는 산헤드린을 바리새파 지도자를 정점으로 하는 종교 조직으로 이해한다.

동시에 그 핵심 구성원인 사두개파의 소멸을 뜻한다.

IV. 예루살렘 교회와 관련하여

예루살렘 교인 중에 개인적으로 전쟁에 동참했을 가능성을 완전히 배제할 수 없으나, 예루살렘 교회(=원시 그리스도교 공동체)는 과격한 젤롯당원을 이끄는 메나헴과 같은 인물에 거는 정치적 메시아 대망을 거부하고 십자가에 돌아가셨다가 부활한 예수 그리스도를 구세주로 믿는 신앙을 가졌기에 전쟁과 어느 정도 거리를 두었다고 생각된다. 그리하여 그들은 로마군의 임박한 공격에 처해 있으면서도 내전으로 얼룩진 예루살렘을 떠나 요르단 동편에 있는 펠라로 피신한 것으로 보인다.

교회사가 유세비우스(Eusebius of Caesarea, 263-339년)는 자신의 『교회사』(제3권, 5,3)에서 예루살렘 멸망과 그리스도인들의 피신과 관련하여 다음과 같이 진술한다:

> "마침내 예루살렘에 있는 교회는 그들의 지도자들에게 주어진 계시에 따라 전쟁이 일어나기 전에 그 도시를 떠나 펠라로 불리는 베레아의 한 도시에 정착하게 된다.[12] 그리스도를 믿는 사람들이 예루살렘을 떠나고, 또한 동시에 그 거룩한 사도들이 유대인들의 수도와 온 유대 땅을 완전히 비웠을 때, 그리스도와 그의 사도들에게 범한 수많은 악행으로 인해 유대인들에게 하나님의 심판이 임하여 이 불법자들을 인간사에서 완전히 멸절시켰다."

여기에서 유세비우스는 예루살렘 멸망과 유대인들의 죽음을 "하나님의 심판"이라고 평하고 있다. 이어지는 진술 가운데 이 심판에 대해 더

12) H. 콘첼만은 펠라 피신 사건에 관한 유세비우스 보도의 역사성을 의심한다(박창건 역, 『초대 기독교 역사』[성광문화사, 1994], 164).

욱 분명히 말한다: "유대인들이 만민의 구세주이신 그리스도에게 수난을 가한 바로 그 시대에 하나님께서 공의를 나타내셔서 멸망이 그들을 덮쳐 마치 감옥에 갇힌 듯이 그곳에 갇힌 것은 참으로 공정한 일이었다." 이와 같은 유세비우스의 진술은 반유대적 시각에서 내린 신학적 평가다. 이와 달리 유대인 자신들이 예루살렘 멸망에 대해 진술하는 두 권의 책이 전해 내려온다.

Ⅴ. 예루살렘과 성전의 멸망에 대한 반성 -제4에스라서와 제2바룩서

이 두 권의 책은 기원후 70년에 일어난 예루살렘과 성전 멸망이라는 대재앙에 대한 유대인 자신의 응답으로 기록된 것이다.[13] 두 책은 성서 인물을 가공의 저자로 삼고 예루살렘과 성전 멸망의 결과에 대해 돌아보면서 그 멸망의 이유와 향후 전개될 사건을 묵시록의 형태로 제시한다. **'제4에스라서'(4Esr)**라 부르는 이유는 라틴어 성서 불가타(Vulgata)에 나오는 에스라서의 순서와 관련되어 있다. 불가타의 'Esdras I'은 구약성서의 에스라서를 가리키고, 'Esdras II'는 느헤미아서와 동일하며, 'Esdras III'은 위경 에스라서에 해당되는 명칭이다. 이와 구분하여 우리의 묵시록을 제4에스라서라 부르게 된 것이다. 4Esr 3:1을 따르면 예루살렘이 파괴된 후 30년째 되던 해에 에스라가 환상을 보았다고 나온다. 이는 기원전 587년 바벨론에 의한 예루살렘 멸망과 관련된 것으로 보이나, 페르시아 시대에 살았던 역사적 인물 에스라가 당시에 살았을 리가 없으므로 이 책의 생성연대는 기원후 70년의 예루살렘 멸망으로부터 30년 뒤인 100년경으로 잡을 수 있다.[14] 본래 히브리어나 아람어로 기록되었을 것으로

13) 나의 졸저 『쿰란문서와 유대교』(한국성서학연구소, 2007, 개정증보판), 283-287 참조.
14) J. Schreiner, Das 4. *Buch Esra*, JSHRZ V/4 (Gütersloh, 1981), 301f 참조.

보이는 이 책의 실제 저자가 누구인지는 알려져 있지 않다. 에스라는 바벨론에서 체험한 일곱 번의 환상에 대하여 이야기한다.[15] 신정론 문제로부터 시작해 구원에 대한 소망을 다룬다.

제1환상(4Esr 3:1–5:19): 에스라는 시온이 어찌하여 황폐해지고 말았는지를 묻고 있다. 이에 대하여 천사 '우리엘'은 인간들은 하나님의 섭리를 이해할 수 없다고 말한 뒤, 머지않아 다가올 새 시대가 오면 그 질문에 대한 답을 얻으리라고 대답한다.

제2환상(4Esr 5:20–6:34): 비슷한 질문이 여기에서 계속되고 있다. 어찌하여 하나님께서 자신의 유일하며 직접 선택한 백성을 이방 민족에게 넘겨주고 말았는가를 묻고 있다. 역시 이에 대하여 알 수 없다는 대답이 나올 뿐이다.

제3환상(4Esr 6:35–9:25): 계속해서 에스라는 이스라엘이 어찌하여 이 땅을 유업으로 받지 못하고 말았는가를 묻고 있다.

제4환상(4Esr 9:26–10:59): 에스라는 슬픔에 가득 찬 여인의 모습을 하고 있는 시온을 바라보게 된다. 그때 그 자리에 한 거대한 도시가 단숨에 들어서게 되는 것을 목도한다. 이 거대한 도시는 비록 지금은 박대를 받고 있으나 찬란한 미래를 약속 받은 백성에 대한 상징이다.

제5환상(4Esr 10:60–12:49): 에스라는 바다로부터 솟아오르는 한 독수리를 보게 된다. 12날개와 3개의 머리(=베스파시안, 티투스, 도미티안)를 갖고 있는 이 독수리는 숲 속에서 튀어나오는 사자(=다윗 가문 출신의 메시아)에게 잡혀 먹힌다. 여기서 독수리는 메시아가 나타나기에 앞서 소멸될 네 번째 세상왕국을 상징한다.

제6환상(4Esr 12:50–13:56): 에스라는 바다에서 솟아나오는 한 인간을 보게 된다. 자기를 몰아붙이는 무리를 자기의 입에서 나오는 불기운으로 진멸시키고, 다른 평화로운 무리를 자신에게 불러 모은다. 이 인간은 세상

15) O. Eissfeldt, *Einleitung in das Alte Testament* (Tübingen, 1964), 846–849 참조.

의 구원자인 메시아를 상징하며, 그가 하나로 통일된 이방세력을 파괴하고 이스라엘의 열 지파를 보호한다.

제7환상(4Esr 13:57-14:48): 마지막 환상에서 에스라는 자신이 곧 천상으로 올라갈 것을 예고한다. 이어서 예루살렘 성전파괴와 더불어 소멸된 성서를 다시 회복시키게 된다. 이 일을 성령이 충만한 가운데 기록자 다섯 사람의 도움을 받아 모두 94권의 책을 완성하게 된다. 그 중 24권은 정경에 속하여 공개되나 나머지 70권은 묵시록으로서 비밀에 붙이고 오직 현자에게만 알려지게 된다. 끝으로 에스라는 천상으로 올라간다(4Esr 14:49-50).

제2바룩서는 시리아어로 기록되었기에 시리아어 바룩서(syrBar)라고 부르며, 바룩 묵시록(ApcBar)이라고도 부른다. 칠십인경(LXX)에 나오는 바룩서(=제1바룩서)와 구분하기 위해 제2바룩서라 부른다. 제4에스라서의 영향을 받은 것으로 보이는 이 책은 대략 기원후 100-130년 사이에 본래 히브리어로 기록되었을 것으로 추정한다.[16] 종말에 대한 하나님의 계시를 담고 있는 이 책은 예레미아서 43장 6절에 나오는 바룩의 이름을 빌어 익명의 저자가 기록한 것이다. 이 저자는 기원후 70년에 일어난 예루살렘 멸망을 반추하면서 이 참담한 사건을 기원전 587년에 있었던 예루살렘 멸망 시기에 투영시켜 기록하였다. 한 치의 희망도 남아 있지 않은 절망의 시기에 유대 백성이 살 수 있는 유일한 길은 무엇보다도 하나님의 율법을 지키는 데 있다는 점을 강조한다. 이 책은 크게 여섯 부분으로 나눌 수 있다. 각 부분 사이에 바룩이 금식하기 위해 물러서는 보도가 나온다.[17]

---

16) 이와 같은 추정은 우선 syrBar 61:7과 Barn 11:9 가운데 같은 내용을 담고 있는 평행구절이 나오는데 아마도 이 바르나바서 저자는 우리의 묵시문학서를 알았다고 볼 수 있다. 또한 이 묵시문학서는 기원후 100 년경에 완성된 유사한 내용을 담고 있는 '제4에스라서' (4Esr)에 문학적으로 예속되었을 것이라는 가정에서 나온 것이다.

17) 이와 같은 구분은 '킬리인' 을 따랐다(A. F. J. Kilijin, *Die syrische Baruch-Apokalypse*, JSHRZ V/2 [Gütersloh, 1976], 118f).

①**syrBar 1:1-8:5**: 천사들이 성전에서 성구들을 제거하고 성벽을 부순 뒤, 예루살렘이 칼대아 사람들에 의하여 머지않아 점령될 것을 예고하고 있다. 이는 적들이 자신들의 업적을 자랑하지 못하게 하려함이다(9:1-2: 바룩의 칠 일간 금식).

②**syrBar 10:1-12:4**: 바룩의 탄식의 노래(12:5: 바룩의 칠 일간 금식).

③**syrBar 13:1-20:5**: 바른 일을 행함과 장수함이 이로운 것인지에 대한 질문과 대답이 나온다. 또한 지나가 버릴 것에 대하여 깊이 생각하지 말 것을 권면하고 있다(21:1: 바룩의 칠 일간 금식).

④**syrBar 21:2-24:1**: 미래에 대한 물음에 대하여 하나님께서는 시작하신 것을 완성하시리라는 대답이 나온다. 이어서 12번의 질고의 시간이 예고되며, 메시아의 도래와 부활 그리고 종말심판이 언급된다. 바룩이 백성을 향하여 말한다(35:1: 지성소에 있는 바룩).

⑤ **syrBar 35:2-46:7**: 숲에 대한 환상과 산들에 에워싸인 평야에 대한 환상이 나온다. 숲이 삼나무로 바뀐다. 포도나무와 샘에 대한 환상이 계속되고, 이 환상들에 대한 해석이 나온다. 이 모든 것을 누가 체험할 것인가에 대한 질문과 그에 대한 대답이 나온다. 바룩이 백성을 향하여 말한다(47:1.2: 바룩의 칠 일간 금식).

⑥**syrBar 48:1-77:26**: 바룩의 기도. 이제 그는 하나님께서 이 모든 것을 규정하셨음을 이해하게 된다. 바른 일을 행하는 자의 모습에 대한 질문이 나온다. 구름환상과 이에 대한 해석 그리고 감사의 기도. 바룩이 백성을 향하여 말한다.

syrBar 78:1-87:1: 9와 2분의 1지파에 보내는 편지.

VI. 나가면서

유대 전쟁은 팔레스타인 유대교에 대참사를 초래하였으며, 그로 인해 유대교의 대변혁을 이끌게 된다.[18] 전쟁으로 인해 당시 팔레스타인에 존재했던 중요 종파인 사두개파와 에센파 및 젤롯당에 속한 사람들이 전멸했다고 말하기는 어려우나, 이들 종파는 커다란 피해를 보고 사실상 소멸되고 만다. 그러나 전쟁의 소용돌이에서 살아남아 황폐해진 유대교 전통을 다시 추스를 수 있는 유일한 그룹이 있었다. 그들은 다름 아닌 온건한 노선을 따르던 바리새파였다. 이들은 유대 종파 중 가장 많은 회원을 갖고 있었으며, 정치권과도 어느 정도 거리를 둔 평신도 경건운동의 지도자였기에 전쟁의 피해를 상대적으로 적게 입었을 것으로 추측할 수 있다. 훗날 이들은 '랍비' 로 불리게 되고, 나라와 성전이 없는 상태에서 유대교 회복을 위해 전면에 나선다.

예루살렘 성전 멸망 후 유대교 회복운동과 관련하여 결정적인 역할을 한 인물이 있었다. 그의 이름은 '요하난 벤 차카이'(Yohanan ben Zakkai)이다. 랍비 요하난 벤 차카이를 주축으로 얍네/얌니아(Yavneh/Yamnia)에서 일어난 유대교 회복 운동은 새로운 형태의 유대교의 출현을 알린다.[19] 그것은 더 이상 성전과 희생제의에 의존하지 않고 이른바 '예쉬바'(Jeshibah=토라 아카데미)를 중심으로 하는 "랍비 유대교"(rabbinic judaism)의 출현이다. 랍비 유대교의 전통은 중세기를 거치는 가운데 이른바 "정통 유대교"(normative Judaism/classic Judaism)를 형성하면서[20] 오늘에 이르기까지 유대 사회에 커다란 영향력을 미치고 있다.

유대 전쟁과 예루살렘 성전 멸망은 새로운 형태의 유대교를 낳았을 뿐만 아니라 향후 초기 교회의 발전에도 영향을 끼친다. 유대 전쟁이 일

18) 한스 큉(Hans Küng)은 자신의 저서 *Das Judentum* (München, 1991), 168ff에서 이러한 대변혁을 가리켜 "중세의 랍비 회당 패러다임"("Das rabinisch-synagogale Paradigma des Mittelalters")이라 부른다.

19) 페터 쉐퍼는 역사적 근거가 희박하다는 이유에서 '얍네 회합' 의 역사성을 의심한다(P. Schfer, "Die Flucht Johanan b. Zakkais aus Jerusalem und die Grndung des 'Lehrhauses' in Jabne", in : *ANRW* II 19/2, 43-101).

20) 일반적으로 "랍비 유대교" 시기를 보통 성전이 멸망한 70년부터 바벨론에 있던 유대 토라 아카데미가 문을 닫는 1040년으로 잡는다.

어나기 직전 시기(대략 60-64년 사이)에 초기 그리스도교의 가장 빼어난 세 지도자인 바울과 베드로와 주의 형제 야고보가 모두 순교한다. 소아시아와 로마 사이를 왕래하며 열정적으로 선교했던 바울은 60년대 어간에 순교로 자신의 사역을 마감하고, 48년경 예루살렘에서 열렸던 "사도회의"에서 원시 그리스도교 공동체의 대표자로 활동했던 주의 형제 야고보와 베드로의 영향력도 끝난다. 처음 세대 그리스도교 운동을 이끌었던 대표 주자였던 이들이 모두 역사의 무대에서 사라지자 당시 그리스도교 운동을 하나로 이어 주던 유기적인 토대도 사라지고 만다. 전쟁과 더불어 이와 같은 유기적 토대의 붕괴는 가속화된다. 전쟁이 끝난 후 예루살렘에 다시 그리스도교 공동체가 생겼을 것이다. 그러나 이 교회는 전체 교회를 위한 중요성을 더 이상 갖고 있지 않다. 이제는 각 지역 인물들이 그리스도교를 선도하면서 해당 지역을 중심으로 하는 개별적인 선교 사역이 활기를 띠기 시작한다. 이와 더불어 바울이 활동할 당시 존재했던 예루살렘 중심의 유대 그리스도교와 헬라 그리스도교라는 그리스도교의 양극체제도 무너진다.

유대 전쟁은 동시에 유대인과 그리스도인(=유대 그리스도인)의 희미한 경계를 보다 확실히 구분 짓는 계기가 된다. 유대인들은 전쟁에 동참하지 않았던 그리스도인 공동체를 더 이상 유대교에 속하는 무리로 간주하지 않고 보다 확실히 이단으로 간주하게 된다. 이는 기원후 80년대에 이르러 '쉬모네 에스레'(Shmoneh Esreh)라고 부르는 유대인들의 일상 기도문에 그리스도인들을 저주하는 내용이 첨가된 사실에서 드러난다.[21]

21) '쉬모네 에스레'의 우리말 번역이 이 책의 제5장("안식일과 회당예배")에 나온다.

제9장 헬레니즘시대의 대중신앙과 밀의종교

고대 세계의 대중신앙과 밀의 제의는 신약시대의 시대적 배경을 이루는 로마 세계 전역에 걸쳐 만연되어 있었고, 당시 사람들의 종교적 삶에 커다란 영향을 끼친다. 초기 교회의 신앙 고백의 핵심을 이루는 예수 그리스도의 죽음과 부활이 밀의종교 신화에서 유래한 것이라는 종교사학파의 주장의 진위를 살펴볼 수 있다.

제9장

헬레니즘시대의 대중신앙과 밀의종교

I. 들어가면서

신약성서를 남긴 초기 그리스도교는 종교적 무풍지대에 홀로 존재한 것이 아니라, 의심할 나위 없이 다종교 사회에 속해 있었다. 이런 상황에서 초기 그리스도교 신앙공동체는 주변의 여러 이방 종교들과 경계를 지음으로써 자신의 정체성을 세워 나갔을 뿐만 아니라, 다른 한편으론 그들로부터 영향을 받았을 가능성을 배제할 수 없다. 이런 시각에서 초기 그리스도교를 그리스 로마시대의 종교적 배경에서 이해하고자 한 "종교사학파"(Religionsgeschichtliche Schule)[1]는 당시 세계에 만연되어 있던

1) 이에 관해 예컨대 "Religionsgeschichtliche Schule", in: *RGG*[4] 7(2004), 321-26 또는 *TRE* 28(1997), 618-24를 참조하시오. 종교사학파의 대표자 가운데 한 사람인 H. Gunkel은 "종교사학자의 프로그램"("Programm der Religionsgeschichtler", 1903)에 대하여 다음과 같이 말했다: "성서적 종교를 포함하여 종교란 모든 인간적인 것과 마찬가지로 그것의 역사를 갖고 있다. 인류의 삶은 역사이다. 그것은 곧 엄청나게 생동적인 것이고 한 위대한 전체이고 그 안에 모든 열매와 씨앗이 존재하는 놀라운 연관성이다. 또한 원인과 결과로 복잡하게 얽혀 있는 이 고리 안에 종교 역시 포함된다. 이러한 연관성을 통해서만 그것을 이해할 수 있다. 따라서 종교사적 조망은 … 종교적 현상 각각의 역사적 연관성을 지속적으로 관찰하는 것이다"("Rezension von Max Reischle: Theologie und Religionsgeschichte", in: *DLZ* 25[1904], 1100-1110, 이곳 1109).

여러 이방 종교들에 대해 관심을 가졌다. 그리하여 초기 그리스도교는 이방 종교들로부터 자신의 정체성을 규정짓는 핵심 사항에도 커다란 영향을 받았다는 결론을 내렸다. 한마디로 그리스도교를 종교혼합주의의 산물로 간주하였던 것이다. 종교사학파의 이와 같은 시각이 과연 정당한가를 검증하기 위해서라도 신약시대에 널리 유포되었던 여러 종교들에 관해 살펴볼 필요가 있다.

신약시대 로마제국 내에는 수많은 종교가 성행하였다. 공적인 삶에서는 고대 그리스와 로마의 여러 신들을 섬겼으나, 이것만으로는 일반 대중의 종교적 욕구를 만족시킬 수 없었다. 오늘날도 육체적인 건강을 추구하고 고통과 질병에서 벗어나며 궁극적으로 죽음의 공포에서 해방되고 영생을 바라는 대중적 관심이 강하듯이, 고대 세계의 대중도 그러한 열망을 갖고 있었다. 히포크라테스(Hippokrates, 기원전 5세기)가 경험적 관찰에서 발전된 의학을 통해 그러한 대중적 관심에 부응하고자 했다면, 아스클레피오스 제의와 밀의종교는 주로 종교적 접근을 통해 그와 같은 문제에 대처하고자 했다. 치유의 신으로 명성을 떨쳤던 아스클레피오스에 대한 신앙은 고전 시대부터 전해 내려온 것으로 그리스 로마 세계에 널리 알려져 있었다. 게다가 기적 수행자, 신탁, 마법과 천문학에 대한 대중적 신앙도 만연해 있었다. 그 밖에도 동방과 서방의 문화가 교차되는 헬레니즘의 여파로 동방에서 유입된 밀의종교들이 로마제국 전역에 퍼지고 전통 종교들과 혼합되면서 당시 사람들에게 많은 영향을 끼쳤다. 먼저 대중신앙 중 가장 영향력이 컸던 아스클레피오스 제의를 다루고, 이어서 다섯 가지 대표적인 "밀의종교"[2]를 다루고자 한다. 그런 다음 밀의종교와 신약성경 사이의 관계에 관한 말로 결론을 대신하고자 한다.

---

2) Mystery Religions/Mysterienreligionen을 우리말로 "밀의종교(密儀宗教)" 또는 "신비종교"라고 번역하나, 본고에서는 밀의종교로 통일하여 부르고자 한다.

II. 아스클레피오스 제의(The Cult of Asclepios)

고대 세계에 나오는 여러 치유의 신들 가운데 가장 명성을 떨친 신은 단연 아스클레피오스였다. 기원전 8세기경에 기록된 것으로 추정하는 호머(Homeros)의 서사시는 그리스 신들의 세계에 뒤늦게 나타난 이 치유의 신을 아직 언급하지 않았다. 여기서는 아폴로가 그 역할을 한다. 그러나 호머의 이름을 빌어 기원전 5세기에 기록된 짧은 5행시, 이른바 "호머의 찬양시"(Homeric Hymns)[3]에서 그에 대해 언급을 찾을 수 있다. 이 본문은 아스클레피오스를 아폴로신과 데살리아의 공주 코로니스(Koronis) 사이에 태어난 아들로 소개한다. "핀다로스"(Pindaros)라는 시인은 기원전 474년(혹은 473년)에 기록된 한 송영에서 죽음을 피할 수 없는 의사로서 인간들에게 끼친 아스클레피오스의 활동에 대해 다음과 같이 묘사한다.

"아무리 많은 사람들이 올지라도,
몸에 저절로 자라는 종기를 갖고서,
혹은 잿빛의 쇠붙이로 사지가 상처를 입고,
혹은 돌팔매질을 당하고,
혹은 여름의 폭염과 겨울의 혹한으로 몸이 상한 채.
그는 저들을 그 공통에서 해방시키네.
어떤 이들은 부드러운 마법의 주문으로 다루고,
다른 이들은 치유의 음료나,
혹은 상처 부위를 감싸는 붕대로.
다른 이들은 양 다리의 절단을 통해서."[4]

---

3) 여기에는 각각의 신들을 찬양하며 그들의 유래와 활동에 대해 이야기하고, 그들의 은총과 도움을 청하는 내용이 담겨 있다(*Der Kleine Pauly*, Vol. 2, 1269).

4) Pyth 3,47-56. 참조. Text u. Übers. bei O. Werner, *Pindar: Siegesgesänge und Fragmente* (München, 1967); D. Bremer, *Pindar: Siegeslieder* (München/Zürich, 1992). 위의 우리말 번역

아스클레피오스는 죽은 뒤 영웅으로 추앙받았고, 결국에는 신들의 반열에 올라선다. 게다가 가족도 생기게 되는데, 그의 딸 "휘기에이아"(Hygieia)는 건강과 안녕을 의인화한 존재로 함께 숭배된다. 의사들을 교육하는 학교가 있는"코스"(Kos)라는 섬에 아스클레피오스 성전이 있었는데, 이곳 출신의 "헤로다스"(Herodas 혹은 Herondas)라는 시인은 기원전 250년경에 다음과 같은 글을 남겼다.

> "두 여인이 하녀와 함께 아스클레피오스 성전을 방문한다. 가난한 그들이었기에, 소나 돼지 대신에 단지 닭 한 마리와 빵을 제물로 바칠 수 있었다. 게다가 신이 베풀어 준 치유에 대한 감사로 헌정판을 세우고자 하였다. 그들이 성전에서 그 작품을 바라보고 있는 동안에, 성전 봉사자가 닭을 제단에 바친다. 수고의 대가로 그에게 닭다리 하나가 돌아가고, 나머지는 여인들이 집에서 먹기 위해 다시 가져간다. 그 밖에도 그들은 도중에 '휘기에스' 를 받는데, 그것은 그들이 앞서 가져왔던 보리빵 중 얼마인데, 신께 바침으로써 이제 건강의 빵으로 변한 것이다."[5]

그리스 신화에 따르면 아스클레피오스는 뇌물을 받고 자신의 의술로 죽은 자를 살려 다시 이승으로 불러내는 잘못을 범한다. 그러자 제우스는 그를 번갯불로 죽인다. 죽은 뒤에 그는 지하 세계에 머물지 않고, 올림포스 산에 받아들여진다. 그리하여 고대 세계에 가장 유명한 치유의 신이 되었다는 것이다. 그를 숭배하기 위해 세운 성전들은 치유의 장소로만 사용되지 않고 대중문화와 운동의 공간으로도 사용되었다. 그리하여 아름답고 신적인 것을 향한 열망을 통해 인간이 건강과 평안을 되찾는

은 H.-J. Klauck, *Die religiöse Umwelt des Urchristentums I* (Stuttgart/Belin/Köln, 1995), 131에 나오는 독일어 번역을 토대로 했다.

5) 참조. A. D. Knox, *Herodes, Chercidas, and the Greek Choliambic Poets* (Cambridge, Ma/London, 1967), 우리말 번역은 H.-J. Klauck, *Die religiöse Umwelt des Urchristentums I*, 131에 제시된 독일어 번역을 토대로 했다.

것을 목표로 삼았다. 뱀이 감긴 지팡이가 아스클레피오스를 상징한다.

펠로폰네스 섬의 에피다우로스(Epidauros)라는 지역에 아스클레피오스 신전이 기원전 6세기에 세워졌는데, 이곳이 아스클레피오스 숭배의 중심지였다. 이곳에 대한 고고학적 발굴에서 모두 70개의 놀라운 치유 기사를 담은 여러 석주가 발견되었다. 여러 질병 중에서도 눈병과 마비에 대한 치유 기사가 주를 이룬다. 그 밖에도 몸 안에 수액이 차서 몸이 붓는 수종, 종기, 머리카락 빠짐, 혹은 임신불능에 대한 치유 기사도 나온다. 가장 유명한 치유 수단은 '신전에서 잠을 자는 것'(Incubation)이다. 여러 제물을 바치고 정결예식을 한 다음 치료받고자 하는 사람이 특별한 방으로 인도되어 수면에 빠지면 꿈속에서 아스클레피오스가 나타나 즉각 치유해 주거나 아니면 치유로 이끄는 처방을 내린다. 이런 이야기는 과장된 것이 분명하나 수많은 치유가 이루어졌다는 사실을 전제로 한다. 종교적이고 심리적이며 동시에 의학적인 요소를 통해 그와 같은 치유가 이루어졌다고 말할 수 있다.

아스클레피오스 제의는 기원전 5세기에 지중해 동편에 전해진 다음 그리스 로마 세계 전역에 걸쳐 퍼졌다. 신약 시대 로마제국 내에 400여 개의 아스클레피오스 신전이 존재한 것으로 추측한다.[6] 아스클레피오스 숭배가 당시 사람들의 삶에 커다란 영향을 끼쳤다는 사실을 기원후 2세기에 수사학자로 명성을 날렸던 아리스티데스(Aristides, 기원후 117년 출생)를 통해 확인할 수 있다. 그는 당시 번성했던 페르가몬의 아스클레피오스 신전에서 장시간 머물고 나서 7년 동안 고생했던 고질병에서 해방된 후 아스클레피오스의 열렬한 추종자가 된다. 자신의 치유 기록을 담은 "성스러운 말씀"을 후대에 남겼다.[7] 기적적인 치유에 대한 많은 이야기들은 아스클레피오스의 능력을 보여 줄 뿐만 아니라, 특히 사회적 약

6) B. Kollmann, *Einführung in die Neutestamentliche Zeitgeschichte* (Darmstadt, 2006), 147f.

7) 참조. R. Herzog, "Ein Asklepioshymnus des Aristeides von Smyrna", in: *SAB* (=Sitzungsberichte der Deutschen Akademie der Wissenschaften zu Berlin), 1934, 753-770.

자에 대한 자비의 성격을 나타낸다. 이런 면에서 아스클레피오스 숭배가 헬라 시대의 대중 사이에 만연된 이유를 찾을 수 있다.

Ⅲ. 밀의종교

밀의종교란 신적 능력에 연합하고 일상적 한계를 초월함으로써 이 세상에서 보다 나은 삶을 보장하고 저 세상의 행복을 약속하는 비밀제의(Geheimkulte)라고 말할 수 있다. 드러내지 않고 비밀스럽게 주로 밤에 거행된다는 점에서 밀의제의는 고대 도시국가에 있었던 공적인 제의나 당시 가정에서 일상적으로 행하였던 종교적 관습과 다르다. 또한 밀의제의는 모든 사람에게 개방되지 않고 보통 여러 단계로 이루어진 입교의식(Initiation)을 거친 사람들에게만 접근이 허용되었다. 밀의제의는 보통 다음의 세 가지 요소로 이루어져 있다.[8] 첫 번째 요소는 "드로메나"(σρμ́μενα)라 부르는데, 예전의식을 가리킨다. 두 번째 요소는 "데이크뉘메나"(δεικνύμενα)라 부르는데, 사람들에게 보여 주는 성스러운 대상물들을 가리킨다. 마지막 세 번째 요소는 "레고메나"(λεγόμενα)라 부른다. 이는 의식이 거행되는 동안 언급되어지는 모든 것을 가리키는데, 긴 교훈의 말씀보다는 외침과 짧은 해석의 말씀을 가리킨다. 밀의종교의 특징은 입교의식 외에도 이와 관련된 것을 절대로 외부인에게 누설하지 않겠다는 비밀 준수에 있다.[9] 이를 어길 경우 처벌을 받는다. 그러나 예컨대, 무신론자인 멜로스의 디아고라스(Diagoras of Melos, 기원전 5세기)는 비밀제의 과정을 의도적으로 누설하는 가운데 밀의종교를 조소했으며 사람들로 하여금 거리를 두게 한 경우도 있었다. 밀의제의는 고대

8) H.-J. Klauck, *Die religiöse Umwelt des Urchristentums I*, 81.

9) G. Bornkamm은 밀의종교의 특징으로 다음의 네 가지를 언급한다(ThWNT 4, 810-814): 1. 제의, 2. 입교식, 3. 구원에 대한 약속, 4. 비밀 준수.

인의 종교적 삶에 커다란 영향을 끼쳤으며, 신약시대의 시대적 배경을 이루는 로마 세계 전역에 걸쳐 만연되어 있었다.

1. 엘류시스 밀의종교(Eleusinian Mysteries)

아테네에서 서쪽으로 21km 정도 떨어져 있는 엘류시스(Eleusis)는 고대 밀의종교의 본산이라고 말할 수 있다. 이곳에서 고대세계의 가장 오래되고 명성 높은 밀의종교에 속하는 "데메터 제의"(Demetercult)가 유래한다. 기원전 7/6세기에 유래한 것으로 보이는 이른바 "호머의 데메터 찬가"(Homeric hymn to Demeter)는 엘류시스의 탄생신화를 담고 있다.[10]

신화에 따르면, 지하세계의 신 하데스(Hades)가 곡식의 여신 데메터의 딸 코레(Kore)를 지하세계로 납치하여 강제로 혼인한다. 이제 코레는 페르세포네(Persephone)라는 이름으로 불린다. 상심한 가운데 딸을 찾아 헤매던 데메터는 마침내 일종의 파업을 일으켜 곡식의 성장을 막고 기아를 야기한다. 이런 상황은 신들과도 무관하지 않다. 인간들이 더 이상 신들에게 제물을 바칠 수 없게 되었기 때문이다. 그러자 제우스가 간섭하여 중재안을 이끌어 낸다. 즉 한 해의 3분의 1은 페르세포네가 지하세계에서 남편과 함께 보내나, 나머지 3분의 2 기간 동안은 페르세포네를 지상세계로 불러와 어머니 데메터 및 다른 불멸의 신들과 함께 지낸다는 제안이다. 중재안을 수용한 데메터는 페르세포네가 지하세계에 머무는 그 해의 3분의 1 동안 지상에 있는 어떤 씨앗도 자라지 못하게 만드나, 페르세포네가 지상세계에 머무는 나머지 기간 동안에는 온 땅이 다시 열매로 가득 차게 한다. 정식으로 가입한 신도는 해마다 엘류시스의

10) 같은 곳, 84-86. 이와 관련하여: K. Clinton, "The Sanctuary of Demeter and Kore at Eleusis", in: N. Marinatos · R. Hägg, *Sanctuaries* (L 09), 110-124; N. J. Richardson, *The Homeric Hymn to Demeter* (Oxford, 1974); A. Weiher, *Homerische Hymnen* (München, 1970), 6-33.

밀의종교에 참여함으로써 자연으로부터 새 힘을 얻고 저 세상에서 더욱 나은 삶을 살게 될 것을 소망한다. 이로써 엘류시스 밀의종교는 그리스인들의 개인적 종말론 발전에 커다란 영향을 끼쳤다.

기원후 200년경에 밀의종교의 확산을 경고한 교부 알렉산드리아의 클레멘스(215년경에 사망)는 "쉰테마"(synthema)라 부르는 엘류시스 밀의제의에서 나온 본문을 인용한다.[11]

> "다음은 엘류시스 밀의종교의 쉰테마이다:
> 나는 금식했네.
> 나는 혼합음료(Kykeon)를 마셨네.
> 나는 상자에서 꺼냈네.
> 나는 행했네.
> 그런 다음 광주리에 넣고,
> 광주리에서 다시 상자로 넣었네."

쉰테마란 밀의제의나 일상생활에서 자신이 그 밀의종교 신자임을 입증하는 일종의 암호문 혹은 주문으로 보인다. 완벽한 금식에 이어서 성례전적 마심이 뒤따른다. 이때 "퀴케온"이라 불리는 혼합음료는 금식 후 처음 먹는 소화하기 쉬운 양식이다. 보리 가루에 물과 양념을 섞어 만든 음료이다. 이어서 성례전적 행위가 뒤따른다. 그런데 위의 인용문에 나오는 "상자"와 "광주리"에 대한 해석을 두고 논란이 있다. 옛 연구가들은 이를 남근과 자궁을 가리키는 성적 상징물로 간주하고 "행함"을 성적 접촉으로 여기면서, 이에 참여하는 신자가 하나님의 아들로 거듭나는 것을 상징한다고 해석했다.[12] 그러나 근자에는 곡물을 잘게 부수는데 필요한 절구와 절굿공이와 관련시키면서, 신도가 자연의 파괴행위(=곡물을 잘게

11) Protreptikos 21,2.

12) A. Körte, *ARW*(=Archiv für Religionswissenschaft) 18, 1915, 116ff.

부숨)를 통해서 얻을 수 있는 생명에 필요한 양식을 얻는 것을 상징한 것으로 해석한다.[13]

엘류시스 밀의제의에는 세 가지 성화 단계가 있다. 첫 번째는 "뮈에시스", 즉 엘류시스 사제들을 통한 최초의 성화 단계이다. 이로써 정결해지고 가르침을 받은 신도는 본 제의에 참여할 수 있다. 신도는 동물가죽으로 덮인 의자에 앉아, 곡식 키를 머리에 쓴다. 정결함을 상징하는 횃불이 그에게 다가간다. 그런 다음 특정 사항들에 대한 가르침을 받는다. 두 번째 성화 단계는 신도의 신격화를 목표로 하는 "텔레테", 즉 완성의 단계이다. 마지막 최상의 단계는 텔레테 단계에서 적어도 1년 이상 머문 자에게만 허용되었는데, "에폽테이아", 즉 성스러운 환상의 단계이다.[14] 이때 신도는 초월적 세상에 대한 소망을 바라본다.

2. 디오니소스 밀의종교(Dionysian Mysteries)

디오니소스 숭배의 기원에 대해 확실히 말하기 어렵다. 대체로 그리스 북쪽의 트라키아(Thrake)나 소아시아 중부 브리기아(Phrygia) 혹은 이곳 서쪽에 위치한 리디아(Lydia) 지역에서 비롯된 것으로 추정할 뿐이다. 헬라 지역으로 유입된 시기는 늦어도 호머의 영웅시의 초기 전승층이 생겨날 무렵으로 잡는다.[15] 디오니소스는 제우스신과 인간인 세멜레 사이에 태어난 아들로서 자유분방한 본성을 가진 신이며, 그리스 신들 중에 가장 다양한 모습으로 나타난다. 스승 실레누스의 팔에 안긴 어린아이의 모습을 취하는가 하면, 거의 여성처럼 보이는 청년이나 수염 난 노인의 형태로도 나타난다. 그러나 풍요의 신, 특히 포도주의 신 "바코스"로서 세상을 점령한다. 헬라 시대에 아스클레피오스 다음으로 광범위하게 숭배

13) H.-J. Klauck, *Die religiöse Umwelt des Urchristentums I*, 89.

14) 그러나 R. M. Simms는 μύησις를 τελετή 와 ἐποπτεία를 포괄하는 상위개념으로 이해하고자 한다("Myesis, Telete, and Mysteria", in: *GRBS* 31[1990], 183-95).

15) J. Leipoldt · W. Grundmann(eds.), *Umwuelt des Urchristentums I*(Belin, 1982), 106. 참조. Homer

된 신이었다. 디오니소스 숭배는 황홀경, 열광, 광란, 환각과 같은 인간의 원초적인 체험과 직결되어 있다. 그에 따라 디오니소스 숭배는 원초적인 야생성의 특징을 지닌다. 포도주 탐닉과 성 행위 및 흥분시키는 음악이 디오니소스 밀의종교의 핵심 요소라고 말할 수 있다. 그러한 요소들을 통해 무아경과 황홀경에 빠진 디오니소스 추종자, 즉 "바코이"가 된다. 그러면서 동물을 찢어 날고기를 먹는다. 이러한 행위는 디오니소스가 동물의 모습을 취하기도 하며 술 안에도 존재한다고 믿었던 것과 관련이 있다. 산 동물의 살을 먹고 술을 마시는 것은 그 신의 능력을 소유하는 것으로 이해하였다. 디오니소스 제의에 참여함으로써 신을 만나고 생의 활력을 얻고 불만족스러운 일상생활의 한계를 넘어설 수 있다고 믿었다.

신화에 따르면,[16] 디오니소스는 테베의 왕 카드모스의 딸인 세멜레와 제우신 신 사이에 태어난다. 그런데 임신한 세멜레가 남편인 제우스의 본래 모습을 보고자 염원하였을 때, 그녀는 신의 번갯불에 맞아 타 죽고 만다. 제우스는 여섯 달 된 태아를 그녀에게서 꺼내어 자기 넓적다리 속에 집어넣어 달이 찰 때까지 키운다. 그리하여 디오니소스는 "두 번 태어난 자"가 된다. 그 후 헤르메스신은 그 아이를 요정들의 보호에 맡긴다. 계속해서 신화는 디오니소스가 박해받아 죽는 것에 관해 이야기한다. 제우스의 아내 헤라에 의해 선동된 거인족들이 그 아이를 찢어서 삼켜 버린다. 델피 신전에 심지어 그의 무덤을 마련한다. 하지만 팔라스는 디오니소스의 심장을 구하고, 제우스는 그것을 삼킨다. 그리고는 그를 두 번째로 낳는다. 디오니소스는 이제 낙소스에 있는 아리아드네와 결혼하고, 훗날 자기 어머니와 그동안에 죽은 자신의 아내를 지하 세계에서 불러낸다. 다른 전승에 따르면, 쫓기는 디오니소스는 물속으로 빠지게 되나, 이어서 그 해의 초에 바다를 넘어 항해하여 나타난다. 이러한 이유에서 디오니소스는 사라지는 자이면서 회귀하는 자이고, 또한 죽는 자이면서 거듭나는 자로 묘사된다.

---

16) J. Leipoldt · W. Grundmann(eds.), *Umwelt des Urchristentums I*, 108.

고전 시대부터 전해 내려온 디오니소스 제의[17]는 시리아와 이집트를 통치한 알렉산더 대왕의 후계자들에 의해 추진력을 얻는다. 프톨레마이오스 4세 필로파토르(기원전 221-204년)가 알렉산드리아에 있는 유대인들을 디오니소스 밀의종교에 강제로 참여시켰다는 사실에 대해 마카베오 3서(2:27-30)가 보도한다. 기원전 2세기에 디오스소스 제의는 남부 이탈리아까지 전파되었으나, 그곳에서 로마인들의 반발을 산다. 기원전 186년에 로마 당국은 음란과 살인 및 거짓 증거의 명목 하에 디오니소스 추종자들을 공적으로 비난하면서 그들을 감옥에 가두거나 사형에 처하기도 했다.[18] 그러나 로마 황제 시대에 와서 다시 부흥기를 맞이한다. 로마 역사가 리비우스는 자신의 작품(39,9-18) 가운데 디오니소스 제의에 관한 중요 요소들(제의 형태, 침묵의 의무, 입교의식 등)에 대해 보도한다.

3. 퀴벨레 제의(The Cult of Cybele)

"퀴벨레"는 소아시아 중앙 고산지역의 산과 숲의 여신이다. 그곳 브루기아(Phrygia) 지역 사람들은 봄철에 열광적인 의식을 사용해 퀴벨레를 숭배하였다. 훗날 로마인들은 "이다 산의 위대한 신들의 어머니"(mater deum Magna Idaea)로 불렀다. 퀴벨레 신화는 여러 형태로 전해 내려오나, 크게 두 가지 형태가 있다.[19] 하나는, 젊은 아티스가 신들의 어머니에게서 극도의 존경을 받자, 제우스가 질투와 분노에 차서 산돼지를 보낸다. 이 산돼지가 사냥 중에 있던 아티스를 공격하여 죽인다는 이야기다. 보다 널리 알려진 다른 형태에 따르면, 여신 퀴벨레는 아티스(Attis)라는 젊은이에 대한 사랑에 빠진다. 그런데 아티스가 한 공주와 결혼을 하고자 한다. 혹은 한 님프와 관계를 맺고자 한다. 그러자 질투가 난 신

17) 황홀경적인 디오니소스 축제가 고대에 있었다는 사실이 기원전 405년경에 처음으로 공연된 에우리피데스(Euripides, 기원전 485-406년)의 드라마("The Bacchae")를 통해 알려졌다.

18) Livius, *ab urbe condita* 39,85ff.

19) H.-J. Klauck, *Die religiöse Umwelt des Urchristentums I*, 106.

들의 어머니 퀴벨레가 그를 광란에 빠뜨려서, 아티스는 제 손으로 거세를 하고 죽게 된다는 이야기다. 다른 결론부에서는 아티스가 자기 거세를 극복하고 살아남는다. 혹은 여신 퀴벨레는 제우스에게 아티스를 다시 살려 달라고 청하나, 단지 그의 시신이 썩지 않은 상태로 남고 그의 머리카락이 자라며 그의 작은 손가락이 움직이게 된다. 제의 중에 사제가 거세하는 일과 젊은이의 죽음에 대한 애도의 유래를 이와 같은 신화에서 이해할 수 있다. 퀴벨레 제의는 의식을 거행할 때 자기 거세를 하거나 손발의 상처를 통해 아티스의 운명을 따르는 황홀경적인 피흘림 의식이 무엇보다 특징적이다. 이러한 의식을 통해 신자들은 죽음의 운명을 체험하고 구원과 생명을 주는 신의 능력을 받는다고 믿었다.

4. 이시스 밀의종교(The Mystery of Isis)

본래 이집트에서 유래한 이시스 신화는 그리스로 전래되는 과정에 여러 변화를 겪게 되는데, 신화의 본래 모습은 다음과 같은 형태를 가졌을 것으로 보인다.[20] 한 목동이 있었는데, 자신의 양떼를 야생동물로부터 지키다가 그만 그 동물들에게 잡혀 먹힌다. 그의 애인이 죽은 자의 잘려진 사지를 다시 모았고 슬픔에 찬 곡을 한 다음 그를 장사지낸다. 사람들은 그녀의 이름을 "이시스"(Isis)로 불렀다. 이 이름은 본래 파라오의 "권좌"를 가리키는 명칭이었는데, 통치자의 어머니를 의인화한 것이다. 여기에 이미 파라오는 "살아 있는 아들(Horus)과 죽은 아버지(Osiris)"라는 도식이 시작되었다는 점이 암시되어 있다. 여기에 나오는 야생동물들을 의인화하여 해석하면서 야생동물들이 훗날 대적자 "세트"(Seth)로 바뀌게 된다.

20) 같은 곳, 112.

이시스와 아들 호루스

이와 같은 기본 형태에 해마다 일어나는 닐 강의 홍수와 직결된 물과 퇴적물에 달려 있는 곡물성장 요소가 도입되면서 식물성장과 관련된 신화 형태로 발전된다. 닐 강 주변의 농부들은 오시리스의 죽음을 새롭게 해석하게 된다. 즉, 오시리스가 더 이상 몸이 찢겨 죽은 것이 아니라 닐 강에 빠져 죽은 것으로 묘사된다. 그래서 오시리스는 비옥함을 제공하는 물과 홍수 퇴적물에서 자라나는 곡물에 강력한 영향력을 행사하는 신으로 이해된다.

경쟁적 요소가 첨가된 신화의 마지막 형태는 플루타르크(Plutarch)에게서 찾아볼 수 있다. 튀폰(Typhon)이 오시리스를 값진 관속으로 유인한 다음, 그를 이 관에 가두고는 바다에 빠뜨려 죽게 만든다. 마치 데메터가 페르세포네를 찾아 헤매듯이, 이시스는 오시리스를 찾아 헤맨다. 여기저기 수소문한 끝에 이시스는 오시리스의 관을 찾은 다음, 그를 이집트로 데려온다. 그런데 세트가 오시리스를 발견하고는 그 시신을 여러 개로 조각내어 여기저기에 뿌린다. 이시스는 다시 그 조각들을 찾아 모아 장사지낸다. 이시스 제의 가운데 오시리스의 죽음과 부활은 입교자에게 모델 역할을 한다.

신화가 그리스 로마 지역으로 넘어가면서 이시스가 이야기의 중심에 선다. 근동지방과 그리스 지방에 있던 여러 여신들과 동일시되면서 이시스는 불멸의 약을 소지한 전능한 여신으로 격상된다. 고린도는 이시스 숭배의 한 중심지였고, 고린도 바로 옆에 위치한 겐그레아에서는 이시스 성전이 발견되었다. 이탈리아의 고대 도시 "키메"(Kyme)에서 나온 이시스 비문(대략 기원전 2세기)에 그의 위대한 업적을 찬양하는 문구가 실려 있다.

> "나는 모든 땅의 여주인 이시스다. …
> 나는 인간들을 위해 열매를 발견한 자다. …
> 나는 땅을 하늘과 구분했으며, …
> 나는 배의 항해를 발견했으며, …
> 나는 인간에게 비밀들을(muh,seij) 보여 주었네.
> 나는 그들이 신상들을 경배하도록 가르쳤네. …
> 나는 그리스인들과 이방인들에게 언어를 주었네. …
> 나는 법의 수여자로 불리네."[21]

이처럼 장엄한 1인칭 형태로 된 이시스 찬가에서 이시스 밀의종교의 보편성과 유일신론의 경향을 엿볼 수 있다.

---

21) H.-J. Klauck, *Die religiöse Umwelt des Ur christentums I*, 114에 나오는 독일어 번역에서 인용.

북아프리카 출신의 아풀레이우스(Apuleius, 기원후 125년 출생)는 자신의 작품 "메타모르포젠"(Matamorphosen) 제11권에서 이시스 밀의종교에 대해 언급한다. 여기에 나오는 자서전적인 보도를 통해 이시스 밀의종교로의 가입이 어떻게 진행되었는가를 대략 알 수 있다. 입교자는 먼저 사제장으로부터 의식에 대한 가르침을 받는다. 그런 다음 정결 목욕을 하고, 열흘 동안 고기와 술을 멀리한다. 그 후 입교식 당일 저녁에 사람들이 몰려와 부장품이나 죽은 자를 위한 돈을 선물한다. 다음날 아침 (밤의 12시간을 상징하는) 아마로 짠 열두 겹의 겉옷을 걸친 입교자는 오른손엔 횃불을 들고 머리에는 어렴풋이 빛나는 종려나무 잎으로 만든 관을 쓴 채 성전 중앙에 있는 신전에 들어선다. 마치 태양처럼 치장을 하고 입상처럼 서 있자, 커튼이 갑자기 열리고는 입교자를 보기 위해 무리가 몰려와 그의 입교를 축하한다. 비밀스런 의식 자체에 대하여 전해 내려오는 보도는 없으나 아풀레이우스의 작품에 나오는 다음과 같은 체험 묘사를 통해 추측이 가능하다.

"나는 죽음의 경계선에 이르렀다. 프로세르피나의 문지방을 넘어섰다. 모든 요소[=우주의 구성성분]를 통해 갔다가 되돌아왔다. 한밤중에 태양이 눈부시도록 밝은 빛을 발하고 있는 것을 보았다. 신들에게 위 아래로 얼굴을 마주 보도록 다가가 가장 가까운 거리에서 그들에게 기도드렸다" (Apuleius, Metamorphosen XI,23).

입교자가 죽음의 세계에서 빛나는 태양을 본다는 역설적으로 들리는 이러한 진술은, "레"(Re)신이 한밤중 지하세계로의 여행에서 죽은 자들의 왕 "오시리스"와 하나가 된다고 여긴 이집트식 사고를 나타내는 것으로 보인다.[22] 오시리스의 운명을 따르고자 하는 입교자는 죽은 자들의 세계와 하늘의 낙원으로 가상 여행을 한 후, 일종의 새로운 신적 존재로 거

22) D. Zeller, "Mysterien/Mysterienreligionen", in: *TRE* 23(1994), 513.

듭난 것으로 간주되었다.

아풀레이우스의 작품에는 하늘의 여신 이시스를 향한 기도문이 나오는데, 이시스를 인생길에서 인간을 돕는 자로 높이 찬양한다. 여신 이시스에 대한 다음과 같은 찬양은 훗날 기독교의 마리아 신앙에도 영향을 끼친다.[23)]

"인류의 거룩하고 영원한 구세주, 당신은 언제나 자비하십니다. 죽을 수밖에 없는 인간에게 새 힘을 주시고 고난 가운데 고통당하고 있는 불쌍한 자들에게 어머니의 포근한 사랑을 보여 주십니다. 물에서나 땅에서나 인간을 보호하시어 삶의 풍랑을 잔잔케 하시며 당신의 구원의 손길을 펴 풀 수 없이 뒤틀린 숙명의 실을 다시 풀어 주시고 운명의 폭풍을 가라앉게 하며 천체의 잘못된 운행을 제지하시는 당신의 자비가 없이는 하루도, 아니 단 한순간도 평안히 지낼 수 없습니다. 당신의 우주를 순환하게 하시며, 태양이 빛나게 하시고, 세상을 지배하시며, 당신의 발은 저승을 밟았습니다. 천체가 당신께 화답하고, 계절이 되돌아오며, 모든 신들이 환호하고, 모든 자연력이 당신을 섬기나이다. 당신의 신호로 바람이 불고 구름이 오며 씨앗이 싹트고, 새싹들이 자라납니다. 당신의 능력 앞에 하늘을 나는 새들이 떨며 산곡을 휘돌던 맹수들과 땅 속에 숨어 있는 뱀들과 바다에서 헤엄치던 동물들이 떠나이다. 당신을 노래하기에는 나의 영이 너무 약하고 당신께 제물을 드리기에는 나의 힘이 너무 약합니다. … 당신의 신적인 모습과 당신의 거룩한 위엄을 나는 나의 가슴속 깊은 곳에 영원히 간직하며 나의 눈앞에 간직하렵니다."[24)]

23) E. 로제, 『신약성서 배경사』, 280.

24) E. 로제, 『신약성서 배경사』, 279-80에서 재인용. 참조. E. Brandt · W. Ehlers, *Apuleius: Der goldene Esel. Matamorphosen* (München-Zürich, [4]1989). L. 아우렐리우스의 이 작품이 우리말로 번역되어 있다: 송병선 역, 『황금 당나귀』(매직하우스, 2007).

5. 미트라스 밀의종교(Mithraic Mysteries)

미트라스는 고대 이란의 하늘의 신이며 빛의 신이다. "미트라스"란 단어는 "계약" 혹은 "계약의 중개자"란 뜻을 갖고 있다. 그래서 미트라스는 계약의 수호자로 통했다. 기원전 400여 년부터 미트라스는 고대 이란의 창조신으로 숭배되는 아후라 마즈다(Ahura Mazda)와 여신 아나히타(Anahita)와 나란히 고대 이란 왕가의 비문에 나타난다. 페르시아 제국이 확장되면서 서쪽으로 전파되는데, 바벨론에서 미트라스 신앙은 천문학적이고 종말론적인 사상들을 수용한 다음 소아시아까지 전달된다. 플루타르크(Plutarch)에 따르면, 길리기아 출신의 해적들이 미트라스 밀의종교를 서방에 전한 것으로 보도한다.[25] 미트라스가 그리스에 자리 잡기까지는 시간이 걸렸다. 그리스 사람들이 페르시아의 영향력이 확장되는 것을 경계했기 때문이다. 그러나 시간이 지나면서 동방의 상인과 노예와 병사들이 미트라스를 전하면서 결국 미트라스는 로마 군단의 수호신이 된다. 빛의 신으로 숭배되었던 미트라스는 황소를 죽이며 승리의 영웅으로서 어둠을 물리치는 투사로 간주되었는데, 이러한 호전적인 성격으로 인해 많은 병사들이 미트라스 제의에 동참하였던 것이다. 여신을 곁에 두지 않은 미트라스는 오직 남성들만의 종교였다. 디오클레티아누스(Diocletianus, 기원전 284-305년) 황제 시대에 와서 미트라스는 로마제국의 수호신이 된다. 12월 25일은 로마의 국가신 "솔 인빅투스"(Sol invictus)의 탄생일을 축하하는 명절인데, 미트라스는 솔 인빅투스와 동일시되었다.[26]

신화에 따르면,[27] 미트라스는 하늘을 상징하는 한 반석에서 놀라운 방식으로 태어난다. 목자들은 단지 프리기아 지방의 모자만을 썼을 뿐이지 벌거벗은 아이에게 제일 먼저 경배 드린다. 이 젊은 신은 한가로이 풀

25) Pompeius 24.

26) 그리스도인들은 이 날을 구세주 예수 그리스도의 탄생을 경배하는 성탄절로 삼았다.

27) J. Leipoldt · W. Grundmann(eds.), *Umwelt des Urchristentums I*, 120f.

을 뜨고 있는 성질 사나운 황소와 싸움을 벌인다. 미트라스는 그 황소를 붙잡아서 등에 짊어지고 자기 동굴로 나르는데, 거기서 황소는 달아나고 만다. 태양신의 명에 따라 미트라스가 그를 다시 한 번 붙잡는다. 그 등 옆으로 달려들어 단도로 황소의 목을 찔러 죽인다. 그런데 황소의 피에서 포도덩굴이 자라고, 꼬리에서는 곡식의 싹이 나게 된다. 개와 뱀은 피를 찾아 헐떡이고, 전갈은 정액에 독을 타는데, 그 정액에서 온갖 유익한 동물들이 생겨난다. 태양과 달 또한 일곱 행성, 내지는 네 바람신 혹은 사계절이 현실이 된다. 이로써 미트라스를 통한 구원사역이 우주적인 중요성을 갖고 있음이 드러난다. 또한 미트라스는 세상과 인류의 수호자로 활동한다. 악의 신 아흐리만이 유발시킨 건기 중에 미트라스는 화살을 바위에 쏘아 물을 뿜어낸다. 끝으로, 미트라스가 패배시킨 헬리오스 솔(Helios-Sol)이 미트라스 앞에서 무릎을 꿇고 기사 작위를 받고, 그에게 오른손을 건네며 그와 함께 식사를 나눈 후, 두 신은 태양신의 이륜마차를 타고 하늘로 달린다. 전체 이야기는 종말론적인 시각으로 마감된다. 미트라스는 아흐리만의 군대와 싸워 승리한 다음, 죽은 자들의 영혼을 최상층 별들의 영역으로 인도한 후, 죽은 자의 부활과 세상의 종말을 이끈다.

미트라스 제의는 일곱 행성과 병행하는 일곱 층으로 된 서품 단계를 갖고 있다. 신도들은 일곱 서품으로 구분된다(까마귀 corax; 신랑 nymphus; 병사 miles; 사자 leo; 페르시아인 Perses; 태양의 경주자 heliodromus; 아버지 pater).[28] 이들 이름들에 대한 해석이 분분하나, 상층 단계로 올라감에 따라 그의 영혼도 천상을 통해 상승한다고 믿었다. 예컨대, 미트라스의 "병사"가 되기 위해서는 뜨거운 쇠로 이마에 표시를 하고, "불사의 신"(deus invictus)을 위한 군단에서 섬길 수 있었다. 모든 단계를 통과한 신도는 죽은 후에 행성들의 영역을 넘어서 낙원으로 간다고 믿었다.

미트라스 밀의종교는 기독교와 유사하게 보이는 성례전을 갖고 있

28) 이에 대해 제롬(Hieronymus)이 전한다(Ep 107,2). 각 상징은 저마다 행성표시와 연계되어 있다.

다.[29] 입문자는 꿀이나 물을 사용한 정결의식을 받아야만 한다.[30] 이로써 도덕적 잘못에서 정화되어 새로운 실존으로 거듭난다. 또한 꿀과 포도주가 섞인 빵과 물을 먹는 성찬을 행했다. 이러한 성례전에는 높은 계층의 신도만이 참여할 수 있었던 것으로 보인다. 낮은 계층의 신도는 식탁 봉사를 했다. 사제는 축도를 한다("당신은 영원한 피를 흘림으로써 남자들을 구원하셨습니다"). 황소의 피나 성찬을 통해 신도들은 부활과 천상의 삶을 약속받았다. 미트라스 제의가 그리스도교 성례전과 유사함을 느낀 교부 터툴리안(Tertullianus, 기원후 160년경 출생)은 그러한 유사성을 악마의 모방이라고 설명했다: "사악한 귀신들이 그것 역시 모방하였다. 그들의 지시에 따라서 그것이 미트라스 밀의종교 안에서 일어난다. 신참자 가입 의식과 관련하여 빵과 물 잔이 특정한 진술과 함께 주어진다는 사실을 너희들은 알고 있고 혹은 그것을 체험할 수 있기 때문이다"(Apol 66,4). 이러한 진술을 통해 미트라스교가 당시 그리스도교에게 커다란 위협으로 비쳐졌다는 사실이 드러난다.

IV. 나가면서 – 밀의종교와 그리스도교

위에서 우리는 신약시대 지중해 세계에 만연해 있던 제의와 종교들 중 대표적인 것들을 선택하여 살펴보았다. 초기 그리스도교 신앙은 바로 이처럼 다양한 이방 종교 환경과 마주칠 수밖에 없었다. 이러한 상황을 염두에 두면서 지금부터 대략 한 세기 전에 독일 괴팅엔 지역을 중심으로 일련의 개신교 신학자들(William Wrede, Hermann Gunkel, Hugo

29) 타이센은, 성만찬 제의가 디오니소스교 및 미트라스교와 분명히 연관되어 있다고 말한다(『기독교의 탄생』, 128, 각주 21).

30) 포르퓌리우스(Porphyrius, 기원후 234년 출생)에 따르면, 사자 계급과 사제 계급은 정결예식을 위해 물이 아니라 꿀을 사용했다. 그러나 교부 터툴리안(Tertullianus)은 보편적으로 물을 사용했다고 말한다(Antr Nymph 15f).

Greβmann, Wilhelm Bousset, Johannes Weiβ)이 주축이 되어 일으킨 "종교사학파" 운동이 있었다. 이들은 신약성서를 헬라 이방적인 배경에서 해석해야 할 필요성을 역설하는 가운데, 초기 그리스도교는 자신의 정체성을 규정하는 핵심 사항에서도 당시 헬라 이방 종교의 영향을 상당히 받았다고 주장했다. 헬라 이방 종교가 초기 그리스도교에 끼친 영향에 대한 종교사학파의 입장은 크게 두 가지로 요약할 수 있다.[31] 하나는, 초기 그리스도교의 성례전이 밀의종교의 성례전 의식(입교식, 정결예식, 기름부음, 성찬)에서 비롯된 것이라는 주장이다. 이들 의식은 구약성경과 팔레스타인 유대교에서 유래한 것이 아니라, 초기 그리스도교 신앙공동체가 당시 지중해 세계에 만연되어 있던 헬레니즘에 노출되면서 생겨난 헬라화의 소산이라는 것이다.[32] 다른 하나는, 초기 그리스도교 신앙 고백의 핵심을 이루는 예수 그리스도의 죽음과 부활이 밀의종교에 나타나는 신들의 죽음과 소생에 관한 신화에서 유래한 것이라는 주장이다.

종교사학파의 이러한 주장을 오늘날 더 이상 액면 그대로 반복하기는 어렵다. 양자 사이의 관계규명이 그렇게 명확하지도 않고, 신약성서의 진술이 밀의종교에서 비롯되었다는 점을 입증하기 어렵다는 사실을 인지했기 때문이다.[33] 예수의 대속의 십자가 죽음과 부활 사건은 이방 신화에 종속되지 않았고, 또한 성만찬은 나사렛 예수의 종말론적인 상징 행위에서 유래했으며, 기독교 세례는 세례 요한으로부터 비롯된 것이지, 분명 헬라 밀의종교에서 빌려 온 것이라고 말할 수 없다. 그러나 다른 한

---

31) H.-J. Klauck, *Die religiöse Umwelt des Urchristentums I*, 127.

32) 예컨대, W. Heitmüller는 이러한 헬라화가 바울 이전 시대에 시작된 것으로 간주한 반면, A. Harnack은 신약성경이 기록된 후 2세기경에 시작된 것으로 여겼다.

33) D. Zeller, "Mysterien/Mysterienreligionen", in: *TRE* 23(1994), 522. 첼러는 고난과 부활의 신의 전형이 형성되기 시작한 것은 2세기 이후의 일이고, 이때 비로소 십자가에서 죽고 부활한 그리스도의 경쟁자가 되었다고 말한다("Hellenistische Vorgaben für den Glauben an die Auferstehung Jesu?", in: R. Hoppe · U. Busse[eds.], *Von Jesus zum Christus, FS Paul Hoffmann* [Berlin, New York; de Gruyter, 1998], 91). 로마서 6장 4a절과 고린도전서 11장 26절에 밀의종교 이론이 전제되었을 가능성을 제기하나, 이는 확실하지 않다.

편 기독교의 핵심 구원 행위인 세례와 성만찬이 부활절 이후에 헬라적 사고의 영향을 받아 성례전으로 확고히 자리 잡았다는 사실을 부인하기 어려울 것 같다.[34] 또한 종교사학파는, 헬라 디아스포라 유대교가 자신의 신앙의 본질을 훼손시키지 않고 선교적 혹은 변증적인 목적에서 헬라 밀의종교의 언어와 개념을 일부분 수용했다는 사실을 간과했다. "헬라 유대 그리스도교 전통의 한 대표자"[35]로 간주되는 바울의 경우에 잘 드러나듯이, 초기 헬라 그리스도교는 헬라 디아스포라 유대교의 영향권에 있었기 때문에 이들의 중개로 자연스럽게 헬라 밀의종교에 접할 수 있었으리라 짐작할 수 있다.[36] 이런 시각에서 초기 그리스도교가 전적으로 밀의종교의 영향권 밖에 있었다고 말하기는 어렵다. 문제는 양자 사이에 놓인 현상적 유사성을 어떻게 설명할 것인가에 있다. 밀의종교에 관한 자료 부족으로 이 관계를 명확히 밝히기 어려우나, 종교사학파가 한 세기 전에 제기했던 시각을 오늘날 더욱 섬세하며 세분화된 감각으로 수용하면서 문제에 적극적으로 접근할 필요가 있다. 이를 통해 초기 그리스도교를 그 역사적 배경에서 더욱 잘 이해할 수 있기 때문이다. 초기 그리스도교 신앙 공동체가 밀의종교 공동체와 구분되는 가장 두드러진 차이는, 후자가 자신의 신앙을 외부인에게 철저히 비밀로 한 것과 달리 전자는 자신의 메시지를 만천하에 공개적으로 선포했다는 사실에 있다.

34) 참조. H. J. Klauck, "Die Sakramente und der historische Jesus", in: ders., *Gemeinde-Amt-Sakrament. Neutestamentliche Perspektiven* (Würzburg, 1989), 273-285.

35) F. Hahn, *Theologie des Neuen Testaments I: Die Vielfalt des Neuen Testaments* (Tübingen, 2002), 386.

36) 예컨대, 갈라디아서 3장 27절에 "그리스도로 옷 입었느니라"는 표현이 나오는데, H.-D. Betz에 따르면 구속하는 자의 형상을 입는다는 표현은 밀의종교들과 영지주의에만 나온다(『갈라디아서』, 국제성서주석 37, 396-397). E. Lohse도, 이 표현을 밀의종교들이 자신들의 비밀 의식을 통해 일어난 사건을 해석한 것으로 간주하나, 다른 의미로 사용했다고 말한다. 즉, 옷 입음으로써 신적인 능력의 충만이나 영원한 구원의 소유를 뜻하지 않고, 그리스도의 통치 영역에 속하게 된 것으로 이해한다(『신약성서신학』, 190). W. Speyer는 죽고 다시 소생하는 씨에 관한 밀의종교적 사고가 요한복음 12장 24절에 나오는 비유에 반영된 것으로 간주한다(*Frühes Christentum im antiken Strahlungsfeld. Kleine Schriften III* [Tübingen, 2007], 118).

제10장 영지주의와 신약성서

이집트의 나그 함마디에서 다량의 콥트어 문서가 1945년에 발견된 후 여러 종교학자와 신학자와 철학자들이 영지주의 연구에 가세하면서, 오늘날 영지주의에 대한 이해가 매우 혼란스럽게 되었다. 이러한 상황 가운데 지나간 연구의 주요 흐름을 돌아보고 어려움과 문제가 무엇인지 파악하려 한다. 또한 영지주의와 신약성서의 관계에 대하여 살펴보려 한다.

제10장

영지주의와 신약성서

I. 들어가면서

서구 신학계 및 종교학계가 오랫동안 열띤 논쟁을 벌이고 있는 주제 가운데 하나는 영지주의이다. 영지주의에 관한 많은 토론과 논쟁에도 불구하고 학계는 이 주제에 대해 여전히 합의를 보지 못한 상태에 있다. 영지주의 연구 전문가인 종교학자 쿠르트 루돌프(Kurt Rudolph)는 영지주의와 관련하여 그동안 발표된 중요한 글들을 모아 *Gnosis und Gnostizismus* (Darmstadt, 1975)라는 제목으로 출판하였다. 루돌프는 영지주의에 관해 본격적으로 연구가 시작된 시점을 18세기 전반으로 잡는다. 그리하여 마니교에 관한 방대한 연구서(1734/39년)를 남긴 보소브르(I. de Beausobre, 1659-1738년)와 고대교회와 이단사에 관한 연구를 한 모스하임(J. L. Mosheim, 1693-1755년)을 출발점으로 여긴다. 그러나 앞서 언급한 책에서는 19세기 중엽에 발표된 페르디난트 크리스챤 바우어(Ferdinand Christian Baur, 1792-1860년)의 글로부터 소개한다.[1] 이렇게 볼 때 영

1) F. Chr. Baur, *Das Christentum und die christliche Kirche der drei ersten Jahrhunderte* (Tübingen, 1853, ²1860), 175-89("Die Gnosis").

지주의에 관한 연구가 오랫동안 수행되어 왔다는 사실을 알 수 있다. 특히 1945년 이집트의 나그 함마디에서 다량의 콥트어 문서가 발견된 후 영지주의에 대한 연구는 한층 활기를 띠게 되었다.

영지주의는 종교학자 뿐만 아니라 교회사가와 신약성서학자들도 다뤄 온 주제이다. 현대에 와서는 철학자들도 가세하였다. 이처럼 다양한 학문적 배경을 가진 전문가들이 하나의 주제에 몰두하면서 다양한 시각 위에서 다양한 연구결과, 심지어 완전히 상반된 연구결과가 도출되었다. 그리하여 오늘날 영지주의에 대한 이해가 매우 혼란스럽게 되었다. 이러한 상황 가운데 지나간 연구의 주요 흐름을 돌아보면서 어려움과 문제가 무엇인지를 바로 파악하는 것이 무엇보다 중요하다. 영지주의에 대한 서구의 관심사와 달리, 우리 신학계와 종교계는 아직 이 분야에 대해 별로 관심을 보이고 있지 않다. 따라서 이 분야에 대한 본격적인 연구에 앞서 그간 서구에서 진행되어 온 연구사와 그와 관련된 문제점들을 이해하는 것이 급선무라고 생각된다. 아래에서는 다음과 같은 사항에 초점을 맞추고자 한다. 먼저 논란이 많은 영지주의의 기원 및 정의에 관한 문제를 다루고, 이어서 영지주의에 관한 자료와 중심 교리를 간략히 소개한 후, 마지막으로 영지주의와 신약성서의 관계에 대하여 살펴보고자 한다.

II. 영지주의에 대한 정의와 기원을 둘러싼 논란

영지주의에 대한 정의와 기원에 대한 탐구는 오늘날까지 여전히 미해결된 영지주의 연구의 핵심 주제에 속한다. 영지주의의 기원에 관한 문제는 영지주의를 어떻게 이해하느냐 하는 문제와도 관련되어 있다. 이 세상을 넘어선 구원론에 대한 영지주의적 기본 사고방식의 정형화된 형태를 담고 있는 교부시대의 한 진술이 있다.

"우리는 누구인가?
우리는 무엇이 되었는가?
우리는 어디에 있는가?
우리는 어디로 내던져졌는가?
우리는 어디로 내달리는가?
우리는 무엇으로부터 해방되었는가?
출생이란 무엇인가?
재출생이란 무엇인가?"

이 본문은 교부 알렉산드리아의 클레멘스(기원후 200년경)의 글 가운데 인용된 것으로 발렌티누스의 제자인 테오도토스(Theodotos)에게서 유래한 발췌문이다.[2] 이 발췌문은 여러 영지주의 교사들의 진술에서 나온 것이다. 위의 일곱 질문에 대한 대답을 **깨달음으로써** 인간이 자유로워질 수 있다고 믿었다. 이러한 질문의 배후에는 이 세상은 인간을 가두는 감옥이라고 여긴 영지주의적 기본 사고방식이 깔려 있다. 위의 본문은 영지주의적 기본 사고방식이 어떠한가를 잘 보여 주고 있다.[3] 20세기 나그함마디에서 발견된 영지주의 문서들을 통해서 그러한 사실이 명백히 드러난다. 예컨대, "빌립에게 보내는 베드로 서신"("Brief des Petrus an Philippus" NHC VIII/2, 134,18ff)에 전승된 '올리우신 예수 그리스도께서 사도들과 나누는 가르침의 대화' 나 혹은 이른바 "도마서"("Thomas-buch" NHC II/7, 138,8-10)에 나오는 '구세주와 도마 사이의 대화' 에도 유사한 영지주의적 기본 사고방식이 나타난다.[4]

영지주의를 그리스어로 '그노시스'(Gnosis)라 부르는데, "인식", "지식", "깨달음"이란 뜻을 갖고 있다. 이 개념은 이러한 의미로 고대 세계

2) Clemens Alex., Exc Theod 78,2.

3) H. Jonas, *Gnosis und spätantiker Geist. I. Teil: Die mythologischer Gnosis* (Göttingen, 1934), 26.

4) H. F. Weiβ, *Frühes Christentum und Gnosis. Eine rezeptionsgeschichtliche Studie* (Tübingen, 2008), 195f.

에서 사용되었다. 종교 영역에서 특별한 뜻을 갖고 있는 이 개념은 이 세상의 속박에서 인간을 구원하는 특별한 종류의 지식을 가리킨다. 교회사와 종교사 분야에서 이 개념은 여러 상이한 전통과 연결된 가운데 고대 세계에 만연된 종교적 움직임을 가리키는 개념으로 사용되고 있다.

영지주의적 기본 사고방식의 정형화된 형태에도 불구하고 "영지주의"란 개념을 어떻게 정의할 것인가에 대해 논란이 많다. 1966년 메시나(Messina)에서 열렸던 영지주의 학술대회 이후 독일어권에서는 "그노시스"(Gnosis)라는 개념을 "그노스티치스무스"(Gnostizismus)라는 개념과 구분하여 부르기 시작했다.[5] 그노시스는 그리스도교를 넘어설 뿐만 아니라 시대를 초월한 종교운동으로서 종교적 엘리트에게만 허락된 신적인 비밀에 대한 지식을 가리키는 것으로 이해하고자 한다. 이와 구분하여 그노스티치스무스는 2세기에 형성된 그리스도교적 현상으로서의 영지주의 체계를 가리키는 개념으로 사용하고 있다. 그러나 이러한 구분도 학계에서 관철되지 못했고, 영지주의 운동의 기원을 둘러싼 논쟁은 여전하다. 교회사가 크리스토프 막쉬스(Christoph Markschies)는 영지주의에 관한 자신의 단행본에서 이렇게 말한다: "모든 측면에서 합의를 도출할 만하며 널리 사용된 개념이란 존재하지 않는다. 또한 문제의 상황을 고려할 때 존재할 수도 없다. 각 정의는 일정 부분 자의적이기 때문이다."[6] 이 주제에 관한 개념 정의는 중요하다. 영지주의를 어떻게 정의하느냐에 따라 그것의 유래에 대해 상이하게 말할 수 있기 때문이다.

영지주의에 대한 정의를 둘러싸고 논란이 많듯이, 그것의 유래에 대해서도 학계에 논란이 많다. 논란의 중심에 있는 질문은 영지주의가 이미 그리스도교 이전에 존재했었는가 아니면 그리스도교 내부 현상으로 볼 것인가에 관한 것이다. 이러한 논란은 영지주의의 시작이 언제부터인지

5) 이와 관련하여: U. Bianchi(ed.), *Le origini dello gnosticismo, Colloquio di Messina 1966*, Suppl. to NUMEN 12 (Leiden 1967, ^{2}1970), XX-XXXII. 참조. K. Rudolph, "Gnosis und Gnostizismus, Ein Forschungsbericht", in: *ThR* 36(1971), 13-23.

6) Chr. Markschies, *Die Gnosis* (München, 2001), 9.

불확실하기 때문이며, 다른 한편 현재 전해 내려온 영지주의 문서는 그리스도교의 영향을 받은 2세기 이후의 산물이기 때문이다.

2세기 후반에 활동했던 교부 이레네우스(Irenäus)는 영지주의를 이단으로 간주하였고, 그것이 모든 이단의 아버지라 불리는 시몬 마구스(Simon Magus, 참조. 행 8:9-25)로부터 유래한 것으로 여겼다. 그러나 이러한 평가에서 영지주의의 역사적인 기원과 유래에 관한 사실적인 정보를 얻을 수 없다. 그것은 역사적 판단에서가 아니라 교리적 판단에서 비롯된 것이기 때문이다. 이와 같은 교부들의 시각은 19세기에 이르기까지 크게 바뀌지 않았고, 영지주의를 초기 그리스도교 이단 운동의 하나로만 간주하였다. 이러한 시각에 반기를 든 것은 개신교 신학 전반에 커다란 파장을 불러일으켰던 "종교사학파"(Religionsgeschichtliche Schule)였다. 예컨대 헤르만 궁켈(Hermann Gunkel, 1862-1932년)에 따르면, 영지주의는 그리스도교 이전 또한 유대교 이전 시대부터 생겨난 오래된 종교현상으로서 "아주 다양한 형태를 띠고 있을 뿐만 아니라 매우 복잡하다. 그것들은 위대한 종교 혼합의 산물이며, 다양한 방식으로 서로 영향을 끼쳤다."[7)]

20세기 신약학의 거장으로 통하는 루돌프 불트만(Rudolf Bultmann, 1884-1976년)은 이와 같은 종교사학파의 시각을 수용하였다. 자신의 저서 『고대 종교들의 틀에서 본 원시 그리스도교』(*Das Urchristentum im Rahmen der antiken Religionen*, 1949)[8)]에서 불트만은 영지주의를 "통일적인 하나의 종교사적 현상"으로 파악하면서 "그리스도교보다 앞선 근원을 가진 종교적 움직임이고 여러 다른 형태를 가지고 그리스도교의 경쟁자로서 근동에서부터 서방세계에 침투해 온 것"으로 이해하였다."[9)] 그리하여 종교

7) H. Gunkel, *Zum religionsgeschichtlichen Verständnis des Neuen Testaments* (Göttingen [2]1910), 18f.

8) 이 책의 우리말 번역이 있다: 허혁 역, 『서양고대종교사상사』(이화여자대학교출판부, 1977[=『기독교 초대교회 형성사』, 1993]).

9) 『서양고대종교사상사』, 216-17.

사학파와 불트만의 영향 가운데 있었던 20세기 중엽에 이르기까지 대체로 영지주의를 종교혼합주의 현상으로 이해했다.[10]

그러나 20세기 말경에 이르러 다시 과거의 입장으로 선회하여 영지주의를 초대교회사 혹은 이단사와 관련된 현상으로 간주하려는 경향이 강하다. 이러한 학계의 분위기는 튀빙엔 대학의 신약학 교수로서 초기 그리스도교 이해에 커다란 영향을 끼친 마르틴 헹엘(Martin Hengel, 1926-2009년)의 견해에서 많은 영향을 받은 것처럼 보인다. 그는 이미 1994년에 발표한 "신약성서의 과제"라는 논문에서 다음과 같이 말했다: "이른바 영지주의는 원시 그리스도교에게는 한 주변문제에 불과하며, 그것의 직접적인 영향사에 속하지 … 그것의 이전 역사에 속하지 아니 한다."[11] 이러한 시각은 이미 2세기 때 영지주의를 "진리의 정경"에서 벗어난 "이단"이고, 따라서 원시 그리스도교 이후에 발생한 현상으로 파악한 교부 이레네우스의 시각과 밀접히 연결되었음을 알 수 있다.

현재 학계의 대세는 그리스도교 이전 시대의 영지주의란 존재하지 않는다는 입장으로 기운 것처럼 보인다.[12] 그러나 영지주의를 하나의 독자적인 종교로 간주하면서 원시 그리스도교 이전에 이미 존재했던 종교현상으로 이해한 종교사학파 및 불트만의 시각이 완전히 사라진 것은 아

10) 예컨대, Karl Heussi, *Kompendium der Kirchengeschichte* (48): "그리스도교 영지주의는 교회 내적 발전의 결과가 아니라, 2세기에 강력히 자라난 종교혼합주의의 한 현상이다. 그것은 그리스도교를 종교 혼합 상태로 이끌고자 하며, 또한 상당히 강력한 헬라적이고 동방적인 특징을 띤 밀의종교로 변형시키고자 하는 시도이다"; R. Knopf · H. Lietzmann · H. Weinel, *Einführung in das Neue Testament* (Berlin, [5]1949), 394: "그리스도교와 영지주의는 동일한 뿌리에서 나온 것이 아니라, 처음부터 근본적으로 서로 달랐다. … 그것은 그리스도교의 파생물이 아니고, 종교혼합주의의 한 현상이다. 이러한 강력한 종교적 물결이 영지주의 안에서 그리스도교에도 도달했고, 그것을 집어삼키려고 했다. 실상 영지주의는 그리스도교적 요소로 채색된 내면화된 밀의종교에 지나지 않는다."

11) M. Hengel, "Aufgaben der neutestamentlichen Wissenschaft", in: *NTS* 40(1994), 321-357. 이곳 330f.

12) W.-D. Hauschild, *Lehrbuch der Kirchen- und Dogmengeschichte. Bd. 1: Alte Kirche und Mittelalter* (Güthersloh, [2]2000), 70f; H.-J. Klauck, *Die religiöse Umwelt des Urchristentums II* (Stuttgart/Belin/Köln, 1996), 165.

니고 다시 고개를 들고 있다. 영지주의의 기원에 대해 학계가 아직 합일된 의견에 이르지 못한 상태에 있는 반면, 그것의 마지막 단계는 대개 마니교(Manichaeism)로 간주한다. 영지주의에 대한 학계의 주요 입장을 소개하고자 한다.[13)]

① **그리스도교의 급박한 헬라화**: 저명한 교회사가 하르낙(Adolf von Harnack 1851-1930년)은 영지주의를 "그리스도교의 급박한 세속화 내지는 헬라화"("akute Verweltlichung resp. Hellenisierung des Christentums")로 파악하였다.[14)] 그리스도교는 영지주의 이전에 존재했으며, 그리스도교 없이 영지주의가 생겨날 수 없다고 본 것이다. 그리하여 하르낙은 영지주의자들을 플라톤 철학의 해석학적 범주를 신약성서 전승에 적용한 첫 번째 사람들로 간주했다.[15)] 하르낙은 두 가지 서로 다른 헬라화를 구분한다. 하나는 긴 과정 가운데 그리스도교와 헬레니즘이 뒤섞여 이루어진 것으로 고대 교회에서 형성된 도그마(삼위일체론, 두 본성의 가르침)를 뜻한다. 이와 달리 그리스도교와 헬레니즘이 급박히 이루어진 형태가 있었는데, 그것이 바로 그리스도교 종교철학인 영지주의라는 것이다.

② **그리스도교 이전 비유대적 종교현상**: 라이첸슈타인(Richard Reitzenstein 1861-1931년)과 부셋(Wilhelm Bousset 1865-1920년)으로 대표되는 종교사학파는 영지주의의 기원이 그리스도교 이전 비유대적 종교들에서 유래한 것으로 간주했다. 특히 이란의 종교와 바벨론 종교의 만남에서 비롯된 것으로 보았다. 영지주의 사고의 중심에 구원론 신화가 있

13) H. 콘첼만 · A. 린데만, 『신약성서 어떻게 읽을 것인가?』(한국신학연구소, 2003), 306-308 참조.

14) A. v. Harnack, *Lehrbuch der Dogmengeschichte. Bd. 1: Die Entstehung des kirchlichen Dogmas* (Tübingen, ^{4}1909[=1990]), 250f.

15) 영지주의를 2세기에 플라톤 사상과 결합된 신학의 일부로 바라보는 입장은 아직도 있다(Chr. Marschies · K. Berger). 이를 통해 그리스도교를 교양 계층에게 가까이 인도하려는 목적을 가진 것으로 파악한다.

는데, 피안의 천상계에 속한 근원적 인간인 구원자가 세상에 갇혀 있는 인간들을 구원하기 위하여 이 땅에 와서 이들을 다시 천상의 고향으로 이끈다는 것이다. 영지주의를 독자적인 종교로 보지 않고 고대 종교세계의 토양에서 자라난 "종교혼합적인 현상"(synkretistische Erscheinung)으로 이해한다.[16]

③ **고대 세계의 정신 현상**: 철학자 한스 요나스(Hans Jonas 1903-1993년)는 완전한 형태를 갖춘 비그리스도교적인 영지주의 체계로서의 만데이즘에 근거하여, 영지주의를 파악하기 위한 핵심은 신화 자체에 있다고 보지 않고, 이 세상 가운데 내던져졌으며 "인식"으로써 해방을 체험하게 되는 인간에 대한 영지주의적인 자기이해에 달려 있다고 보았다. 세상과 인간에 대한 이와 같은 이해는 다양한 형태로 나타날 수 있다고 보았다. 영지주의적인 자기이해란 근본적으로 고대 세계에 만연된 정신이기에 유대적 영지주의 혹은 그리스도교적 영지주의가 존재할 수 있다는 입장이다.[17]

④ **고대세계의 종교적 구원 운동**: 신약학자 쉥케(H.-M. Schenke)는 영지주의를 은유적인 언어와 신화적인 표현을 통하여 철저히 세상을 부정하는 세계관으로 발전된 후기 고대세계의 종교적 구원 운동으로 이해하고자 한다. 쉥케는 그리스도교적인 영향을 전혀 보이지 않는 영지주의 텍스트가 있다는 이유에서 영지주의를 그리스도교 이전 시대의 현상으로 간주하며, 평가절하의 어감을 담은 "그노스티치스무스"(Gnostizismus)라는 용어 사용을 거부한다. 종교학자 루돌프(K. Rudolph)는 영지주의를

16) W. Bousset, "Gnosis/Gnostiker", in: *PWRE* VII/2, 1524. 참조. W. Bousset, *Hauptprobleme der Gnosis* (Göttingen, 1907); R. Reitzenstein, *Das iranische Erlösungsmysterium. Religionsgeschichtliche Untersuchungen* (Bonn, 1921).

17) H. Jonas, *Gnosis und spätantiker Geist, 1. Teil: Die mythologische Gnosis; 2. Teil: Von der Mythologie zur mystischen Philosophie* (Göttingen, 1934/1954).

다양한 종교에 적응하며 그 종교를 담지자로 이용한 독자적인 세계관이나 종교로 간주한다.[18)]

⑤ 정치적 금치산에 대한 지식층의 반작용: 종교학자 키펜베르크(H.G. Kippenberg)는 영지주의를 당시 세계의 정치적 및 사회학적 시대 조건과 결부시켜서 이해하고자 한다. 그리하여 고대 영지주의를 "정치적 금치산에 대한 지식층의 반작용"으로 파악했다.[19)] 즉, 프톨레마이오스 시대에 대도시에 살고 있던 엘리트들은 해당 지역의 통치자들에 의해 권력을 빼앗겼고, 이러한 상황 하에서 영지주의에 관심을 돌리면서 현 통치자들의 종교와 정치로부터 벗어나 이 세상 너머에 있는 초월적 세상으로 도피하고자 했다고 보는 입장이다.

현재 학계는 원천자료(Quelle)의 해석을 둘러싼 어려움으로 인해 영지주의의 기원에 대하여 명확한 결론에 이르지 못한 상태에 있다. 비록 영지주의가 완벽한 종교 체계를 갖추게 되는 것은 2세기에 나타나지만, 이미 1세기에 영지주의적 개념들과 표상들이 개별적으로 나타난다는 사실 때문에 영지주의 생성연대를 정확히 말하기 어렵다. 영지주의에 대한 해석과 관련하여 현재 크게 두 진영으로 나눌 수 있다. 일군의 학자들은 영지주의를 그리스도교 이후 시대에 생성된 것으로서 그리스도교에서 파생된 종교현상으로 보고자 한다. 나그 함마디 발견을 포함하여 오늘날까지 그리스도교 이전으로 소급되는 영지주의 1차문서의 존재가 단 한 편도 입증될 수 없다는 사실에서, 예컨대 교회사가 막쉬스(Chr. Markschies)는 영지주의를 그리스도교 이후의 산물로 보면서, 특히 영지주의의 기원

---

18) H.-M. Schenke, "Die Gnosis", in: J. Leipolt · W. Grundmann, *Umwelt des Urchristentums I: Darstellung*(Berlin, ³1971), 371-418,

19) "Versuch einer soziologischen Verortung des antiken Gnostizismus", in: *NUMEN* 17(1970), 211-31. 225. 참조. H. A. Green, *The Economic and Social Origins of Gnosticism* (Atlanta, 1985); M. Weber, *Wirtschaft und Gesellschaft*(Tübingen, ⁵1972).

을 플라톤주의에 토대한 발렌틴적 영지주의 전통에서 찾고자 한다. 다른 한편, 일군의 학자들은 그리스도교 형성 이전에 만들어진 보편적인 종교 움직임으로 이해하고자 한다.

Ⅲ. 영지주의 자료

1. 콥트어로 기록된 영지주의 1차 자료

영지주의 1차 자료는 두 그룹으로 나눌 수 있다. 하나는 이미 18-19세기에 산발적으로 발견된 필사본들이고, 다른 하나는 1945년 나그 함마디에서 발견된 다량의 문서들이다. 특히 나그 함마디 서고의 발견은 영지주의 연구에 값진 기여를 하고 있다.

① 런던, 옥스퍼드, 베를린 코덱스

• **아스케비아누스 코덱스(Codex Askewianus)**: 1750년 의사 아스키우(A. Askew)가 이집트에서 나온 이 필사본을 구매했다. 4세기 생성된 것으로 추정하고, 현재 런던 대영 박물관에 소장되어 있다. 178장 분량의 양피지에 쓴 이 필사본을 가리켜 일명 "런던 필사본"이라고도 부른다. 여기에는 예수와 막달라 마리아, 또한 사도들이 나눈 비밀 대화가 나오는 "피스티스 소피아"(Pistis Sophia)라고 부르는 긴 논구가 담겨 있다.

• **브루키아누스 코덱스(Codex Brucianus)**: 옥스퍼드 필사본이라고도 부르는데, 스코틀랜드 출신의 여행자 제임스 브루스(J. Bruce)가 1773년에 상부 이집트 테베 근처에서 구입한 것으로 전한다. 78장 정도의 파피루스로서 많이 훼손되었다. "예수의 가르침"과 "미지의 하나님에 대한 사색"을 담고 있다. 일명 "예우(Je?) 책들"이라 부르기도 한다.

• **베를린 코덱스(Codex Berolinensis)**: 4-5세기에 기록된 것으로 보

이는 이 코덱스는 역시 상부 이집트에서 발견되었다. 1900년에 독일의 콥트어 학자 칼 슈미트(Carl Schmidt)가 연구에 착수했다. 네 편의 문서를 담고 있다("마리아 복음", "요한의 비밀서", "예수의 지혜", "베드로 행전"). 예수가 제자들과 막달라 마리아에게 한 말씀과 계시를 다룬다.

② 나그 함마디(Nag Hammadi) 문서: "나그 함마디"는 이집트의 나일 강 상류 서편에 있는 장소의 이름이다. 룩소에서 북쪽으로 125km 정도 떨어진 곳에 위치한다. 1945년에 이곳에서 한 농부가 숨겨진 항아리를 발견했는데, 그 안에 모두 13개의 코덱스(Codex)가 들어 있었다. 오늘날 책과 같은 형태의 코덱스들은 모두 1200면에 걸쳐 대략 52개의 문서를 담고 있다. 이 문서들의 보존 상태는 대체로 양호한 편이나 10% 정도는 소실되었다. 코덱스의 재료로 파피루스가 사용되었고, 모든 문서는 콥트어로 기록되었다.[20] 당시 백성이 일상 삶에서 사용하던 언어인 콥트어로 기록되었다는 사실에서 영지주의 운동이 이집트의 평민층에 널리 유포되었다는 것을 짐작할 수 있다. 발견된 코덱스들의 생성연대는 4세기 전반으로 추정된다. 하지만 본래 문서는 콥트어가 아니라 그리스어로 기록되었고, 이들 그리스어 문서들의 생성연대는 2-3세기로 추정한다.

나그 함마디 서고에서 발견된 모든 문서가 영지주의 문서라고 말할 수 없으나, 상당한 정도 영지주의 1차 문서를 담고 있고, 이로 인해 영지주의 연구에 획기적인 전기를 마련했다. 이 서고의 목적이 분명하지 않으나 이집트 출신의 수도사 파코미우스(Pachomius, 346/7년 사망) 주변

20) 콥트어로 기록된 나그 함마디 문서의 현대어 번역이 있다: J. M. Robinson(ed.), *The Coptic Gnostic Library. A Complete Edition of the Nag Hammadi Codices*, ed. with English Translation, Introduction and Notes under the auspices of the Institute for Antiquity and Christianity, vol. 1-5 (Leiden/Boston/Köln 2000); H.-M. Schenke · H. G. Bethge · U. U. Kaiser(Hrsgg.), *Nag Hammadi Deutsch*, vol. 1-2 (Berlin, 2001, 2003); G. Lüdemann · M. Janssen, *Die Bibel der Häretiker. Die gnostischen Schriften aus Nag Hammadi* (Stuttgart, 1997). 또한 영지주의 텍스트의 독일어 번역도 참조하시오: W. Förster, *Die Gnosis I: Zeugnisse der Kirchenväter* (München/Zürich, 1995); Die Gnosis II: Koptische und mandäische Quellen (München/Zürich, 1995).

의 이방 수도단과 관련시키려는 시각도 있다. 이 문서는 영지주의의 다양한 발전 단계와 특징들을 보여 준다. 비그리스도교적 영지주의를 증거하는 문서가 있는 반면(예컨대, 유그노스토스의 편지 NHC III/3; 셈의 풀이 VII/1; 위대한 셋의 둘째 논고 VII/2; 조스트리아누스 VIII/1; 노레아(Norea)의 사색 IX/2; 마르사네스 X; 알로게네스 XI/3; 아담 묵시록 V/5), 본래 비그리스도교적인 영지주의 문서가 이차적으로 그리스도교화 된 영지주의 문서도 있다(예컨대, 예수 그리스도의 소피아 III/4; 요한의 비밀서).[21] 그러나 영지주의 문서들의 다양한 형태들이 영지주의의 내적 발전을 반영하고 있는지는 밝히기 어렵다. 나그 함마디 문서들은 다양한 장르로 구성되어 있다(복음서, 기도, 묵시록, 사도들의 행전, 편지, 독백의 계시어, 대화체 권면, 금언, 논쟁서 등). 나그 함마디에서 발견된 52개의 문서들의 이름만 열거하면 다음과 같다.[22]

- 제1권: 사도 바울의 기도, 야고보의 비밀 서신, 진리의 복음, 레기누스(Rheginus)에게 보내는 부활에 관한 편지, 세 본성(상계, 창조, 인간)에 관한 논고(Tractatus Tripartitus).
- 제2권: 요한의 비밀서, 도마 복음, 빌립 복음, 아르콘들의 실체, 세상의 기원, 영혼에 관한 주석, 용사 도마의 책.
- 제3권: 요한의 비밀서, 이집트인 복음, 유그노스토스(Eugnostos)의 편지, 예수 그리스도의 소피아, 구세주의 대화.
- 제4권: 요한의 비밀서, 이집트인 복음.
- 제5권: 유그노스토스의 편지, 바울 묵시록, 야고보의 첫째 묵시록, 야고보의 둘째 묵시록, 아담 묵시록.
- 제6권: 베드로와 열두 사도의 행전, 천둥-완전한 지성, 신뢰할 만한 논

21) H.-F. Weiβ, *Frübes Christentum und Gnosis.* 132, 137.

22) H.-J. Klauck, *Die religiöse Umwelt des Urchristentums II,* 156f; 마들렌 스코펠로, 『영지주의자들』(분도출판사, 2005), 49-56.

고, 우리의 위대한 권능의 사색, 플라톤 공화국, 제8위(Ogdoade)와 제9위(Enneade)에 관한 강화, 감사 기도, 아스클레피오스.

제7권: 셈(Seem)의 풀이, 위대한 셋(Seth)의 둘째 논고, 베드로 묵시록, 실바누스의 가르침, 셋의 삼석비.

제8권: 조스트리아누스(Zostrianus), 빌립에게 보내는 베드로의 편지.

제9권: 멜기세덱, 노레아(Norea)의 사색, 진리의 증언.

제10권: 마르사네스(Marsanes).

제11권: 그노시스의 해석, 발렌티누스파의 논문, 발렌티누스파의 다섯 기도. 알레고네스(Allegones, 외방인), 휩시프로네(Hypsiphrone, 지극히 높은 사색을 하는 여성 실체).

제12권: 섹스투스(Sextus)의 금언들, 진리의 복음, 단편들.

제13권: 세 형체의 프로테노이아(Protennoia), 세상의 기원에 관하여.

③ 코르푸스 헤르메티쿰(Corpus Hermeticum): 3세기경에 수집된 자료로서 그리스어로 기록된 13편의 다양한 (철학적, 종교적, 자연과학적인) 문서들을 담고 있다. 이 문서들을 가리켜 "코르푸스 헤르메티쿰"이라 부른다.[23] 선택된 제자들에게 비밀 계시를 전하는 헤르메스 신의 이름을 딴 것이다. "헤르메스"는 이집트의 지혜의 신 "톳"(Thot)의 다른 이름이다. 이 작품들은 알렉산드리아에서 유래한 것으로 보인다. 이방적 계시 문헌의 형태를 나타내는 이 문서들은 통속 플라톤적 토대 위에서 비밀 지식의 중개를 약속한다. 영지주의 초기에 형성된 것으로 보이는 첫 번째 문서 "포이만드레스(Poimandres)"가 중요하다. 이 작품은 그리스도교 이전 시대 영지주의 작품으로 간주되었으나, 뷔클리(J. Büchli)는 이 작품을 "세속화된 복음"("paganisiertes Evangelium")으로 이해하면서 이 작품의 저자가 요한복음을 알았다고 주장한다.[24]

23) 독일어 번역: *Das Corpus Hermeticum Deutsch, Übersetzung, Darstellung und Kommentierung in drei Teilen*, hrsg. von C. Colpe und J. Holzhausen, (Heidelberg, 1997).

④ **마니교**: 마니교의 창시자 마니(Mani 216-276년)는 오늘날 이란에서 태어나 순교자로 옥사했다. 그의 아버지는 유대 그리스도교 세례파인 이른바 "엘카사이파(Elchasai)"에 속했고, 거기에서 성장한 마니는 훗날 엘카사이파의 세례주의 형식을 계승한 유대 율법주의를 예수의 이름으로 배격했고, 또한 신약성서와 바울 외경들에 나타난 바울의 사상과 선교활동에서 많은 영향을 받았다. 자신을 마지막 예언자로 이해하는 가운데 유대 그리스도교 예언론을 변형시킨 우주적 보편적 예언론과 여러 환상 체험을 통해 모든 종교의 종합(Religionssynthese)을 꾀하는 세계 종교를 창시하였다. 4세기에 그의 종교를 가리켜 마니교(Manichaeism/Manichäismus)라 불렀다.[25] 마니는 방대한 문서를 저술했다고 알려지나, 박해로 인해 극히 일부분만 남아 있다. 복음서와 바울서신과 외경 사도행전들을 그리스도교에서 수용했으나, 구약성서는 배척했다. 마니교는 로마제국 내에 급속도로 퍼지고 멀리 중앙아시아와 동아시아까지 전해졌다. 20세기 초에 와서 이집트의 파윰과 리코폴리스, 중앙아시아 투루판과 툰황 등지에서 일련의 마니교 문서들이 발견되었다. 그 중에는 마니의 영적 변화 과정을 그리스어로 담은 "쾰른 대학 마니교 필사본", 콥트어로 교리 교육을 위한 명상을 담은 "마니교 설교집", 콥트어로 마니의 가르침에 대한 교리 해석을 담은 마니교 신학총서 "케팔라이아(Kephalaia)", 역시 콥트어로 기록된 마니교의 전례 기도집인 "시편" 등이 있다. 마니교는 영지주의 발전의 마지막 단계에 속한다.

2. 2차 자료

영지주의를 논박하는 교부들의 글 가운데 나오는 인용문이 이에 속

24) J. Büchli, *Der Poimandres, ein paganisiertes Evangelium. Sprachliche und begriffliche Untersuchungen zum 1. Traktat des Corpus Hermeticum* (Tübingen, 1987).

25) 마니교에 관한 우리말 개론서가 있다. 미쉘 따르디외, 한님성서연구소, 이수민 편역, 『마니교』(분도출판사, 2005).

한다. 먼저 반영지주의적 논박서로 다음의 삼대 작품을 언급할 수 있다.

① 리용의 이레네우스(130-208년경): 180년경 영지주의를 반박하는 5권으로 이루어진 "거짓된 영지주의에 대한 폭로와 반박"을 그리스어로 집필했다. 이 작품을 가리켜 흔히 "Adversus haereses"(이단 논박)라고 부른다. 원본을 소멸되고 라틴어 번역이 남아 있다. 구약과 신약의 조화를 강조하나, 이러한 상호 관계를 인정하지 않는 영지주의자들의 성서해석을 거부하며 또한 그들의 신화적 해석을 거부한다.

② 로마의 히폴리투스(170년경-235년): 이레네우스의 "이단 논박"과 다른 자료들을 사용하여 10권으로 된 반영지주의 작품 "Refutatio omnium haresium"(모든 이단에 대한 논박)을 저술하였다. 영지주의의 교리는 "해로운" 그리스 철학과 신화론을 표절한 것이며, 그리스도교 신앙 전통과 무관하다는 사실을 입증하고자 한다. 영지주의자들을 가리켜 "이교도들"이며 "무신론자들"이라고 부른다.

③ 살라미스의 에피파니우스(315-403년): 히폴리투스의 "모든 이단에 대한 논박"을 전형으로 삼아 374-377년에 저술한 "Panarion"이란 작품에서 80종류나 되는 이단자들을 열거하면서 이들의 거짓된 교리를 유일한 진리와 비교한다. 이단들을 뱀에 비유하여, 자신의 작품명을 그리스어 "파나리온"이라 명명했다. 그것은 의사들이 들고 다니는 "약상자"를 뜻하는데, 영지주의자들을 포함하여 이단들의 해로운 교리를 치료하기 위한 것이다. 영지주의에 대한 논박은 제2권에 나온다. 특히 파나리온의 한 부분(Pan. 33,3-7)에 발렌틴적 영지주의를 증거하는 이른바 "발렌틴의 교서", 즉 "플로라에게 보내는 프톨레마이오스의 편지"가 전해진다.

그 밖에도 터툴리안(160년경-220년)과 알렉산드리아의 클레멘스(140/150년경-215년경)와 오리게네스(185년경-254년경)는 영지주의를 반박하는 글을 남겼다. 이들의 작품을 통해 간접적으로 영지주의에 관한 정보를 산발적으로 얻을 수 있다. 물론 이들의 정보는 그리스도교적 시각에서 바라본 반영지주의적 입장이기에 객관적 정보로 사용하기에는 한계가 있다.

IV. 영지주의의 중심 교리

영지주의는 다양한 유파 가운데 존재했기에 일관된 교리를 정리하는 작업은 한계를 안고 있으나, 다음과 같은 주제가 영지주의의 중심 교리에 속한다.[26] 영지주의 교리란 완성된 영지주의 체계를 전제로 하는데, 그것은 2세기에 들어와서야 나타난다. 여기에 소개하는 영지주의 교리는 2세기에 완성된 영지주의 체계와 관련된 것이다.

1. 신론 및 우주론

영지주의 이해에 따르면, 세상(코스모스)은 인간의 고향으로서 인간을 감싸고 있는 질서 잡힌 조화의 건축물이 아니라, 인간에게 적대적인 세력으로 본다. 이 세상은 인간의 본래 고향인 초월적 빛의 세계(Pleroma)로부터 우리를 가로막는 담과 같은 것이고, 별들은 우리를 물질의 세계에 가두는 감시자로 이해한다. 이처럼 한편으론 인간을 가두는 악한 물질세계가 있고, 다른 편에는 구원의 영역 플레로마가 있다는 이원론적 사고에 따라 신은 코스모스에 전혀 참여하는 분이 아니며 피안의 빛과 동일한 분으로 이해된다. 신은 보이지 않는 영으로서 세상을 절대적으로 초월한 분으로 여긴다. 모든 존재의 근원이며 최상의 원리인 영지주의의 신

26) Peter Schneemelcher의 글("Hauptlehren")을 참조하였다(*Neues Testament und Antike Kultur*, ed. by K. Erlemann etc., Vol. 3 [Neukirchen-Vluyn, 2005], 68-73). 슈네멜혀는 2세기에 나온 발렌티누스파에 속한 그리스도교 영지주의 문서인 『요한의 비밀서』(Apokryphon des Johannes)에 특히 의존하였다. 참조. E. 페이걸스, 『영지주의 신학』(한국로고스연구원, 1997).

은 이름 부를 수도 없고 파악할 수도 없다.

> “그는 보이지 않는 영이다. 그를 신이나 그와 유사한 것으로 묘사하는 것은 그에게 합당하지 않다. 그 위에 어느 누구도 존재하지 않기에 그는 신보다 더 큰 존재이다. 어떤 주인도 그 위에 존재하지 않기 때문이다”(NHC II,2,23-3,1).

따라서 인간이 지어낸 모든 신적 형상을 거부한다. 그러므로 신에 대해서는 단지 부정적으로 말할 수 있을 뿐이다. 그렇다고 이 순전한 존재는 자신 안에만 머물지 아니한다. 그로부터 창조가 이뤄지고, 그 안에 소멸과 악의 씨앗이 들어 있다고 여긴다. 이러한 부정적 요소의 근원은 우연히 발생한 세상의 타락에 놓여 있다(“세상은 실수로 생겨난 것이다” NHC II,3,75,2). 이러한 실수는 신의 포기의 결과이다. 지고의 존재로부터 유출들(Emanations)과 에온들(Aeons)이 생겨난다. 그러나 천상 에온들의 마지막 존재인 신적 소피아(Sophia)가 충만한 플레로마(Pleroma)에서 깨어져 나와 왜곡된 피조물 데미우르고스(Demiourgos)가 되어 구약성서의 창조세계와 동일한 자신의 세상을 창조한다.

2. 인간론

이러한 유출들에서 깨어져 나온 것이 인간이다. 소피아의 실수를 되돌리기 위해 영원한 신은 인간 형상을 한 자신의 모상을 하층계 수면에 비춘다. 데미우르고스와 그를 보좌한 아르콘들은 그 형상을 보고 그에 따라 인간을 만들기로 결정한다. 일곱 은하계는 이 작업에 기여함으로써, 마침내 영적 존재인 아담이 탄생한다. 그러나 그에게는 아직 생명이 없다. 이제 소피아가 다시 관여한다. 그녀의 피조물인 데미우르고스는 그의 어머니 천상세계에서 유래한 하늘의 영의 일부분을 갖고 있다. 소피아의 권면에 따라 그는 이 신적 불꽃을 아담에게 주자 아담은 생기를 얻게 된다. 이러한 생명을 살리는 작업 가운데 참된 생명의 중개자인 소피아는 이브의 형태 안에 숨어 있었다. 이제 아담은 영과 혼을 가지고 깨어나 이 둘을 죽을 수밖에 없는 육신에 가뒀으나, 신적 불꽃은 영원히 그 안에 존재한다. 그리하여 인간은 두 세계에 참여하게 된 것이다. 악한 세력들은 인간을 혼으로 채워 육신에 감금하였으나, 그 안에 있는 천상세계에서 유래한 불꽃은 참되고 영원한 삶을 보장한다. 데미우르고스에 의해 창조된 혼은 욕정과 욕망의 거처가 되는 반면, 오직 영(Pneuma)만이 구원을 보장한다. 이러한 영지주의 인간론에 따라, 인간은 두 부류로 구분된다. 소수의 부류는 영지주의자(Pneumatiker) 혹은 빛의 사람들로서 존재론적으로 초월성에 속하는 반면, 대다수의 사람들은 육적 사람(Sarkiker) 혹은 혼적 사람(Psychiker)로서 물질세계(Hyle)에 매여 있다. 전자에 속하는 사람들은 지고의 존재와 나누어 갖고 있는 동일한 본질을 통해 영지의 능력을 소유한 사람이기에 구원을 받게 된다.

3. 구원론

이처럼 인간은 플레로마에서 나온 불꽃이기에 그의 본래의 고향인 플레로마로 돌아가 플레로마와 하나가 되고 싶은 욕망이 있다는 이유에서 인간 구원의 필요성이 드러난다. 이와 같은 사실을 **인식함**으로써 구원이 가능하다는 것이다. 그것이 바로 영지주의자들의 프로그램이다. 그리하여 인간에 내재하는 이 무지를 제거하는 데 초점을 맞춘다. 그러한 사실을 깨달은 자만이 이 세상은 소멸하고 무의미하다는 것을 인식할 수 있다. 이러한 인식은 단지 미래적 비전에 불과하지 않고, 물질에 사로잡혀 있는 인간을 물질에서 해방된 구원받은 자로 만드는 현재적 구원과 관련된다. "자기 자신을 깨닫지 못하는 자는 아무것도 깨닫지 못하나, 자신을 깨달은 자는 우주의 심연을 이미 깨달은 것이기 때문이다"(NHC

II,7138,15-19). 그러한 구원은 동시에 절대 자유이며 물질의 주인을 뜻한다. 이와 같은 구원의 인식에 도달하기 위해서 인간은 자신의 무지에서 깨어나야만 한다. 따라서 영지주의는 깨어나라는 외침을 강조한다: "너희 백성들아, 이 땅에 태어난 너희 인간들아! 술 취함과 수면과 신에 대한 무지에 처해 있는 너희는 깨어나라. 술 취하기를 멈추고 어리석은 잠에 빠지기를 멈추라"(Corpus Hermeticum 1,27).

영지주의는 참된 신의 사자로서 여러 명의 구원자를 언급한다. 시몬 마구스, 짜라투스트라, 셋, 포이만드레스와 같은 인물이 이에 속한다. 그리스도교 영지주의의 경우, 예수가 그러한 구원자이다. 영지주의 기독론에 따르면, 예수는 실제로 성육신하지 않고 단지 육신을 입은 것처럼 보였을 뿐이고, 나사렛 예수가 천상의 그리스도와 하나가 되는 것은 그의 탄생에서 십자가 죽음에까지만 해당될 뿐이라고 한다. 그런데 십자가 죽음에 앞서 분리되어 십자가에 죽은 이는 그리스도가 아니라 다른 사람이라고 말한다. 예컨대, 영지주의자 바실리데스는 구레네 시몬이 바로 십자가에 죽은 사람이라고 말한다.

4. 종말론

죽음 후 인간의 혼이 하늘의 최상층으로 올라가는 표상은 영지주의 신학의 중심에 속한다. 혼의 상승은 구원자의 하강에 마련되었으나, 여전히 위험이 도사린다. 육신을 땅에 떨쳐 버리고, 혼은 악의 세력들과 데미우르고스가 막고 있는 일곱 천상계를 영지의 도움으로 통과할 수 있다. 하늘로 올라가는 이 길은 혼에 대한 심판을 뜻한다. 정결하지 않은 혼은 그 길을 갈 수 없고, 하부 천상계에 있는 악의 세력들로부터 고난을 받게 된다. 영지주의는 죽은 자의 부활을 은유적으로 이해하여 인식의 과정으로 여긴다. 그리스도교 영지주의에 따르면, 그러한 부활은 이미 세례 때 시작된다. 그런데 인간의 혼도 일곱 하부 천상계의 산물이기에 충만한 빛의 세계인 플레로마까지 갈 수 없다. 그것에는 오직 영만이 돌아갈 수 있을 뿐이다. 영지주의의 종말론은 개인의 운명과 관련된 개인적 종말론을 강조하나, 데미우르고스의 창조세계 전체의 운명과도 관련된다. 영의 한 조각이 지상적 부분에서 정화되고 빛의 세계로 귀향하여 자기의 본래 자리로 돌아간다. 빛과 영의 조각들 모두에게 그러한 일이 일어 날 때 빛의 세계는 다시 완벽해진다. 데미우르고스의 창조세계인 지상세계는 그의 창조주가 주는 힘으로 살아가기에, 그 힘이 사라지면 창조세계도 소멸된다. 이리하여 세상의 종말이 일어난다.

Ⅴ. 영지주의와 신약성서의 관계

1. 새로운 시도(H. -F. Weiβ)

영지주의와 초기 그리스도교와의 관계에 관한 질문은 아직 합의에 이르지 못한 까다로운 질문에 속한다. 영지주의 문헌과 원시 그리스도교 문헌 사이에 문학적 상관성이 존재하는가, 존재할 경우 누가 누구로부터 영향을 받았는가 하는 질문을 많은 학자들이 다루었다. 영지주의 경향이 이미 그리스도교 이전에 존재했다고 여기는 학자들은 신약성서가 영지주의의 영향을 받았다고 주장한다. 다른 한편, 영지주의를 그리스도교에서 파생된 이단으로 여기는 학자들은 신약성서가 영지주의의 영향을 받았다는 사실을 거부한다. 이처럼 이제까지 둘 사이의 관계를 양자택일의 시각에서 다루었다.

신약학자 바이스(H.-F. Weiβ)는 영지주의 문제를 상세히 다룬 역저 『초기 그리스도교와 영지주의. 수용사적 연구』(*Frühes Christentum und Gnosis. Eine rezeptionsgeschichtliche Studie*, 2008)에서 새로운 시각에서 문제에 접근한다. 그는 초기 그리스도교 영지주의 원천자료에 담겨 있는 신약성서의 수용 측면에서 초기 그리스도교 문서가 순수 영지주의적인 틀 구조에 통합되었음을 보여 준다. 이제껏 학계에 부담이 되어 온 질문, 즉 그리스도교 이전 시대의 영지주의에 대한 질문을 연대기적인 측면에서 대답하려고 하지 않고, 2세기 때의 그리스도교 영지주의는 초기 그리스도교에 대한 2차적 현상이 아니라 고대 종교사의 독자적인 현상으로 파악해야 한다고 말한다. 바이스는 영지주의가 그리스도교 이전 시대의 산물이냐 아니면 그리스도교 이후 시대의 산물이냐 하는 양자택일의 "정적인" 모델을 거부하고 "역동적인" 시각에서 접근할 필요성을 제기한다.[27] 여기서 말하는 역동성이란, 로마제국 내의 종교적 역동성과 관련된 것으로 다양한 종교 세력들이 상호 영향을 미치고 상호 수정되는 역동적 교류 과정을 뜻한다.[28]

바이스는 영지주의를 명백히 증거하는 문서들이 2세기의 산물이고 확실히 그리스도교 이전으로 소급되는 영지주의 1차문서의 존재가 단 한 편도 입증될 수 없음을 인정하나, 고대 교부들의 이단론에 나오는 반영지주의적 입장들과 또한 나그 함마디 문서 가운데 영지주의의 문서적 증거에 관한 일련의 암시와 흔적들에 의거해서 이미 1세기에 영지주의 신앙공동체의 존재 가능성 혹은 최소한 영지주의의 초기 형태가 존재해야만 한다고 결론짓는다.[29]

그리스도교 이전 영지주와 그리스도교 이후 영지주의 사이에 양자택일을 강요하는 이제까지의 영지주의 연구는 바이스가 말하는 종교적 역동성의 시각에서 볼 때 궤도수정이 불가피하다. 의심의 여지없이 영지주의 문헌과 신약성서 사이에는 여러 병행 구절과 접촉점들이 존재한다.[30]

27) H.-F. Weiβ, *Frühes Christentum und Gnosis*. 528.

28) W. A. Löhr, "Ausbreitung des antiken Christentums als historiographisches Projekt", in: *ZNT* 8 (2005), 22-34.

29) 바이스는 H. Hübner(*An Philemon. An die Kolosser. An die Epheser* [Tübingen, 1997], 20)를 인용하면서 그와 같이 말한다(H.-F. Weiβ, *Frühes Christentum und Gnosis*, 187).

30) 예컨대, Ph. Perkins는 신약성서 안에 나타나는 다음의 네 요소가 영지주의 사색의 초기 형태와 직접적인 접촉을 암시한다고 말한다: "1. 천상의 구속자로서의 예수; 2. 육과 창조신

이들 문서들은 일순간에 기록된 것이 아니라 여러 자료들이 유입된 과정의 산물이고, 또한 양자가 로마제국이라는 시공간에 공존하였다는 사실에서 그리스도교 신앙과 영지주의 사고가 서로 영향을 주고받았을 가능성을 열어 두어야 할 것이다.[31)]

영지주의와 신약성서의 관계와 관련해 공관복음과 사도행전은 거론되지 않는 반면, 바울서신과 요한문서 또한 목회서신은 자주 거론된다. 이 주제와 관련해 분명한 것은, 신약성서 시대에는 완벽한 형태를 갖춘 영지주의 체계가 아직 존재하지 않는다는 사실이다. 이런 측면에서 현재 학계가 신약성서와 완성된 영지주의 사이의 관계에 대해 회의적이거나 의심하는 입장을 취하는 것을 어느 정도 이해할 수 있다. 그럼에도 불구하고 신약성서에는 "영지주의에 가까운(gnosisnahe)"[32)] 언어가 나타난다는 사실을 부인할 수 없다. 영지주의에 가까운 언어는 특히 바울서신과 요한문서 가운데 두드러진다. 학계에서 자주 거론되는 세 문서에 국한해 간단히 언급하고자 한다.[33)]

이 만들어 놓은 율법의 덫에 걸려 있는 인간에 관해 말하는 바울전승의 인류학적인 용어; 3. 영생을 소유하거나 혹은 천상의 영역으로 올라간 믿는 자에 관해 말하는 실현된 종말론적 표현들; 4. 그리고 제4복음서에 퍼져 있는 빛과 어둠, 선택된 자와 불신자, 하늘에 속한 자와 '이 세상'에 속한 자로 구분되는 이원론"(퓌메 퍼킨스, 유태엽 역, 『영지주의와 신약성서』[감신대성서학연구소, 2004], 21).

31) K. Rudoph는 신약성서에 드러나는 영지주의 영향을 두 가지로 구분한다. 하나는 용어와 문체와 모티브와 관련된 "보다 무의식적 형태의 영향"이고, 다른 하나는 논쟁의 목적에서 영지주의 사고의 "의도적인 수용"이다("Stand und Aufgaben in der Erforschung des Gnostizismus", in: idem, *Gnosis und Gnostizismus* [Darmstadt, 1975], 545). R. M. Wilson은 영지주의와 그리스도교는 거의 동시에 역사의 무대에 등장했고, 서로 영향을 주고받았을 것이라고 추정했다(*Gnosis und Neue Testament* [Stuttgart/Berlin/Köln/Mainz, 1971], 135). E. Lohse는, 영지주의 사상이 시리아 팔레스타인 내의 다양한 세례 운동에 영향을 미쳤으며, 초기 그리스도교 안에서 영지주의적 자기 이해가 바울서신에 나타나듯이 그리스도교적 자유 의식과 결합되었고 1세기 말경 소아시아에 있던 그리스도교 교회는 광범위하게 영지주의 사상의 영향을 받았다고 말한다. *Umwelt des Neuen Testaments* (Göttingen, 1983), 198-205(=『신약성서 배경사』[대한기독교출판사, 1995], 316-26).

32) 이와 같이 H.-F. Weiβ, *Frühes Christentum und Gnosis*. 64. 종교학자 C. Colpe는 "영지주의에 열려 있는(gnosisbereite)" 언어에 대해 언급한다("Gnosis II", in: *RAC* 11, 622).

2. 바울서신

바울서신과 영지주의와의 관계에 대해 특히 관심을 보인 사람은 W. 슈미탈스(1923-2009년)이다.[34] 그는 스승인 R. 불트만을 따르는 가운데, 그리스도교 이전 시대의 구원자 신화 모델을 전제하면서 고린도전서에서 거론되는 바울의 적대자들을 "그리스도교적 영지주의자들"(christliche Gnostiker)로 이해했다. 슈미탈스처럼 고린도전서와 관련하여 '그리스도교 이전 시대의 구원자 신화'(vorchristlicher Erlösermythos) 모델을 전제하거나 2세기 때에나 완성된 영지주의 체계를 전제하는 데는 어려움이 크다 할지라도, 영지주의에 가까운 언어가 고린도전서에 나타나는 사실은 부인하기 어렵다. 예컨대, 고린도전서 2장 6-16절에 영지주의와의 접촉점이 여러 표현 가운데 드러난다.[35] "이 세대의 (악한) 통치자들"(6절과 8절), 또한 "주를 무지에서 죽였다"(8절). 이 두 표현은 다른 바울서신 어디서도 찾아볼 수 없는 것으로 영지주의에 가까운 언어로 보인다. 또한 "영을 통해(=성령으로)" 주어지는 하나님의 계시, 영은 "모든 것 곧 하나님의 깊은 것까지도 통달한다"(10절)는 표현 역시 그러하다. 또한 영지주의의 특징에 속하는 이원론적 인간론("육에 속한 사람"과 "신령한 자"의 대립) 및 이원론적 지혜의 표상이 나타난다. 9절의 성서인용은 영지주의 문헌에 종종 나타나는데, 영지주의 인식을 위한 경구로 사용된다. 고린도전서 외에도 로마서에 나오는 아담과 피조물의 타락(롬 5:12-17; 8:19-22), 또한 로마서와 데살로니가전서에 나오는 빛과 어둠의 대립(롬 13:11-13; 살전 5:5-6)도 영지주의적 언어사용에 근접하다고 말할 수 있다.

33) K. Berger는 "Gnosis/Gnostizismus"(*TRE* 13[1984], 522-25)에 학계에서 많이 거론되는, 영지주의의 영향을 나타내는 신약성서 본문들을 열거해 놓았다.

34) W. Schmithals, *Die Gnosis in Korinth. Eine Untersuchung zu den Korintherbriefen* (Göttingen, 1965); 동저자, *Paulus und die Gnostiker. Untersuchungen zu den kleineren Paulusbriefen* (Hamburg-Bergstedt, 1965).

35) 참조. W. Schrage, *Der erste Brief an die Korinther (1Kor 1,1-6,11)*, EKK VII/1 (Neukirchen-Vluyn, 1991), 244.

3. 요한문서

요한복음을 영지주의와 관련시켜 해석한 책으로 R. 불트만의 요한복음 주석서가 유명하다. 여기에서 그는 만데아 본문들을 요한복음과 비교하는 가운데 요한복음 신학의 핵심부분을 영지주의 구원론이 예수의 인격에 전이된 것이라고 보았고, 또한 사복음서의 저자를 그리스도교화된 영지주의자로 간주하였다.[36] L. 쇼트로프는 "요한복음과 더불어 영지주의적 구원관이 정경에 들어왔다"라고 말했으며,[37] H.-M. 쉥케는 요한복음에 나타나는 영지주의를 "그리스도교적인 틀에 맞추기 위해 뿌리와 가지들이 잘려 나간, 완전히 발전된 영지주의의 밑동"[38]으로 이해했다. 전시대에 유행했던 이와 같은 입장은 쿰란문서가 발견되면서 오늘날 커다란 도전을 받고 있다. 그리하여 요한복음의 전승사적 배경을 더 이상 영지주의 한 가지로 설명하지 않고, 구약성서와 헬라 유대교 지혜전승 및 쿰란문서와 관련시켜 복합적으로 설명하는 것이 현재의 추세이다.

그럼에도 요한복음의 언어사용과 표상이 영지주의에 가깝다는 사실을 부인하기는 어렵다. 무엇보다도 요한복음을 관통하는 이원론적 세계관, 즉 '빛과 어둠', '생명과 죽음', '진리와 거짓'에 대한 표상은 영지주의와 유사한 언어사용을 보여 준다. 이런 시각에서 요한복음에 관한 좋은 주석서를 쓴 J. 베커는 요한의 전체 시각을 가리켜 "영지주의에 가까운"(gnosisnahe) 시각이며 "영지주의화하는 신학"(gnostisierende Theologie)이라 부른다.[39] 또한 요한신학의 핵심에 속하는 '말씀의 성육신'(요 1:14)

---

36) R. Bultmann, *Das Evangelium des Johannes*, Göttingen, [20]1978 (=허혁 역, 『요한복음서 연구』[성광문화사, 1979]). 또한 동저자, *Theologie des Neuen Testaments* (Tübingen, [8]1980), 363ff (=허혁 역, 『신약성서신학』[성광문화사, 1981], 370 이하).

37) L. Schottroff, *Der Glaubende und die feindlichen Welt. Beobachtungen zum gnostischen Dualismus in seiner Bedeutung für Paulus und das Johannesevangelium* (Neukirchen-Vluyn, 1970), 295.

38) H.-M. Schenke, *Einleitung in die Schriften des Neuen Testaments* II (Belin, 1979), 188f.

39) J. Becker, *Das Evangelium nach Johannes I* (Gütersloh, [3]1991), 55. C.K. Barrett은 요한복음과

은 영지주의 이단과 구분하려는 해석의 긴장을 나타내는 것으로 볼 수 있다. 다시 말해, 요한공동체 내에 불거진 영지주의적 가현 기독론에 대한 방어로 이해할 수 있다. 뿐만 아니라 요한서신은 "요한복음의 기독론을 반영지주의적, 반가현적 입장에서 해석한 것"[40]으로 볼 수 있다.

4. 목회서신

목회서신과 관련해서는 특히 디모데전서 6장 20절이 자주 거론된다. 여기에 나오는 "망령된 헛된 말과 거짓된 **이른바 그노시스**(gnosis)의 논쟁"이란 표현은 디모데전서 저자 주변의 그리스도교 신앙공동체에 존재하는 거짓된 가르침과 관련된 표현이다. M. 헹엘이 올바로 파악했듯이, 여기에 등장하는 "그노시스"는 신약성서 가운데 처음으로 하나의 종교적 운동이 자신을 가리켜 부른 명칭으로 볼 수 있다.[41] H.-F. 바이스는 이 구절에 언급된 영지주의 운동을 가리켜 바울 사후 특정한 선교 공동체에 잠입하여 "바른 교훈"과 격렬한 논쟁을 벌인 엘리트 운동으로 파악하면서 유대적 성향이 강한 영지주의의 초기 형태로 설명한다.[42] 물론 여기

Corpus Hermeticum 사이에 놓인 표상의 유사성에 대해 말한다(*Das Evagelium nach Johannes* [Göttingen, 1990], 56).

40) 김동수, 『요한신학 렌즈로 본 요한서신』(한국성서학연구소, 2009), 20. 참조. 김문경, 『요한신학』(한국성서학연구소, 2004), 65("요한복음과 요한일서 모두 영지주의적 용어를 사용하여 영지주의에 대항하기 위하여 기록되었을 것으로 추정된다. 요한복음서보다 요한일서가 더 결정적으로 영지주의에 대항한다").

41) M. Hengel, "Der Ursprug der Gnosis und das Urchristentum", in: Adna(eds.), *Evangelium-Schriftauslegung-Kirche, Festschrift für P. Stuhlmacher zum 65. Geb.* (Göttingen, 1997), 190-229, 이곳 190.

42) H.-F. Weiβ, *Frühes Christentum und Gnosis.* 74. 여기에서 바이스는 G. Haufe를 인용한다("Gnostische Irrlehre und ihre Abwwehr in den Pastoralbriefen", in: *Gnosis und Neues TEstament,* ed. by Tröger, 332f). P. Pokorny · U. Heckel은 "망령된 헛된 말과 거짓된 이른바 그노시스(gnosis)의 논쟁"을 일삼는 사람들을 "영지주의의 선구자들"(Prägnostiker)로 부른다(*Einleitung in das Neue Testament* [Tübingen, 2007], 664).

서 말하는 “이른바 그노시스”는 훗날 2세기에 나타난 그리스도교 영지주의 체계와는 직접적인 연결성은 없다.

VI. 나가면서

1945년 나그 함마디 문서의 발견은 쿰란문서의 발견과 더불어 20세기 최고의 발견으로 통한다. 쿰란문서가 초기 그리스도교의 유대적 배경을 이해하는 데 커다란 공헌을 하고 있다면, 나그 함마디 발견은 영지주의 연구에 새로운 활력을 불어넣었으며, 특히 영지주의와 신약성서의 관계에 대해 학계의 관심을 불러일으켰다. 양자 사이의 관계에 대한 서구 학계의 논의는, 신약성서 문서들이 배격한 가르침들을 영지주의와 관련시켜 이해할 수 있을까, 또한 신약성서 자체의 특정한 가르침들을 본래 영지주의에서 유래한 표상에 어느 정도 적응한 표현으로 간주할 수 있을까 하는 질문에 초점을 맞추고 있다.

본고는 위의 질문에 집중하기보다, 한국 신학계에 여전히 어느 정도 낯선 주제인 영지주의를 둘러싼 문제들이 무엇인가에 대한 개론적인 소개를 하는 데 중점을 두었다. 특히 영지주의와 신약성서의 관계에 대해 현재 서구 학계가 대체로 부정적으로 보고 있는 시각과 달리, 영지주의와 초기 그리스도교의 관계를 로마제국 내에 존재했던 종교적 역동성의 관점에서 긍정적으로 보고자 했다. 그렇다고 해서 20세 전반까지 유행했던 종교사학파와 불트만의 입장, 즉 신약성서와 관련하여 ‘그리스도교 이전 시대의 구원자 신화’ 모델이나 2세기 때에 발전된 영지주의 체계를 액면 그대로 인정하는 것은 아니다. H.-F. 바이스가 강조했듯이, 신약성서에는 “영지주의에 가까운(gnosisnahe)” 언어가 나타난다는 사실에 주목하면서 신약성서의 특정 진술들을 보다 명확히 파악하는 데 영지주의적 표상과 사고방식이 도움이 된다는 사실을 드러내고자 했다. 초기 그리스도교의 기원에 관심을 갖는 사람들은 신약성서를 다양한 유대 자료와 로마 자료에 비교하는 데 익숙하듯이, 마찬가지로 그러한 노력이 영지주의 자료에도 적용되어야 마땅하다.[43] 본고를 통해 영지주의 자체 및 영지주의와 신약성서의 관계에 대해 그리 큰 관심을 보이지 않고 있는 한국 신학계에 자극이 되었으면 한다.

43) Ph. 퍼킨스, 『영지주의와 신약성서』, 12.

제11장 외경 복음서와 그 남용

한동안 유행했던 『다빈치 코드』와 『유다 복음』에 초점을 맞추면서 이 책들이 제기하는 낯설고 황당한 주장들과 관련하여 일차적 정보를 주려한다. 이들 주장의 핵심은 무엇이며, 그 근거 자료는 무엇인지 등의 질문을 좀 더 넓은 문맥 가운데 살펴봄으로써 그러한 주장의 진위를 검토할 수 있다. 또한 예수에 관한 비성서적 자료에 대해 간략하게 소개도 하고 있다.

제11장

외경 복음서와 그 남용

I. 들어가면서

오늘날 우리 사회에 기독교 탄생의 뿌리를 이루는 나사렛 예수와 관련된 왜곡된 정보가 대중 매체를 통해 확산되고 있다. 몇 해 전에 티모시 프리크(Timothy Freke)와 피터 갠디(Peter Gandy)의 공저 『예수는 신화다: 기독교 탄생의 역사를 새로 쓰는 충격보고』(동아일보사, 2002)[1]라는 책이 출간되었다. 이 책의 주장에 자극된 "한국기독교총연합회"는 이 책을 출판한 동아일보사에 항의하였으며 판매금지를 요청하여 2002년 10월에 동아일보사측은 이 책의 절판을 결정했다. 그런데 이 책이 『예수는 신화다: 기독교의 신은 이교도의 신인가』(미지북스, 2009)라는 제목으로 출판사를 달리하여 다시 출간되었다.

이 책의 저자는 신약성경에 나오는 예수 이야기가 고대 세계에 만연되어 있던 이방 신비종교(오시리스, 디오니소스, 아티스, 미트라스 신화)의 영향을 받아 각색된 예수 신화에 근거한다고 저자는 주장한다. 그리하여 예수는 역사적 인물이 아니라, "가명을 사용한 미스테리아의 신

---

1) 이 책의 원 제목은 *The Jesus Mysteries: Was the "Original Jesus" a Pagan God?*(1999)이다.

인"으로서 "역사적인 다윗의 아들로 변장한 신비한 **하나님의 아들**"이라고 말한다.[2] 이와 같은 주장은 인간을 감옥에 가두는 물질세계와 인간의 본향인 빛의 세계를 구분하는 영지주의적 사고방식에서 나온 것이다. 그리하여 하나님의 아들이신 예수 그리스도가 인간의 몸으로 이 땅에 태어났다는 것은 있을 수 없는 일이며 십자가의 죽음과 부활을 선포하는 기독교 케리그마는 신화라고 주장한다. 그러나 이러한 주장은 초기 그리스도교의 케리그마를 왜곡하는 것이다. 케리그마는, 부활한 예수 그리스도는 다름 아닌 십자가에서 죽은 나사렛 예수라는 사실을 힘주어 선포하기 때문이다.

『예수는 신화다』 외에도 예수 및 초기 그리스도교 이해와 관련하여 세간에 회자되는 있는 베스트셀러로서 『다빈치 코드』와 『유다 복음』이 있다. 『다빈치 코드』는 영화로 제작되기도 하면서 우리나라에서뿐만 아니라 세계적인 관심을 불러일으켰다. 본고는 『다빈치 코드』와 『유다 복음』에 초점을 맞추면서 이 책들이 제기하는 낯설고 황당한 주장들과 관련하여 일차적 정보를 주는 것을 목적으로 한다. 이들 주장의 핵심 내용은 무엇이며, 그러한 주장을 뒷받침하기 위해 제시된 근거 자료는 무엇인지 등의 질문을 좀 더 넓은 문맥 가운데 살펴봄으로써 그러한 주장의 진위를 검토하고자 한다. 마지막 부분에서는 신약 외경 전체에 관한 간략한 소개도 덧붙이고, 왜곡된 예수 이해를 근절시키기 위해 역사적 예수 연구의 중요성을 강조하고자 한다. 역사적 예수 이해와 관련된 황당한 주장은 최근에만 불거진 것이 아니다. 한 세기 전에 제기된 근거 없는 낭설을 소개하면서 시작하고자 한다.

2) 티모시 프리크 · 피터 갠디, 『예수는 신화다: 기독교 탄생의 역사를 새로 쓰는 충격보고』, 357.

II. "인도로 간 예수"와 베드로 복음

1. 인도로 간 예수?

19세기 말에 러시아 저널리스트인 니콜라이 노토비취(Nikolaj Notowitsch)가 『예수 그리스도의 알려지지 않은 삶』이란 제목의 여행보고서를 출판한다.[3] 이 책에서 그는 인도의 카쉬미르 지방에 위치한 한 사찰에서 예수의 삶에 관한 한 문서에 대하여 들었다고 보도한다. 또한 1899년에 아흐마드(Ahmad)는 『예수는 인도에서 죽었다』는 책을 썼다.[4] 유사한 이야기를 독일인 홀거 케르스텐(Holger Kersten)도 주장했으나, 이 모든 주장은 전혀 근거 없는 낭설임이 밝혀졌다. 케르스텐은 1983년에 『예수는 인도에서 살았다』(Jesus lebte in Indien, 1983)라는 제목의 저서를 출판하였는데,[5] 여기에서 저자는 예수의 십자가상의 죽음과 부활은 역사적 사실이 아니라 일종의 사기극이라고 주장한다. 이 책의 내용을 다음과 같이 요약할 수 있다.[6]

예수는 이스라엘 유대인의 아브라함 후손이며, 이삭, 야곱, 다윗의 후손으로서 혈통적으로 유대인의 왕이 될 자격을 갖춘 사람이었다. 그러나 예수가 추구한 것은 바로 유대민족의 메시아가 되는 일이었고, 그가 필요로 했던 것은 절대 다수의 유대인들이 예수 자신을 유대인의 메시아로 믿고, 이스라엘 사람들로부터 추앙을 받는 일이었다. 그리하여 예수는 고대의 신화와 종교에서 언급되는 십자가 부활이라는 조작극이 필요했다고 한다.

성경에는 예수가 로마의 법을 어기거나 로마 당국과 충돌한 일이 전혀

---

3) *La vie inconnue de Jésus-Christ* (Paris, 1894).

4) 이 책의 독일어역: *Jesus starb in Indien.*

5) 이 책은 우리말로 번역되었다:『십자가 처형을 전후한 예수의 알려지지 않는 생애: 인도에서의 예수의 생애』(고려원, 1987).

6) 아래의 내용 요약은 인터넷 자료를 활용하였다.

없었다. 또한 유대인들이 예수를 원수로 생각했다면 로마 당국의 본디오 빌라도의 손을 빌리지 않고 자신들의 율법으로 직접 돌로 쳐서 죽이는 사형법으로 예수를 죽였을 것이다. 그런데 예수는 로마의 사형법인 십자가형으로 죽었다. 게다가 원래의 로마 당국의 십자가 사형법은 죄수의 시체를 말라비틀어질 때까지 십자가에 놓아두는 법인데, 예수의 경우는 죽은 것만 확인하고 곧바로 쉽게 내주었다. 기존 유대인의 집권층에서 볼 때, 불과 몇 년 사이에 갑자기 나타난 예수라는 사람이 한순간에 인기가 높아지는 것을 용납할 수 없었다.

특히 예수는 인도와 티베트 및 이집트에서 수행을 하고, 의술을 배우고, 고전을 공부하고 돌아오더니, 만민 평등을 주장하며 유대민족의 메시아 행세를 하고 다녔다. 예루살렘의 유대인 자치의회인 산헤드린(Sanhedrin)을 비롯한 기존 유대인 세력과 로마 당국은 그들의 권익에 위협을 느꼈고, 그리하여 이들은 예수를 제거하려고 계획했다. 이와 같은 사실을 미리 알아차린 예수는 부패한 잔악한 폭군이며 부패한 본디오 빌라도를 매수했다.

그런데 아리마대 요셉과 본디오 빌라도 로마 총독은 아주 가까운 친구 사이였다. 그래서 예수는 본디오 빌라도에게 찾아가서 자기가 원하는 것을 부탁했다. 마가복음 15장 44절에 보면 예수를 십자가에 매달았을 때, "빌라도는 예수께서 벌써 죽었을까 하고 이상히 여겨 백부장을 불러 죽은 지가 오래냐"고 물었다는 기록이 있다. 또한 요한복음 19장 32-33절에 보면 로마 "군인들이 가서 예수와 함께 못 박힌 첫째 사람과 또 그 다른 사람의 다리를 꺾고, 예수께 이르러서는 이미 죽으신 것을 보고 다리를 꺾지 아니하고"라고 한다. 요한복음에 의하면 예수의 발이 십자가에 고정되어 있었고, 다리가 부러지지 않았다고 했으니, 정상적인 십자가형의 경우 2-3일 정도 십자가에 매달려 있을 수 있었다.

이 대목을 보면 예수가 십자가에 묶였을 때 탈진 상태로 의식을 잃었든지, 혹은 예수가 시간을 맞추어서 적절하게 죽은 것이다. 이렇게 죽은 혹은 실신 상태의 예수는 미리 준비된 왕릉 같은 동굴 형태의 무덤에 안치되었고, 마태복음 27장 60절에 따르면 이 무덤은 아리마대 요셉의 개인 소유임을 알 수 있다. 또한 누가복음 23장 49절에 보면, "예수를 아는 자들과 갈릴리로부터 따라온 여자들도 다 멀리 서서 이 일을 보니라"라고 한다. 이것을 보면 예수의 십자가 사형은 일반 대중에게 공개된 것이 아니라, 가까운 사람들만 모인 십자가 사형이라는 것을 알 수 있다. 다시 말해, 개인 소유지에서 가족 몇 사람과 로마 당국자들이 모여서 행한 조작극이라는 것이다.

예수는 십자가에 매달려 처형되는 연극을 꾸미고, 그리하여 유대종파의 질시와 저주를 모면하게 되고, 동시에 유대인의 메시아로서의 명분을 얻게 되었다. 예수는 십자가에 매달린 후, 가사 상태에 있었고, 예수의 후원자인 아리마대 요셉은 미리 대기하고 있다가 예수의 몸을 인수받아 동굴무덤에 안치시킨 후 다시 비밀리에 후송시켰고, 3일간 정성껏 치료한 후 회복되었다. 그리고 그는 3일 후에 가까운 소수의 몇 명에게만 나타났다. 예수는 모든 대중들이 지켜보는 가운데 부활한 것이 아니라, 자기와 가까운 몇 사람에게만 나타나서 마치 부활한 것처럼 보였던 것이다. 예수가 진정 부활했다면 분명 여러 사람과 대중들 앞에 나타나 의심할 여지없이 증명해 보이며 당당하게 설파했을 것이다. 그러나 예수는 그렇게 하지 않았다.

그렇다면 예수는 십자가 부활 사건이 끝나고, 그 후에 어디로 갔을까 하는 의문이 생긴다. 예수는 시리아 다메섹에서 2년간 살다가, 다시 성모 마리아와 동생 도마 등을 데리고 인도 캐시미르 지방으로 갔다. 성모 마리아는 예수가 38세 되던 해에 사망했고, 예수는 인도에서 115세가 되어 자연사했으며, 예수의 무덤은 인도 슈리나가르의 칸자르(Khanjar) 지역의 안지마르(Anzimar) 마을에 있다고 한다. 묘지 앞에 로자발(Rozabal)이라고 기록되어 있는데, 로자발(Rozabal)은 라우자 발(Rauza Bal)의 준 말이며, 라우자(Rauza)는 예언자의 무덤이란 뜻이다. 그 건물은 정사각형이며, 그 건물에 덧붙여진 조그마한 현관을 통해 들어갈 수 있다. 실제 묘실로 들어가는 통로 위에는 유즈 아사프(=예수)가 수세기 전 캐시미르 골짜기로 들어왔으며, 그의 일생은 진리를 찾는 탐구에 바쳐졌다고 설명하는 글이 새겨져 있다. 성모 마리아의 무덤은 캐시미르 지역의 경계에 위치한 마리(Mari)라는 조그만 마을에 있다. 이 무덤은 마이 마리 다 아스탄(Mai Mari da Asthan)이라고 불리는데, 성모 마리아의 마지막 휴식처라는 뜻이다.

이와 같은 황당한 주장은 학문적인 객관성을 전혀 갖고 있지 못하고, 한마디로 저자의 자유로운 상상의 세계에서 비롯된 것이라고 밖에 말할 수 없다. 이러한 주장을 제기하는 저자 케르스텐은 1886년 이집트에서 발견된 이른바 "베드로 복음"(Gospel of Peter)이라는 자료를 이용하고 있기에, 이 문서에 대하여 살펴볼 필요가 있다.

2. 베드로 복음(Gospel of Peter)이란 무엇인가?

베드로 복음에 따르면, 아리마대 요셉은 본디오 빌라도 로마 총독과 친구 사이이고, 또한 예수가 죽은 후 들어갔던 무덤은 요셉(Joseph)의 정원이라는 내용이 나온다. 이러한 정보를 이용하여 케르스텐은 예수의 십자가 처형을 조작극으로 묘사한 것이다. 아래에 베드로 복음의 내용을 소개하고자 한다. 발견된 단편 조각 본문은 다음과 같이 시작한다.

"유대인 가운데 어느 누구도, 헤롯이나 그의 재판관 중 누구도 손을 씻지 않았다. 그들이 손 씻기를 원치 않자, 빌라도가 일어났다. 그러자 헤롯왕이 주님을 끌고 가라고 명령하면서 그들에게 말했다: '내가 너희들에게 그와 관련해 명한 것을 수행하라!' 그때 **빌라도와 주님의 친구인 요셉**이 일어섰다. 그들이 그를 십자가에 매달려는 것을 보자 빌라도에게 가서 주님의 시신을 장사지낼 것을 청했다. 그러자 빌라도는 헤롯에게 보내어 그의 시신을 청하였다. 그러자 헤롯이 말했다: '형제 빌라도여, 아무도 그의 시신을 청하지 않았다 하더라도, 우리가 그를 묻어 주었을 것이다. 안식일이 다가오기 때문이다. 율법에 기록된 바, 태양이 죽은 자 너머로 져서는 안

되기 때문이다.' 그러자 그는 그를(=예수를) 그들의 축제일인 무교병의 날에 백성들에게 넘겨주었다. 그들은 주님을 넘겨받고는 그를 서둘러 찌르고서 말했다: '이 하나님의 아들을 끌고가자. 우리가 그에 대한 폭행을 받았기 때문이다.' 그리고서 그들은 그에게 자주색 겉옷을 둘러씌우고 그를 심판석에 앉히고 말했다: '정당하게 심판하라. 오 이스라엘의 왕이시여!' 그들 중 하나가 가시 면류관을 가져와서 주님의 머리에 씌웠다. 곁에 서 있던 다른 이들은 그의 얼굴에 침을 뱉고, 또 다른 이들은 그의 양 볼을 때리고 또 다른 이들은 그를 막대기로 찌르고, 또 몇몇은 그를 채찍질하며 말했다: '이러한 명예로 우리는 하나님의 아들에게 영광을 돌린다.' …… 주님이 소리쳤다: '나의 힘이, 오 힘, 네가 나를 떠났구나!' 그가 이렇게 말하면서 그는 받아들여졌다. 같은 시간에 예루살렘의 성전 휘장이 둘로 찢어졌다. …… 그리고 유대인들이 주님의 양 손에서 못을 뽑고 땅에 눕혔다. 그러자 온 땅이 진동을 하였고 엄청난 공포가 밀려왔다. 그때 해가 비치고, 때는 제9시였다. 유대인은 즐거워했고, 그의 시신을 요셉에게 주어 그를 장사지내도록 하였다. 예수가 행한 그 모든 선한 것을 그가 보았기 때문이다. 그는 주님을 받아서 씻기고 그를 세마포에 쌌다. 그리고 그를 **요셉의 정원이라 불리는 자신의 무덤** 안으로 가져갔다."[7]

베드로 복음은 예수의 수난 및 부활 이야기에 관한 내용을 담고 있는 신약외경으로서 2세기 중엽에 기록된 것으로 보인다.[8] 이 문서가 초

7) W. Schneemelcher, *Neutestamentliche Apokryphen in deutscher Übersetzung I* (Tübingen, [6]1990), 185f에 나오는 본문에 근거한 나의 사역이다.

8) 이미 Origenes(185-254년경)가 자신의 마태복음 주석서에서 베드로 복음과 관련된 세간에 떠도는 한 주장을 보도했다. 즉, 예수의 형제들은 요셉의 첫 번째 결혼에서 유래하였다는 점을 사람들이 이른바 베드로 복음에 의지하여 주장한다는 것이다. 유세비우스의 교회사(h.e. VI 12,3-6)에 나오는 Seration von Antiochien의 인용문(2세기 말)이 보다 중요하다: 세라피온이 로도스의 한 교회에서 베드로 복음을 발견했고, 그것을 읽는 것을 처음에는 허용했으나, 자세히 살펴본 후에는 그 작품 안에는 많은 정통적인 내용뿐만 아니라 이단적인 내용도 담겨 있다는 사실을 깨달았다는 것이다(W. Schneemelcher, *Neutestamentliche Apokryphen in deutscher Übersetzung I*, 180f.).

기 기독교의 어떤 그룹에 속했는가에 대해서 말하기 어렵다. 이 안에는 사복음서의 내용을 전제하는 부분이 있는가하면 그와 무관한 옛 전승에 관한 부분도 담겨 있는 것으로 보인다. 이 문서의 한 단편(=Akhmim 단편)이 1886/87년에 북이집트 한 수도승의 무덤에서 5-6세기(예전에는 8/9세기로 추정)에 생성된 양피지의 형태로 발견되었다. 발견된 본문은 본래 작품에 속하는 한 단편에 불과하다. 혹자는 이 문서에서 사복음서가 제시하는 수난 이야기의 가장 초기 형태를 찾을 수 있다고 간주하나(J. D. Crossan),[9] 그와 같은 주장은 심히 의심스럽다. 전승사적으로 볼 때, 베드로 복음은 신약의 복음서보다 훨씬 후대에 기록된 작품이기 때문이다. 결국, 베드로 복음은 역사적 예수 이해와 관련하여 신뢰할 만한 정보를 담고 있는 문서로 간주하기 어렵다는 것이 학계의 정설이다.

Ⅲ. 다빈치 코드(The Da Vinci Code)

이어서 한동안 한국 교계를 뒤흔들었던 "다빈치 코드"에 대하여 다루고자 한다. 이것은 미국의 소설가 댄 브라운이 2003년에 쓴 소설인데, 이 작품도 앞서 언급한 케르스텐의 저서와 같이 역사적 예수와 관련된 허무맹랑한 주장을 펼친다. 이 작품은 세계 여러 나라 언어로 번역되었으며, 전 세계적으로 수천만 권 이상 팔린 베스트셀러이며, 우리나라에서도 오랜 동안 베스트셀러 1위 기록을 가지고 있었다. 이 작품은 레오나르도 다빈치의 그림에 얽힌 비밀과 이에 관련된 사건을 암호학자 로버트 랭던이 풀어 나가는 추리소설 형식을 취하고 있으나, 독자들로 하여금 그 안에서 언급되는 내용을 역사적 사실로 받아들이도록 유도하는 경향이 있다. 소니픽쳐스가 영화로 제작하기도 했다. 영화 개봉당시 가톨릭교와 개

9) J. D. 크로산, 김준우 역, 『역사적 예수: 지중해 지역의 한 유대인 농부의 생애』(한국기독교연구소, 2000), 597.

신교 및 정교회 등 교계의 빗발치는 비난을 불러일으켰으며 전 세계에서 상영 저지 운동이 벌어지기도 했다. 먼저 이 작품의 대강의 줄거리를 살핀 다음, 거기에 나오는 왜곡된 주장을 비판하고자 한다.

1. 줄거리

이 작품은 사일러스라는 사람이 루브르 박물관의 수석 큐레이터 소니에르를 죽이면서 시작된다.[10] 소피의 할아버지인 소니에르는 온몸과 자신의 피를 이용하여 이상한 메시지를 남긴다. 하버드 대학의 기호학 교수 로버트 랭던은 파리에 특별 강연을 위해 왔다가 루브르 박물관에서 일어난 살인사건에 휘말린다. 경찰에 범인으로 의심받게 된 랭던은 피해자인 박물관 큐레이터의 손녀 소피와 함께 2천년 동안 단단하게 짜 맞춰진 비밀을 파헤치는 여정에 들어선다. 그들은 이 숨 막히는 여정에서, 레오나르도 다 빈치의 미술작품에 숨겨진 단서들을 숨 가쁘게 추적한다. 랭던과 소피가 찾아 헤매는 비밀의 단서는 여러 가지 암호로 던져진다. 소설은 암호를 풀고 한 단계를 나가면 새로운 암호가 기다리는 식으로 전개된다. 랭던과 소피는 '모나리자', '최후의 만찬', '암굴의 성모'에 숨겨진 암호를 풀고 황금비율, 중세부터 현대로 이어지는 종교적 지식 등을 동원해 암호를 풀어 간다. 그들은 암호를 풀어 가면서 이 사건이 시온 수도회라는 단체와 연관이 있다는 사실을 발견하고, 시온 수도회의 존재에 대하여 알기 위해 또 다른 여정을 준비한다. 마침내 그들은 파리 도서관에서 시온 수도회의 존재를 알리는 문서를 발견하면서, 그 문서에는 아이작 뉴턴, 빅토르 위고, 레오 나르도 다빈치 등이 회원으로 명시돼 있음을 알게 된다. 그 문서를 통해 시온 수도회의 비밀을 알게 된다.

시온 수도회는 예수가 십자가에 처형되지 않고 결혼을 해서 자손을 낳았다고 믿고 있었고, 결국 이들은 소피의 할아버지 소니에르가 역사적

10) 인터넷 자료도 참조했다.

으로 보티첼리, 아이작 뉴턴, 빅토르 위고, 레오나르도 다 빈치 등이 맡았던 시온 수도회 마스터였다는 사실과 시온 수도회는 900여 년 동안 예수와 막달라 마리아와의 관계 등을 기술한 비밀문서를 보호해 왔다는 사실도 알게 된다. 또한 예수와 막달라 마리아와의 관계를 알 수 있는 단서가 레오나르도 다 빈치의 유명한 그림 "최후의 만찬" 에 나오는 성배와 밀접한 관련이 있다는 사실도 알게 된다. 그 후 랭던과 소피는 진짜 성배의 정체를 찾기 위해 노력한다. 이 과정에서 성배를 찾으려는 광적인 역사학자 레이 티빙, 또한 랭던을 뒤쫓는 프랑스 경찰국장 파슈, 또한 성배로 바티칸을 위협하려는 '오푸스 데이' 라는 실존 가톨릭교의 지도자가 얽혀 들면서 위기를 맞게 된다. 그러나 잃어버린 성배를 찾기 위한 그들의 노력은 계속 되고, 마침내 성배가 예수 그리스도의 잔이 아니라 초기 기독교 시절부터 조직적으로 배척당한 '신성한 여성', '쫓겨난 마리아 막달레나' 를 상징한다는 것을 알게 됨으로써 이야기는 절정에 달한다.

나중에 랭던과 소피는 크립텍스라는 중요한 단서를 차지하게 된다. 그러나 티빙이 그들에게 총을 겨누며 랭던에게 크립텍스를 풀라고 하나, 랭던은 풀지 못하고 크립텍스안의 파피루스는 식초에 의해 사라지게 된다. 그러나 랭던은 그 안의 내용의 일부를 알아내면서 결국 성배의 장소를 찾아낸다. 하지만 성배인 마리아의 무덤은 찾지 못한다. 그러나 그곳에서 예수 그리스도의 자식이 바로 소피라는 사실을 랭던은 알게 되고, 소피에게 그 사실을 가르쳐 준다. 소니에르는 시온수도회의 장이였고 예수 그리스도의 피를 물려받은 소피를 손녀로 삼아 지키려 했던 것이다. 소피는 그리하여 가족들을 찾게 되고 랭던은 다시 프랑스 파리로 돌아온다. 랭던은 잠을 자게 되고 꿈을 꾼다. 꿈을 꾼 랭던은 급히 루브르 박물관으로 가고, 거기서 성배인 마리아 막달레나의 관을 발견하고는 성배에 절을 한다. 이렇게 랭던과 소피의 여행은 막을 내린다.

2. 다빈치 코드에 나오는 예수 이해와 관련된 주요 왜곡된 주장[11]

① **"사복음서는 의도적으로 왜곡된 이야기이다"**: 댄 브라운은 80개 이상의 복음서가 존재했으나, 로마 황제 콘스탄티누스가 예수를 죽을 운명을 지닌 한 인간이라고 말한 복음서들을 제거해 버리면서 자신의 주장과 맞아 떨어지는 복음서들만을 보존했다고 주장한다. 그래서 남겨진 사복음서(마태, 마가, 누가, 요한복음)는 예수의 초자연적인 면을 강조하고 그가 하나님의 아들이라고 주장한다. 이러한 주장은 신약성서에 담긴 사복음서의 성격에 대한 무지에서 비롯된 것이거나 아니면 의도적으로 왜곡한 것으로 보인다.

물론 사복음서는 예수의 십자가 죽음과 부활에 관한 사도적 신앙고백을 수용한 초기 그리스도교 공동체의 산물(AD 70-100년경에 기록)로서 예수를 하나님의 아들이며 주님으로 고백한다. 그럼에도 불구하고 부활한 주님은, 역사적으로 활동했던 바로 나사렛 예수라는 사실을 의심하지 않는다. 한마디로, 사복음서는 예수와 관련된 신학적 차원과 역사적 차원이 하나로 얽힌 이야기를 전한다. 특히 요한복음이 예수의 초자연적인 면을 강조한다고 말할 수 있으나, 마태복음과 마가복음 그리고 누가복음을 총칭하여 부르는 이른바 '공관복음'은 예수의 역사성에도 어느 정도 관심을 보이고 있음이 명확하다. 이 점은 "신학적 역사가"[12]로 불리는 누가의 경우에 특히 잘 드러난다. **댄 브라운의 주장과 달리, 사복음서는 역사적 예수에 관해 가장 신뢰할 만한 정보를 제공한다고 말할 수 있다.** 실제 신약성서학계는 복음서에 나타난 역사적 예수 연구를 위해 엄청난 시간과 노력을 소비해 왔고 지금도 이 문제에 매진하고 있다.[13]

---

11) 브라운의 왜곡된 주장과 관련된 표제를 위해 L. Strobel의 『다빈치 코드 해체(*Exploring the Da Vinci Code*)』(도서출판 사랑플러스, 2006)를 참조했다.

12) 튀빙엔 대학의 신약학 교수 Martin Hengel은 누가를 가리켜 "기독교 최초의 신학적 **역사가**"("der erste theologische '*Historiker*' des Christentums")라 부른다(*Zur urchristlichen Geschichtsschreibung* [Stuttgart, 1984], 61).

② **"예수는 원조 페미니스트였다"**: 댄 브라운에 따르면, "초기 기독교 교회의 권력 있는 남성들이 여성을 깔아뭉개는 거짓말을 퍼뜨림으로써 세상을 속였다. … 콘스탄티누스와 그의 남성 후계자들은 신성한 여성을 악마화하는 캠페인을 벌임으로써 세계를 모계 이교주의에서 부계 기독교로 성공적으로 바꾸었다." 이와 더불어 예수는 막달라 마리와 결혼하여 사라라는 딸을 낳았으며, 자신은 죽은 뒤 그녀에게 교회를 이끌 사명을 부여했다고 주장한다. 댄 브라운은 신약 외경 가운데 하나인 "빌립 복음"에 의존하면서 막달레나와 예수가 연인 사이였음이 분명하다고 말한다.

＊빌립 복음과 관련하여: "그리고 그리스도의 짝은 마리아 막달레나였다. 그리스도는 모든 제자들보다 그녀를 사랑했다. 그리고 그녀의 입술에 자주 키스하곤 했다. 나머지 제자들은 그것에 화를 냈고 불만을 표시했다."(II, 15면) 여기서 "짝"이란 말이 아람어로는 "부부"를 뜻한다고 말한다. "각색되지 않은 복음서들에 따르면, 그리스도가 기독교 교회를 세우라는 지시를 내린 사람은 베드로가 아니라 마리아 막달레나였어"(II, 18면).

브라운의 이러한 주장의 진위를 알아보기 위해 해당 본문을 아래에서 꼼꼼하게 살펴볼 것이다. 신약성서 복음서보다 훨씬 후대에 만들어진 빌립 복음은 예수와 마리아의 부부관계에 대한 어떠한 진술도 담고 있지 않다. 결국, 댄 브라운의 주장과 달리, 예수가 (마리아와) 결혼했다는 어떠한 증거도 없으며, 또한 여자들을 존귀하게 대했다고 해서 예수를 원조 페미니스트로 볼 필요는 없다!

③ "**예수의 신격화**는 325년 니케아 공의회에서 콘스탄티누스 황제에

13) 이에 관해 예컨대 필자의 글을 참조하시오: "역사적 예수 연구의 발전사와 최근 경향", 김창선, 『21세기 신약성서 신학』(예영커뮤니케이션, 2004), 155-86.

의해 조작된 것이고, 예수의 추종자들은 예수를 단지 인간으로만 여겼다." 그러나 댄 브라운의 주장과 달리, 예수의 신격화는 이미 최초의 제자들에게서 나타난다. 예수를 "하나님의 아들"로 고백하는 전통은 팔레스타인 초대 교회로부터 시작되어 급속히 헬라 교회들로 확산되었다.[14]

"사해사본" 및 "나그 함마디 문서"와 관련하여(I, 355면): 레이 티빙, 랭던, 소피와의 대화 중에 나오는 티빙의 말: 사해사본과 나그 함마디 문서가 "성배 이야기뿐만 아니라, 매우 인간적인 용어로 그리스도의 행적을 얘기하고 있어요. 물론 거짓 정보의 전통을 지키려는 바티칸은 이 두루마리의 공개를 강력히 막고 있지. 왜 바티칸은 그러지 않으면 안 되는 것일까? 현대의 성서는 정치적 의제를 내건 인간들에 의해 편집되고 꾸며진, 역사적 허구와 편견임을 두루마리들이 극명하게 밝히고 있기 때문이지. 인간인 예수 그리스도를 신격화해서 자기들의 권력 기반을 굳히기 위해 그리스도의 영향력을 이용하려는 사람들 말이야."

"사해사본"(The Dead Sea Scrolls)이란 1947-1956년 사이에 사해의 북서쪽에 위치한 쿰란이라는 장소 주변의 11개 동굴에서 발견된 고문서로 고대 유대 종파 가운데 하나인 에센파(the Essenes)가 남긴 문헌이다.[15] 『다빈치 코드』의 주장과 달리, 이 문서는 모두 기원 전 시대의 산물이기에 예수 및 신약성서와 관련된 이야기가 나올 수 없다.[16] 위의 주장과 같이 성서가 정치적 의제를 내건 인간들에 의해 편집되고 꾸며진

14) "하나님의 아들" 개념이 사도적 전승에서 비롯된 것임을 로마서 1장 3절 이하에서 확인할 수 있다. 그 개념은 곧 이어 헬라 신앙공동체로 확산되었다(갈 4:4; 롬 8:3).

15) 이에 관해 다음의 저서들을 참조하시오: 김창선, 『쿰란문서와 유대교』(한국성서학연구소, 2007); 천사무엘, 『사해사본과 쿰란 공동체』(대한기독교서회, 2004).

16) 그러나 사해사본을 예수시대와 연결시켜 해석하는 시도가 여전히 있다. 예컨대, Barbara Thiering, *Jesus the Man: New Interpretation from the Dead Sea Scrolls* (New York, 2006). 여기에서 저자는 예수를 에센파 사제들의 과격한 종파 지도자로 간주하고, 예수는 십자가에서 죽지 않았고 마리아 막달레나와 결혼하여 가정을 이루어 먼 훗날 죽는다는 주장을 한다.

것임을 밝히는 내용은 전혀 들어 있지 않다. 사해사본의 늦은 공개와 관련해 제기된 바티칸 음모론은 한때 유행했으나, 그러한 주장은 아무 근거가 없다. 사해사본이 늦게 공개된 것은, 발견된 사본의 훼손상태로 인한 본문복원의 어려움 내지는 문서를 소장한 학계의 게으름과 관련된 것임이 드러났다. 현재 사해사본의 모든 본문이 출판되었고 현대어 번역으로 완간된 상태라 관심 있는 사람은 누구나 그 내용을 확인할 수 있다.[17) 콥트어로 기록된 "나그 함마디 문서"(The Nag Hammadi Library)의 경우 역시 역사적 예수 연구와 관련된 신뢰할 만한 정보를 담고 있지 않다는 것이 학계의 정설이다. 댄 브라운이 언급하는 빌립 복음에 대해 살펴보고자 한다.

Ⅳ. 빌립 복음

"빌립 복음"(The Gospel of Philip)은 1945년 12월에 상부 이집트의 한 작은 마을 "나그 함마디"(Nag Hammadi)에서 발견된 다량의 콥트어 문서 가운데 하나이다.[18) 본래 그리스어로 기록된 문서의 번역인 이 작품은 이집트 출신의 영지주의자 발렌티누스(Valentinus, 138-158년 로마에서 교사로 활동)의 영향을 받은 본문으로서 한 발렌티누스 추종자에

17) E. Lohse(ed.), *Die Texte aus Qumran. Hebräisch/ Deutsch. Mit masoretischer Punktation* (München, 1971; Darmstadt ³1983); A. Steudel(ed.), *Die Texte aus Qumran II. Hebräisch/Aramäisch/Deutsch. Mit masoretischer Punktation* (Darmstadt, 2001); J. Maier, *Die Qumran-Essener: Die Texte vom Toten Meer,* 3Vols. (München, 1995, UTB 1862/1863); F. G. Martinez · E. J. C. Tigchelaar(eds.), *The Dead Sea Scrolls Study Edition,* 2 Vols. (Leiden/New York/Köln: Brill, 1997f)(=강성열 역, 『사해 문서』, 1-3권[나남, 2008]); D. W. Parry · E. Tov(eds.), *The Dead Sea Scrolls Reader,* 6 Vols. (Brill, 2004); 안성림 · 조철수(역주), 『사해 문헌(死海文獻) (1)』(한국문화사, 1996).

18) 나그함마디 문서에 관해 다음 문헌을 참조하시오: W. Förster, *Die Gnosis,* 3 vol. (Zürich, 1995); G. Lüdemann · M. Janssen(eds.), *Bibel der Häretiker. Die gnostischen Schriften aus Nag Hammadi*(Stuttgart, 1997); J. M. Robinson(ed.), *The Coptic Gnostic Library,* 5 vol. (Leiden, 2000).

의해서 발렌틴적 성격의 여러 작품들에 속한 본문들을 수집해서 모아 놓은 것으로 보인다. 따라서 이 작품은 2세기 말경 혹은 3세기 초에 생성되었을 것으로 추정된다.

빌립 복음이 "복음서"라는 이름으로 전해 내려오나, 실상 예수의 말씀이나 행위에 대한 정보가 전혀 없는 신학적인 글이다. 다시 말하면, 신약성서의 복음서와는 거리가 먼 여러 신학적 질문들에 대한 다양한 진술을 수집한 것이다. 즉, 다양한 본문 유형 가운데 다양한 아이디어와 개념들을 병렬적으로 모아 놓은 작품이다(경구, 로기온, 비유, 권면, 논쟁, 주석, 논술 등). 혹자는 기독교 영지주의 교리문답서에서 잘려 나온 본문으로 이해하기도 한다. 자주 언급되는 중심 주제에는 다음과 같은 것들이 속한다: 아담과 낙원에 관한 진술; 창조와 출생의 차이에 관한 사변; 신부 및 신랑에 관한 여러 단편적 진술. 또한 성만찬이나 세례 혹은 기름부음, 구원, 신랑의 신비 등. **빌립 복음에 나오는 다음의 진술을 근거로 『다빈치 코드』의 저자 댄 브라운은 예수가 마리아와 결혼했다고 주장하나, 이는 억지 추론에 불과하다.**

> No. 55a "임신하지 못하는 여인으로 불리는 지혜, 그녀는 천사들의 어머니이며 주님의 **동반녀**이다." 댄 브라운은 동반녀를 "배우자"로 해석한다.
>
> No. 55b "주님은 마리아 막달레나를 모든 제자들보다 더욱 사랑했다. 그리고 그는 그녀에게 자주 입맞춤을 했다. 다른 제자들이 요구하러 그들에게 다가갔다. 그들이 그에게 말했다: '어찌하여 당신은 우리 모두보다 그녀를 더욱 사랑합니까?' 주님이 대답하며 그들에게 말했다: '어찌하여 내가 너희를 그녀처럼 그렇게 사랑하지 않는가?'[19]

예수와 마리아의 연인설과 관련해 신약 외경에 속하는 "마리아 복

19) W. Schneemelcher, *Neutestamentliche Apokryphen in deutscher Übersetzung I*, 161에 근거한 나의 사역이다.

음"도 구설수에 오르기에, 여기에서 마리아 복음이 어떤 복음인가에 대하여 잠시 다루고자 한다.

V. 마리아 복음

콥트어 코덱스[20] 형태(5세기경에 생성)로 이집트 카이로에서 발견된 이 작품은 1896년에 베를린의 이집트 박물관으로 옮겨지고, 나그 함마디 발견 후 1955년에 최초로 출판된다. 이 코덱스에는 "마리아 복음"을 필두로 "요한의 외경", "예수 그리스도의 소피아", "베드로 행전"을 담고 있다. 앞의 세 작품은 기독교 영지주의적 성향을 나타내기에, 이 코덱스를 가리켜 "Berolinensis Gnosticus"(BG 8502)라 부른다. 콥트어로 기록된 마리아 복음은 앞부분이 사라진 채 단편으로 발견되었다. 이 작품은 150-200년 사이에 생성되었을 것으로 추정된다.

예수의 부활 이후 상황에 대해 묘사하는 이 작품은 부활한 분을 가리켜 결코 "예수"라 부르지 않고 "구세주"(단 한 번, "복된 분")로 호칭하는 것이 특이하다. 부활하신 구세주가 제자들에게 나타나서 세상과 인간의 이해를 둘러싸고 문답하는 대화 형태로 이루어져 있다. 현재 보존된 본문에 따르면, 부활한 예수 그리스도의 말씀 선포로 인해 제자들이 혼란에 빠지자, 막달라 마리아가 일어나 제자들을 위로하는 장면이 나온다. 후반부는 베드로의 질문으로 시작한다. 구세주가 다른 여인들보다 더욱 사랑한 마리아에게 계시한 것을 자기와 제자들에게 알려 달라고 베드로가 그녀에게 청한다. 그러자 마리아는 꿈속에 나타난 주님의 환상에 대하여 이야기한다. 꿈속에서 구세주는 그녀의 물음에 답한다. 환상에서 본 것은 혼이나 영이 아니라 둘 사이에 있는 이성이다. 나아가 그는 우주의

20) 코덱스(Codex)란 오늘날의 책과 같은 형태로 만들어진 필사본을 가리킨다.

권세들을 통해 떠도는 혼이 다섯 적대 세력과 이야기하는 것을 그녀에게 묘사한다.

"복된 분이 그것을 말한 다음, 그들 모두에게 인사를 하고 말했다: 평화가 너희에게 있을지어다. 나의 평화를 받아라. 아무도 '여기를 보아라' 혹은 '저기를 보아라' (마 24:23; 막 13:21; 눅 17:21, 23)라는 말로써 너희를 미혹하지 않도록 조심하여라(마 24:5; 막 13:5). 인자는 너희의 마음에 있느니라(참조. 눅 17:21). 그를 따르라! 그를 찾는 자들은 발견할 것이다(참조. 마 7:7). 그러니 가서 하나님나라 복음을 전하라(참조. 마 4:23; 9:35; 28:19). 나는 너희에게 준 것 외에 어떤 다른 계명도 주지 않았다. 또한 나는 그 율법 수여자처럼 어떤 율법도 주지 않았다. 그러니 너희는 그것에 붙들려서는 아니 된다.

그러자 마리아가 일어나 그들 모두에게 인사하며 그녀의 형제들에게 말한다: 울거나 절망하거나 낙심하지 마세요, 그 분의 은혜가 여러분 모두와 함께 하며 여러분을 지켜 주실 것이기 때문입니다. 오히려 그 분의 위대함을 찬양합시다. 그 분이 우리를 마련하고 인간으로 만드셨기 때문입니다. 이렇게 말함으로써 마리아는 자신의 마음을 선한 곳으로 돌렸다. 그리고 구세주의 말씀에 대해 토론하기 시작했다. 마리아가 그것을 말한 다음, 침묵을 하자, 구세주는 여기까지 그녀와 대화를 나누었다. 그러나 안드레가 나서며 형제들에게 말했다: '그녀가 말한 것에 관해 너희 생각이 어떤지 말해 보아라. 최소한 나는 구세주가 그것을 말씀했다고 믿지 않는다. 확실히 이 가르침은 다른 생각이기 때문이다.'

베드로가 나서서 이와 같은 일들에 대해 말하고 그들에게 구세주에 관해 물었다: '그가 한 여인과 우리 모르게 그것도 드러내지 않고 말했는가? 우리가 돌아가서 모두 그녀의 말을 들어야 하는가? 그가 그녀를 우리보다 더 선호했는가?' 그러자 마리아가 울며 베드로에게 말했다: '나의 형제, 베드로여, 너는 무엇을 믿는가? 내가 그것을 내 마음속에서 지어냈다고 믿는가, 아니면 내가 구세주에 관해 거짓을 말하는가?' 레위가 나서며 베드로에게 말했다: '베드로야, 너는 예부터 화를 불끈 내지. 네가 마치 적대자처럼 그 여자에 대해 얼마나 열을 내고 있는지를 이제 내가 본다. 그런데 구세주가 그녀를 위엄 있게 할진대, 그녀를 배척하는 네가 도대체 누구인가? 확실히 구세주는 그녀를 아주 잘 알고 있지. 따라서 그는 그녀를 우리보다 더 사랑했지. ……"[21]

위에 인용한 본문 마지막 부분에 부활한 예수가 마리아를 다른 제자들보다 더 사랑했다는 진술이 나오나, 이러한 진술을 역사적 사실 보도로 간주하기 어렵다. 마리아 복음은 위의 본문 전반부에 드러나듯이 공관복음서 전승을 잘 알고 있음이 명백하다. 또한 여기서 말하는 사랑은 남녀 사이의 에로스적인 사랑과는 무관하다. 따라서 본 외경을 근거로 예수와 마리아 사이가 연인관계였다고 주장할 수 없음이 분명하다.

VI. 유다 복음

영화 『다빈치 코드』로 인해 시끄러웠던 2006년에 예수 및 그의 제자 이해와 관련된 한 문서가 세간의 관심을 불러 모았다. 그 문서의 이름은 "유다 복음"(The Gospel of Judas)이다. 이 문서는 신약성서의 복음서를 통해 우리가 익히 알고 있는 가룟 유다에 관한 이야기와 전적으로 다른 이야기를 전한다. 유다 복음이 실존하고 있다는 소식이 2006년 4월 대중매체를 통해 확산되었으나, 실상 이 문서는 이미 1980년경 이집트 카이로에서 남쪽으로 120km 정도 떨어진 엘 미나(El-Minya)라는 나일 강변 도시 근처에서 콥트어 파피루스 형태로 발견되었다. 이 콥트어

21) W. Schneemelcher, *Neutestamentliche Apokryphen in deutscher Übersetzung I*, 313-15에 근거한 필자의 사역이다.

본문은 그리스어에서 번역된 것이다. 유다 복음의 존재는 이미 오래 전부터 알려져 있었다. 이미 2세기 후반에 살았던 교부 이레네우스(Irenaeus of Lyon)가 당시 이단을 반박하기 위해 저술한 자신의 작품 가운데(adv. haer. I 31,1) 이 문서를 최초로 언급한다. 이 문서는 2세기 때의 이단자로 불리는 영지주의 그룹에서 비롯된 것으로 보인다. 2세기의 교부 이레네우스(Irenaeus, 200년경 사망) 외에도 영지주의 사상에 반대한 4세기의 교부 에피파니우스(Epiphanius, 403년 사망) 역시 이 문서의 존재를 확인하고 있으며 "유다 복음"(euaggelion tou Iouda)이라는 제목으로 불렸다는 사실을 자신의 저서에서 언급한다.[22]

1. 유다 복음의 내용

도입부: "예수가 유월절을 지내기 사흘 전 한 주일 동안 가룟 유다와 대화하는 가운데 말씀하신 계시에 대한 비밀스런 진술"이라는 머리말과 함께 예수의 지상 사역에 대한 개관을 제시한다.

장면 1: 제자들은 성만찬 시 드리는 감사 기도에 대해 예수가 웃자 이를 두고 대화한다. 이어지는 대화에서 제자들은 예수의 본질에 대해 무지한 반면, 유다만이 예수의 비밀을 안다("저는 당신이 누구이며, 어디에서 왔는지 알고 있습니다. 당신은 바르벨로의 불멸의 왕국에서 왔습니다").

장면 2: 제자들 앞에 나타난 예수는 "또 다른 위대하고 거룩한 세대"에 관해 말하고, 제자들이 꿈속에서 본 성전에 대한 환상을 비유적으로 해석한다. 또한 유다가 예수에게 그 세대와 인간의 세대들에 대해 묻자 예수는 이렇게 말한다: "모든 인간 세대의 영혼들은 죽을 것이나, 이 사람들이 그 나라의 때를 채웠고, 영혼이 그들을 떠나갈 때 그들의 육체

22) Pan. 38,I,5. Panarion(374-377년)은 이단을 반박한 에피파니우스의 주저로서 모두 80개의 이단들에 대한 처방을 제시한다.

는 죽을 것이지만 그들의 영혼은 살아남아 들려 올려질 것이다."

장면 3: 열두 제자들과 구분되는 "열세 번째 영"인 유다가 묻고 예수가 대답하는 대화로 이루어진다. 유다가 자신의 운명에 대해 묻는다: 예수가 유다에게 "누구도 본 적이 없는 우주의 비밀들에 대해 가르친다"; 위대한 영들의 창조과정; 인간의 창조; 아담과 인간의 운명; 악한 무리들의 멸망에 대해 벌이는 예수와 유다 및 다른 사람들 사이의 논쟁; 세례받은 자들에 대한 예수의 말씀과 유다의 배반. 특히 유다의 배반과 관련해서 예수는 유다에게 다음과 같이 말한다: "너는 그들 모두를 능가할 것이다. 왜냐하면 내가 입고 있는 그 사람을 희생제물로 바칠 것이기 때문이다." 이로써 유다의 배반이 예수의 사주임을 암시한다. 우주와 인간의 운명에 관한 모든 비밀을 들은 유다에게 예수는 다음과 같이 말한다: "보라, 너는 모든 것을 들었다. 네 눈을 들어 구름과 그 안의 빛과 그것을 둘러싼 별들을 보아라. 길을 인도하는 그 별이 곧 너의 별이다." 유다는 눈을 들어 빛나는 구름을 본 뒤, 그리로 들어간다.

결론: 환상의 담론에서 현실로 돌아 온 대제사장들로부터 약간의 돈을 받고 예수를 넘겨주는 장면으로 끝난다.

2. 평가

예수의 12제자 가운데 한 사람인 유다가 행한 배반의 비밀에 대해 묘사하고 있는 이 문서는 신약성서 사복음서의 가르침과 정면으로 배치되는 내용을 제시하고 있다. 즉 유다는 애초부터 예수의 수난사 가운데에서 맡은 자신의 역할에 대하여 알고 있었는데, 그것은 예수가 하나님의 구원 계획인 예수의 탄생과 죽음이 갖고 있는 우주론적 의미에 대한 내적인 가르침을 오직 유다에게만 알려 주었다는 것이다. 결국, 유다의 배반으로 말미암아 온 세상을 위한 구원의 길이 열렸다는 사실을 설명하고자 한다. 유다는 그리스도가 선포한 진리를 파괴하려는 악마의 의도, 즉 예수의 십자가 죽음을 저지하려던 악마의 의도를 수포로 돌렸다는 것이다. 십자가가 자신의 권세를 빼앗고 인간에게 구원을 가져올 것이라는 사실을 악마가 알았기 때문이다. 한마디로, 이 문서는 유다가 계시를 통해 얻은 완전한 지식 혹은 진리를 담고 있다고 말한다.

이와 같이 가룟 유다를 예수의 구원사역이 성취되도록 하는 데 결정적인 역할을 하는 사람으로 묘사하는 유다 복음은 한마디로 역사적 사실에 근거한 보도가 아니다. 그것은 당시 유행하던 영지주의 사상의 영향을 받아 영지주의가 표방하는 신학적 교리를 정당화하려는 의도에서 비롯된 작품이다. 이 문서가 정확히 언제 기록되었는가를 밝히기가 쉽지 않으나, 180년 이전에 기록된 것임에 틀림없다. 위에서 이미 말했듯이, 교부 이레네우스가 언급하였기 때문이다. 다른 한편 이 문서가 영지주의 그룹인 가인파의 것으로 본다면, 이 종파는 2세기 중엽에 활동한 마르키온(Marcion)의 가르침과 연관된 것으로 볼 수 있기에, 그보다 앞서 기록되었을 가능성은 적다. 따라서 대략 130-170년경에 이 문서가 생겼을 것으로 추산할 수 있다.[23)]

VII. 예수에 관한 비성서적 자료

위에서 언급한 신약 외경 외에도 예수와 관련된 성서 밖의 자료가 적지 아니 존재한다. 일련의 문서들은 정경 복음서와 연결되었으나, 특정한 신학적 방향으로 발전되기도 하였다. 일련의 문서들은 "복음서"(Evangelium)라는 제목은 가졌으나, 그러한 장르에 속한 것으로 보기 어려운 경우도 있다. 또 다른 일련의 문서는 "대화"(Dialog)를 묘사한다. 교

23) 참조. W. Schneemelcher(ed.), *Neutestamentliche Apokryphen in deutscher Übersetzung I*, 309f.

회의 가장 오래된 전승 층에 속하는 것으로 다음과 같은 문서들이 현재까지 전해 내려온다. 여기에 언급되는 문서들은 어떤 식으로든 예수의 삶과 사역 및 인물과 관련된 것이다. 이들 문서에 대한 설명은 하지 않고, 그룹을 나누어 단지 문서들의 제목만 소개하는 가운데 비성서적 자료의 다양함과 풍성함을 보여 주고자 한다.[24]

1. 아그라파(Agrapha): 사복음서에 담겨 있지 않은 것으로 여기저기 산발적으로 흩어져 전해 내려온 지상적 예수의 단편 말씀들을 가리킨다.

2. 알려지지 않은 복음서 단편

1) Oxyrhynchos-Papyrus 840: 1905년 12월 옥쉬륀코스(중부 이집트)에서 발견된, 양피지 책에서 떨어져 나온 한 장짜리 작은 단편이다(8.5 x 7cm). 여기에 제자들에게 거짓된 안정을 경고하는, 예루살렘에서 주시는 예수의 말씀이 나오고, 이어서 예수가 바리새파 제사장 레위와 신랄한 논쟁을 벌이면서 성전으로 올라가는 이야기 등이 뒤따른다.

2) Papyrus Egerton 2: 2세기 말경에 기록된 것으로 보이는 두 장 조금 더 되는 분량의 파피루스 단편이다. 모두 네 단락으로 나눌 수 있는데, 첫 번째 단락은 요한복음의 특징을 나타내고, 두 번째와 세 번째 단락은 공관복음서 이야기와 평행되는 내용을 담고 있고, 네 번째 단락은 예수가 요단강가에서 행하는 기적을 묘사한다.

3) Oxyrhynchos-Papyrus 1224: 4세기 초에 기록된 것으로 보이는 파피루스 책의 단편이다. 너무 단편적이어서 어떤 종류의 복음서인지 판단하기 어렵다.

4) Papyrus Cairensis 10735: 6/7세기에 생성된 비정경적 복음서

24) 예수에 관한 비성서적 자료의 분류는 앞서 언급한 W. Schneemelcher의 책에 따랐다. 신약외경복음서가 일부 우리말로 번역되어 있다(송혜경 역주, 『신약 외경: 상권-복음서』[한님성서연구소, 2009]).

단편이다. 예수 탄생 선포와 이집트로의 피신 내용을 담고 있다. 다이스만(A. Deiβmann)은 주석이나 설교에서 유래한 본문으로 추정했다.[25)]

5) 이른바 '파윰' 단편(Fajjumfragmente): 3세기에 만들어진 파피루스 단편으로 1885년에 처음 발견되었다. 당시에는 공관복음서의 이전 형태로 간주하였으나, 근자에는 공관복음서 내용을 축약한 후대의 산물로 본다.

6) 슈트라스부르크 콥트어 파피루스: 5/6세기에 생성된 외경 복음서 파피루스의 단편이다.

3. 콥트어 도마 복음(ThEv): 2세기 중엽 시리아 동부에서 생성된 것으로 추정되는, 모두 114개의 예수 어록(Logia)을 담고 있다.[26)] 설화자료나 기적행위가 나타나지 않는다. 장르별로 보면, 지혜의 말씀, 비유, 율법의 말씀, 짧은 대화, 예언의 말씀 등으로 이루어져 있다. 내용 중 절반 정도는 정경 복음서와 평행을 이루나, 기독론적 칭호나 예수의 죽음과 부활에 대한 암시, 또한 묵시적 말씀이 거의 완전히 빠져 있다.[27)] 수집된 어록 자료 중 일부는 1세기까지 올라갈 수 있다. 여기에서 예수는 부활한 자로서 살아계신 아버지의 아들로서 모든 지상적 형태를 거절한 분으로 나타난다. 또한 제자들에게 자신의 유래의 비밀을 알리는 계시자로 나온다. 오직 선택된 사람들만이 그의 천상적 모습을 알아차린다. 세상은 부정적으로 묘사되고, 아버지의 나라가 핵심 개념으로 나타난다.

4. 유대그리스도교 복음서

1) 나사렛인의 복음, 2) 에비온인의 복음, 3) 히브리인의 복음

25) "Das angebliche Evangelienfragment von Kairo", in: *ARW*(1904), 387-392 (=A. Deiβmann, *Licht vom Osten*, [4]1923, 368-371).

26) 이미 고인이 된 감신대 김용옥(1923-1981년) 교수가 이 작품을 자신의 저서 『도마복음서 연구』 부록에 우리말로 번역하여 실었다([대한기독교출판사, 1983], 204-23).

27) G. 타이쎈 · A. 메르츠, 손성현 역, 『역사적 예수』(다산글방, 2002), 77.

5. 빌립 복음

6. 이집트인의 복음: 2세기에 이집트에서 생성된 복음으로 이방 그리스도교 이집트인의 복음서로 통한다.

7. 베드로 복음

8. 구세주의 대화록

1) 도마의 책, 2) 프레어 로기온(Freer-Logion), 3) 사도들의 서간(Epistula Apostolorum), 4) 야고보의 편지, 5) 구세주의 대화, 6) 야고보의 첫째 묵시록, 7) 야고보의 둘째 묵시록, 8) 베드로가 빌립에게 보내는 편지

9. 그 밖의 영지주의 복음서 및 관련 문헌

1) 일반적이며 비개인적인 제목을 가진 복음서
   ① 네 개의 하늘 영역 복음(Das Evangelium der vier Himmelsgegenden)
   ② 완성의 복음(Das Evangelium der Vollendung)
2) 구약성서 인물의 이름을 가진 복음서: 이브의 복음(Evangelium der Eva)
3) 직간접으로 예수 이름으로 전해 내려오는 복음서나 그와 유사한 작품
   ① 예수 그리스도의 소피아(Die Sophia Jesu Christi)
   ② 구세주의 대화
   ③ 피스티스 소피아(Pistis Sophia)
   ④ Jeu의 두 책
4) 사도 전체의 작품으로 간주되는 복음서

① 12사도의 복음

② 사도들의 기억(Die Momoria Apostolorum),

③ 12사도의 마니교 복음(Das manichäische Evangelium der zwölf Apostel)

④ 70인의 복음

⑤ 12사도의 또 다른 복음서

5) 사도의 이름을 가진 복음서

① 빌립 복음

② 도마 복음

③ 마티아스 복음

④ 유다 복음

⑤ 요한 외경

⑥ 요한과 예수의 대화 단편

⑦ 야고보 외경

⑧ 바르톨로매 복음

6) 성녀들의 이름을 가진 복음서

① 마리아의 질문

② 마리아 복음

③ 마리아의 Genna

7) 이단 수장의 작품으로 간주되는 복음서

① 케린트 복음

② 바실리데스 복음

③ 마르키온 복음

④ 아펠레스 복음

⑤ 바르데사네스 복음

⑥ 마니 복음

10. 유아시절 복음서: 마태복음과 누가복음에 나오는 예수 유아시절 이야기를 더욱 발전시킨 내용을 담고 있다.

1) 야고보의 원복음(Protevangelium des Jakobus): 성모 마리아의 기적과 같은 탄생과 성전에서의 성장 등의 내용을 예수 탄생 이야기 속에 담고 있다.

2) 도마의 유아시절 이야기: 12살 되기 전 시절에 기적을 행하는 어린 예수에 관한 이야기를 전한다.

3) 영지주의 전설들: 영지주의자들이 전하는 예수 유아시절 이야기로서 어린 예수는 겉으로만 어린이로 보일 뿐 실제로는 성장을 필요로 하지 않고 계시 전체와 모든 기적의 권세를 무제한으로 지닌 자로 묘사한다.

4) 유아시절 복음서들

11. 예수의 친척: 주의 형제 야고보, 예수의 어머니 마리아, 예수의 아버지 요셉, 예수의 족보와 관련된 간단한 정보들이 산발적으로 전해 내려온다.

12. 예수의 사역과 고난

1) 요세푸스의 증언(Testimonium Flavianum)[28]

28) 예수 그리스도에 대한 '요세푸스의 증언'은 『유대 고대사』 *Ant.* XVIII, 63-64(참조. *Ant.* XX,200-3)에 나타난다. "한편 바로 이 때 예수(Jesus)라는 지혜로운 사람-너무나 신기한 일들을 많이 행했기 때문에 인간이라고 볼 수 있는지는 모르겠으나 인간으로 보는 것이 합당하다면-이 있었다. 그는 사람들로 하여금 기쁜 마음으로 진리를 받아들일 수 있게 만드는 선생이었다. 그는 수많은 유대인뿐 아니라 이방인까지도 그의 곁으로 끌어들였다. 그가 바로 그리스도(the Christ)였다. 빌라도가 유대의 유력 인사들의 청에 의해 그를 십자가에 달려 죽게 했으나 그를 처음부터 사랑하던 자들은 그를 버리지 않았다. 왜냐하면 하나님의 선지자들이 그에 관해 예언한 대로 3일 만에 다시 살아나서 그들에게 나타났기 때문이었다. 하나님의 선지자들은 이뿐 아니라 그에 관해서 수많은 놀라운 일들을 예언하였다. 그의 이름을 본 떠 그리스도인이라고 불리는 사람들은 오늘날까지도 남아 있다." (Josephus, 『요세푸스 II』, 김지찬 역[생명의말씀사, 1987], 506-507에서 인용)

2) 에데사 왕 압가르(Abgar)의 전설

3) 니고데모 복음. 빌라도 행전과 그리스도의 지옥여행

4) 바르톨로매 복음

5) 가말리엘 복음

Ⅷ. 나가면서

우리는 위에서 최근 우리 교계와 사회에서 대중 매체를 통해 확산된 예수 및 예수 운동과 관련된 왜곡된 주장들을 다루었다. 예수는 십자가에서 죽지 않고 살아나와 인도로 가서 천수를 누렸다는 주장이나(케르스텐), 사복음서의 예수 이야기는 예수의 신격화를 조장하기 위해 의도적으로 왜곡된 이야기이고 막달라 마리아는 예수의 아내라는 주장(다빈치 코드), 또한 예수의 제자 가룟 유다야말로 예수의 구원사역의 의미를 실로 깨달은 유일한 제자라는 주장(유다 복음)을 살펴보았다. 이런 주장의 확산은 비단 우리나라에만 국한되지 않고 서구 기독교 국가들에서도 나타나는 현상이다. 이들 주장은 한결같이 신약성서의 복음서에 의존하기보다는 신약 외경을 근거 자료로 내세우고 있으나, 이들 외경문서들(베드로 복음, 빌립 복음, 유다 복음)은 신약성서의 사복음서보다 훨씬 뒤늦게 생성된 것으로 실제 역사적 보도라기보다 사복음서의 영향을 받은 가운데 저자의 자유로운 상상력에 의해 집필된 작품이라는 것이 오늘날 학계의 정설이다.

그럼에도 불구하고 대중매체를 통해 이와 같이 주장들이 많은 사람들의 관심과 이목을 끌고 있는 것은 아마도 다음의 두 가지 사실과 관련이 있다고 생각된다. 하나는, 오늘날 우리나라를 포함하여 전 세계적으로 안티 기독교 정서가 확산되어 있다는 사실이다. 다른 하나는, 계몽주의 이후 지속적으로 확산된 기독교의 세속화 경향의 영향으로 예수를 하나

님의 아들로 고백하는 신앙적 관심보다는 요셉의 아들 역사적 예수의 차원에 대한 관심이 증대하였다는 사실이다. 앞서 언급한 왜곡된 주장들을 담은 저서나 영화는 이러한 두 가지 사실과 대중 매체의 영향력을 이용하여 상업화를 목적에 둔 것으로 보이고 결국 그 점에서 성공하였다고 말할 수 있다.

그러나 예수와 관련된 왜곡된 주장들이 확산되는 것은 선교의 차원이나 교계의 대사회적 역할의 관점에서 볼 때 결코 바람직하지 못하다. 이들 왜곡된 주장을 물리적인 힘으로 억누르는 것은 오히려 역효과를 초래하고 확산을 가속화할 뿐이다. 그보다는 이들 주장에 정면으로 대하면서 신약성서가 증거하는 기독론적 메시지의 바른 이해를 대중들에게 알리는 것이 급선무라고 생각한다. 이를 위해서는 서구에서 오랜 동안에 걸쳐 논의되어 온 역사적 예수와 관련된 학문적 연구 결과를 진솔하게 소개하며, 그에 대한 자유로운 논의의 장이 열릴 필요가 있다. 역사적 예수에 대한 논의가 우리의 신앙에 위해가 될 것이라는 생각에 미리 두려워할 필요가 없다. 이를 통해 기독교의 뿌리가 되는 나사렛 예수에 대한 바른 이해를 얻을 수 있고, 그것은 곧 신약성서가 전해 주는 예수 말씀 전승에 대한 더 큰 신뢰를 얻을 수 있으리라 여긴다. 그리할 때 예수와 관련된 왜곡된 주장들이 대중의 관심에서 점차 멀어지게 되리라 전망해 본다.

신약성서 배경에 관한 문헌 소개

이 분야에 관한 문헌은 너무 방대하여, 여기서는 우리말로 출판된 문헌을 중심으로 소개하고, 외국어 문헌 소개는 이 분야 연구에 기본이 되는 문헌에 국한하려 한다. 더 자세한 도서 목록은 여기에 제시된 문헌 안에서 찾을 수 있다.

A. 벨. 『신약시대의 사회와 문화』. 오광만 역. 생명의말씀사, 2002.

A. A. 롱. 『헬레니즘 철학』. 이경직 역. 서광사, 2000.

B. 라이케. 『신약성서 시대사』. 한국신학연구소, 2003.

B. 메츠거. 『외경이란 무엇인가』. 민영진 역. 컨콜디아사, 1995.

B. J. 말리나. 『신약의 세계. 문화 인류학적인 통찰』. 심상법 역. 도서출판 솔로몬, 2004.

B. J. 맬리나. 『신약시대로 가는 시간여행』. 최대형 역. 도서출판 은성, 2001.

C. 마빈 패트. 『사해사본과 신약성서』. 감리교신학대학교출판부. 유태엽 역, 2008.

C. 키너. 『성경배경주석: 신약』. 정옥배 외 역. IVF, 1993.

Cl. L. 로저스. 『요세푸스』. 김정우 역. 도서출판 엠마오, 2000.

D. 헤링톤. 『구약성서의 외경입문』. 박요한 영식 역. 성바오로, 2003.

D. S. 러셀. 『신구약 중간시대』. 컨콜디아사. 임태수 역, 1995.

E. 로제. 『신약성서 배경사』. 박창건 역. 대한기독교출판사, 1995.

E. 슈테게만 · W. 슈테게만. 『초기 그리스도교의 사회사: 고대 지중해 세계의 유대교와 그리스도교』. 도서출판 동연, 2009.
E. 퍼거슨. 『초대 교회 배경사』. 엄성옥 · 박경범 공역. 2005.
E. 페이걸스. 『영지주의 신학』. 최의원 · 권호덕 · 김경신 공역. 한국로고스연구원, 1997.
F. F. 브루스. 『신약사』. 나용화 역. 기독교문서선교회, 1978.
F. V. 필슨. 『신약성서와 그 배경』. 채위. 분도출판사, 1976.
F. W. 월뱅크. 『헬레니즘 세계』. 김정현 역. 대우학술총서 530. 아카넷, 2002.
G. 스템베르거. 『미드라쉬 입문』. 이수민 역. 바오로딸, 2008.
G. 타이쎈. 『기독교의 탄생. 예수 운동에서 종교로』. 박찬웅 · 민경식 역. 대한기독교서회, 2009.
G. 타이쎈 · A. 메르츠. 『역사적 예수: 예수의 역사적 삶에 대한 총체적 연구』. 손성현 역. 다산글방, 2002.
G. W. E. 니켈스버그. 『고대 유대이즘과 그리스도교의 기원』. 가톨릭출판사. 박요한 영식 역. 2008.
H. 섕크스. 『사해두루마리의 미스터리와 의미』. 허종열 역. 경세원, 2007.
H. 야거스마. 『신약배경사』. 배용덕 역. 솔로몬, 2004.
H. 콘첼만. 『초대 기독교 역사』. 성광문화사. 박창건 역, 1994.
H. 쾨스터. 『신약성서 배경연구: 예수님시대의 역사. 문화. 그리고 종교』. 이억부 역. 도서출판 은성, 2009.
J. 던. 『예수와 기독교의 기원』. 상권. 차정식 역. 새물결플러스, 2010.
J. 스탐바우 · D. L. 발취. 『초기 기독교의 사회 세계』. 윤철원 역. 한국신학연구소, 2000.
J. 예레미아스. 『예수 시대의 예루살렘: 신약성서시대의 사회경제사 연구』. 한국신학연구소, 1988.
J. 피니건. 『신약 성서의 고고학』. 2 Vols., 남대극 역. 대우학술총서 번역 123-124. 민음사, 1999.
J. C. 판데어캄. 『초기 유다이즘 입문』. 박요한 영식 역. 성서와함께, 2004.
J. H. 찰스워스 · W. P. 웨버. 『구약성서와 신약성서. 그 관계와 신구약 중간기 문헌』. 나채운 · 예영수 역. 장로회신학대학교 출판부, 1996.
J. J. 콜린스. 『묵시문학적 상상력. 유다 묵시문학 입문』. 박요한 영식 역. 가톨릭

출판사, 2006.
J. J. 필치 · B. J. 말리나. 『성서언어의 사회적 의미』. 이달 역. 한국장로교출판사, 1998.
K. 뱅스트. 『로마의 평화: 예수와 초대 그리스도교의 평화 인식과 경험』. 정지련 역. 한국신학연구소, 1994.
K. 좁스 · M. 실바. 『70인역 성경으로의 초대』. 김구원 역. 기독교문서선교회, 2007.
L. 고펠트. 『예수. 바울 그리고 유대교』. 원광연 역. 크리스챤다이제스트, 1998.
M. 따르디외. 『마니교』. 이수민 편역. 분도출판사, 2005.
M. 맥나마라. 『신구약 중간 시대의 문헌 이해』. 채은하 역. 이화여자대학교 출판부, 1995.
M. 스코펠로. 『영지주의자들』. 이수민 편역. 분도출판사, 2005.
M. 시몬. 『예수시대의 유대교 종파들』. 박주익 역. 대한기독교서회, 1990.
M. 헹엘. 『신구약 중간사. 유대교의 헬라화 과정 연구』. 임진수 역. 살림출판사, 2004.
Ph. 퍼킨스. 『영지주의와 신약성서』. 유태엽 역. 감신대성서학연구소, 2004.
R. 불트만. 『서양고대종교사상사』. 허혁 역. 이화여자대학교출판부, 1977(=『기독교 초대교회 형성사』. 1993).
R. M. 그랜트. 『초기 기독교와 사회』. 김쾌상 역. 대한기독교출판사, 1996.
S. 센드멜. 『유대의 종교 철학자 알렉산드리아의 필로』. 박영희 역. 도서출판 엠마오, 1989.
St. 메이슨. 『요세푸스와 신약성서』. 유태엽 역. 대한기독교서회, 2002.
W. 뵈젠. 『예수시대의 갈릴래아』. 한국신학연구소, 2000.
W. 푀르스터. 『신구약 중간사』. 문희석 역. 컨콜디아사, 1994.
W. A. 엘웰 · R. W. 야브루(편저). 『신약성경 이해를 위한 주요문헌여행』. 김광모 역. 크리스챤출판사, 2006.

김용옥. 『도마복음서 연구』. 대한기독교출판사, 1983.
김창선. 『쿰란문서와 유대교』. 한국성서학연구소, 2007(개정증보판).
김판임. 『쿰란공동체와 초기그리스도교』. 비블리카 아카데미아, 2008.
김희성. 『신약의 배경사』. 대한기독교서회, 2006.

노재관. 『신약 배경』. 기독교문서선교회, 1999.
박정수. 『기독교 신학의 뿌리. 유대교 사상의 형성과 신약성서 배경사』. 대한기독교서회, 2008.
윤진. 『헬레니즘』. 살림출판사, 2003.
정연호. 『유대교의 역사적 과정: 바리새파의 재발견』. 한국신학연구소, 2010.
천사무엘. 『구약 외경의 이해』. 한국신학연구소, 1997.
최인식. 『예수와 함께 걷는 유대교 산책』. 예루살렘 아카데미, 2008.
한상인. 『신약고고학과 배경사』. 대한기독교서회, 2003.

F. 요세푸스. 『요세푸스 1-4』. 김지찬 역. 생명의말씀사, 1987.
F. 요세푸스. 『유대 전쟁사 1-2』. 박정수 · 박찬웅 역. 나남, 2008.
F. G. 마르티네즈/ E. J. C. 티그셸라아르(eds.). 『사해 문서』. 1-3권, 강성열 역. 나남, 2008.
필로. 『창조의 철학』. 노태성 역. 다산글방, 2005.
『사해 문헌(死海文獻) (1)』. 안성림 · 조철수 역주. 한국문화사, 1996.
『신약 외경: 상권-복음서』. 송혜경 역주. 한님성서연구소, 2009.
『외경위경전서』. 상/하. 기독교문화사, 1993.
『제2의 성서: 구약시대』. 이동진 편역. 해누리, 2003.
『제2의 성서: 신약시대』. 이동진 편역. 해누리, 2001.

Barrett, C. K. · Thornton, C.-J. *Texte zur Umwelt des Neuen Testaments.* Tübingen: Mohr, 1991.
Berger, K. · Colpe, C. *Religionsgeschichtliches Textbuch zum Neuen Testaments.* Göttingen: V.&R., 1987.
Boring, M. Eugene · Berger, K. · Colpe, C. *Hellenistic Commentary to the New Testament,* Nashville: Abingdon Press, 1995.
Clemen, C. *Religionsgeschichtliche Erklärung des Neuen Testaments. Die Abhängigkeit des ältesten Christentums von nichtjüdischen Religionen und philosophischen Systemen.* Gieβen, [2]1924(Berlin, 1973).
Deiβmann, A. *Licht vom Osten. Das Neue Testament und die neuentdeckten Texte der hellenistisch-römischen Welt.* Tübingen [4]1923.

Erlemann K. u.a.(Hrsg.) *Neues Testament und Antike Kultur. Bd. 1: Prolegomena, Quellen, Geschichte; Bd. 2: Familie, Gesellschaft, Wirtschaft; Bd. 3: Weltauffassung, Kult, Ethos; Bd. 4: Karten, Abbildungen, Register.* Neukirchen-Vluyn: Neukirchner Verlag, 2004, 2006.

Ferguson, E. *Backgrounds of Early Christianity.* Grands Rapids, 1987.

Grabbe, Lester L. *Judaism from Cyrus to Hadrian. Vol. 1: The Persian and Greek Periods,* Vol. 2: The Roman Period. Minneapolis: Fortress, 1992.

Goodman, M. *Jews in a Graeco-Roman World.* Oxford, 1998.

Gruenwald, I. "Jewish Apocalyptic Literature", in: ANRW II, 19,1, Berlin 1979, 89-118.

Hengel, M. *Judentum und Hellenismus, Studien zu ihrer Begegnung unter besonderer Berücksichtigung Palästinas bis zur Mitte des 2. Jh.s v.Chr.* Tübingen: Mohr, 1973.

Hengel, M. · Schwemer, A. M. *Jesus und das Judentum.* Tübingen: Mohr, 2007.

Jensen. M. H. *Herod Antipas in Galilee.* WUNT II/215. Tübingen: Mohr, 2006.

Kippenberg, H. G. · Wewers, G. A.(Hrsg.) *Textbuch zur neutestamentlichen Zeitgeschichte.* Göttingen: V.&R., 1979.

Klauck, H.-J. *Die religiöse Umwelt des Urchristentums. Bd. 1: Stadt- und Hausreligion, Mysterienkult, Volksglaube; Bd. 2: Herrscher- und Kaiserkult, Philosophie, Gnosis.* Stuttgart/Berlin/Köln: Kohlhammer, 1995.1996.

Knox, W. L. *Some Hellenistic Elements in Primitive Christianity.* London, 1944.

Kümmel, W. G. · Lichtenberger, H.(Hrsg.) *Jüdische Schriften aus hellenistisch-römischer Zeit* (JSHRZ). 5 Bde. Gütersloh, 1973ff.

Lehnardt, A. *Bibliographie zu den Jüdischen Schriften aus hellenistisch-römischer Zeit* (Supplimenta JSHRZ VI/2), Götersloh, 1999.

Leipoldt, J. · Grundmann, W.(Hrsg.) *Umwelt des Urchristentum Bd. 1: Darstellung des neutestamentlichen Zeitalters; Bd. 2: Texte zum neutestamentlichen Zeitalters, Bd. 3: Bilder zum neutestamentlichen Zeitalters.* Berlin: Evang. Verlagsanstalt, 1982.

Levine, Lee I. *Judaism and Hellenism in Antiquity.* London: University of Washington Press, 1998.

Lüdemann, G. · Janssen, M. *Die Bibel der Häretiker: Die gnostischen Schriften aus Nag*

Hammadi. Stuttgart, 1997.

Martin, J. · Quint, B.(Hrsg.) *Christentum und antike Gesellschaft* (WdF 649). Darmstadt 1990.

Meyer, B. F. · Sanders, E. P.(eds.) *Jewish and Christian Self-Definition. Vol. 3: Self-Definition in the Greco-Roman World*. Philadelphia, 1982.

Nilsson, M. P. *Die Religion der Griechen*. Tübingen, [2]1927.

Robinson, J. M.(ed.) *The Coptic Gnostic Library: A Complete Edition of the Nag Hammadi Codices*. ed. with English Translation, Introduction and Notes under the auspices of the Institute for Antiquity and Christianity, Vol. 1–5. Leiden/Boston/Köln, 2000.

Safrai, Sh. *Das jüdische Volk im Zeitalter des Zweiten Tempels*. Neukirchen-Vluyn: Neukirchner Verlag, 1980.

Sanders, E. P. *Judaism. Practice and Belief 63 B.C.E-66 C.E.* London/Philadelphia: Trinity PressInternational, 1992.

Schäfer, P. *Geschichte der Juden in der Antike*. Stuttgart: Neukirchner Verlag, 1983.

Schäfer, P. *Pharisäer, Sadduzäer, Essener*. SBS 144. Suttgart, 1990.

Schürer, E. *The History of Jewish People in the Age of Jesus Christ(175 B.C.-A.D. 135)*. Vol. I-III,2. Edinburgh: T.&T. Clark, 1973. 1979. 1986. 1987.

Sigal, Ph. *Judentum*. Stuttgart/BerlinKölnMainz: Kohlhammer, 1986.

Stegemann, H. *Die Essener, Qumran, Johannes der Täufer und Jesus*. Freiburg/Basel/Wien : Herder, [10]2007([1]1993) (=*The Library of Qumran: On the Essenes, Qumran, John the Baptist, and Jesus*. Grand Rapids, 1998).

Stone, M. E.(ed.) *Compendia Rerum Iudaicarum ad Novum Testamentum. Vol. II/2 : Jewish Writings of the Second Temple Period : Apocrypha, Pseudepigrapha, Qumran Sectarian Writings, Philo, Josephus*. Assen/Philadelphia, 1984.

VanderKam, J. · Flint, F. *The Meaning of the Dead Sea Scrolls*. HarperCollins, 2004.

Vriezen, T. C. · Woude, A. S. van der. *Ancient Israelite and Early Jewish Literature*. translated by B. Doyle. Leiden/Boston: Brill, 2005.

Wendland, P. *Die hellenistisch-römische Kultur in ihren Beziehungen zum Judentum und Christentum*. Tübingen, [4]1972.

Wilken, R. L. *The Christians: As the Romans Saw Them*. New Haven, 1984.

Wousset, W. · Greßmann, H. · Lohse, E. *Die Religion des Judentums im spätbellenistischen Zeitalter.* Tübingen, [4]1966.

Zeller, D. *Christus unter den Göttern. Zum antiken Umfeld des Christusglaubens.* Stuttgart, 1993.